广西民族大学2014年度引进人才科研启动项目（2014
广西教育厅社会科学立项项目（SK13LX111）
广西民族大学2018年度校级特色专业建设项目（金融
民族地区新型城镇化研究中心项目（2014ZD001；201505）

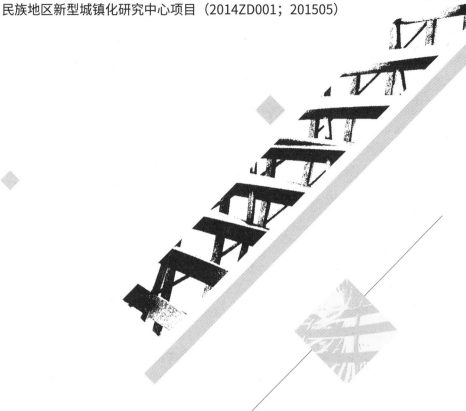

基于系统重要性的
商业银行资本监管研究

李从政　陈晓华／著

中国财经出版传媒集团

经济科学出版社
Economic Science Press

图书在版编目（CIP）数据

基于系统重要性的商业银行资本监管研究/李从政，陈晓华著．
—北京：经济科学出版社，2018.11
　ISBN 978 - 7 - 5141 - 9983 - 3

　Ⅰ.①基⋯　　Ⅱ.①李⋯②陈⋯　　Ⅲ.①商业银行－银行监管－
研究－中国　　Ⅳ.①F832.33

中国版本图书馆 CIP 数据核字（2018）第 280545 号

责任编辑：程辛宁
责任校对：蒋子明
责任印制：邱　天

基于系统重要性的商业银行资本监管研究

李从政　陈晓华　著

经济科学出版社出版、发行　新华书店经销
社址：北京市海淀区阜成路甲 28 号　邮编：100142
总编部电话：010 - 88191217　发行部电话：010 - 88191522
网址：www. esp. com. cn
电子邮件：esp@ esp. com. cn
天猫网店：经济科学出版社旗舰店
网址：http：//jjkxcbs. tmall. com
固安华明印业有限公司印装
710 × 1000　16 开　14.25 印张　240000 字
2018 年 11 月第 1 版　2018 年 11 月第 1 次印刷
ISBN 978 - 7 - 5141 - 9983 - 3　定价：68.00 元
（图书出现印装问题，本社负责调换。电话：010 - 88191510）
（版权所有　侵权必究　打击盗版　举报热线：010 - 88191661
QQ：2242791300　营销中心电话：010 - 88191537
电子邮箱：dbts@ esp. com. cn）

前　言

　　1988 年《巴塞尔协议Ⅰ》的发表，开启了商业银行国际监管的新篇章，具有划时代的意义。巴塞尔协议极大地提升了资本监管的重要性，促进了银行资本监管标准的国际统一，改善和提高了许多国家的资本监管标准，为维护银行系统的健康和稳定做出了重要贡献。

　　始于 2007 年中期的美国次贷危机很快发展为金融系统的流动性危机，进而于 2008 年 9 月演变为全面的金融危机，导致了自 1929 年大萧条以来最严重的全球经济衰退。许多金融机构，特别是一些大型金融机构遭遇了严重困难，甚至破产倒闭。全球银行业损失巨大，银行系统在 2009 年上半年的损失就达到了 1.3 万亿美元，而且随时间的推移，损失可能高达 2.8 万亿美元。世界实体经济也严重收缩，2009 年就下降了约 1%。

　　面对严重的危机，各国政府积极应对，制订了规模空前的挽救计划或经济刺激计划。美国政府宣布实施总额高达 7000 亿美元的问题资产救助计划（TARP），英国、法国和德国也分别实施总额为 500 亿英镑、3600 亿欧元和5000 亿欧元的金融救助计划。中国政府也宣布实施四万亿元的经济刺激计划。

　　应该说，各国政府规模巨大的金融救助计划和其他配套措施，挽救了一大批对整个银行系统甚至整个金融系统，乃至整个世界经济有重大影响的大型复杂金融机构，对防止金融危机进一步恶化，维护金融稳定，促进经济复苏有重要作用。

　　但是，各国政府对经济的大规模干预，不可避免地带来一些消极后果。比如，各国政府对系统重要性金融机构的救助，证实了"大而不倒"（TBTF）政策的存在。这一政策加剧了各方对大型复杂金融机构道德风险的担忧。如何缓解大型复杂金融机构的道德风险，成为后金融危机时代金融改革的重要议题之一。

针对国际金融危机暴露出来的现有金融监管存在的问题，各国政府、国际金融监管机构通力合作，共同推进国际金融监管制度改革，以防止今后再次出现系统性的金融危机。国际社会在改革现有金融监管制度以应对系统风险、维持金融稳定方面，达成了共识，并展开了卓有成效的工作。理论工作者也对相关问题展开了深入的研究，并取得了不少积极成果。但是，建立新的国际金融监管制度的进程并非一帆风顺，其中还有许多问题亟待解决。例如，什么是系统风险？应如何定义和度量系统风险？什么是系统重要性金融机构？如何识别和度量金融机构的系统重要性？系统重要性对系统风险和银行资本监管的有效性有何影响？微观审慎监管与宏观审慎监管是什么关系？它们各自的适用范围是什么？两者在实践中应该如何衔接？等等。

本书对上述问题进行研究，主要关注银行监管资本比率、系统重要性和系统风险这三者之间的关系，认为商业银行的系统重要性对银行体系的系统风险，以及银行资本监管的有效性，都有重要影响。

本书共分六章。第一章首先介绍本书选题的背景，阐明研究的意义。然后对系统重要性、系统风险和银行资本监管对银行行为的影响等方面的已有文献进行梳理和总结。最后厘定几个基本概念，并介绍全文的逻辑框架、主要内容，以及主要创新之处。第二章分析系统重要性对银行体系系统风险的影响。鉴于规模和关联性是银行系统重要性的重要来源，本章首先分析银行规模对银行体系系统风险的影响，然后分析银行的内部关联性和外部关联性对银行体系系统风险的影响。第三章对商业银行的系统重要性进行评估。首先，一般性地探讨影响商业银行系统重要性的因素；其次，然后分析商业银行系统重要性的评估方法，以及各类评估方法之间的关系；最后，以中国为例，利用中国全国性商业银行2006～2016年的数据，进行银行系统重要性评估，给出中国全国性商业银行各个体银行系统重要性的具体情况，并对其发展变化情况进行分析。第四章分析系统重要性和资本监管对银行资本调整和风险调整行为的影响。在第三章对银行系统重要性进行量化度量的基础上，本章首先介绍面板数据联立方程模型下的模型设定与检验，以及相关估计方法的选择。然后，利用上述面板数据技术，对中国 17 家全国性商业银行进行实证研究，具体分析系统重要性和资本监管对银行资本调整和风险调整的直接影响和交互影响。第五章构建基于系统重要性的商业银行资本监管框架。前面第二章和第四章的分析表明，系统重要性对系统风险、银行资本监管的有效性都有重要影响。本章先建立一个基于系统重要性的银行资本监管政策体系，揭示银行监管资本比率、系统重要性和系统风险这三者之间的内在联系。然后，以此为基础，构建一个基于系统重要性，把微观审慎监管和宏观审慎监管有机结合起来的银行监管资本比率确定框架。最后，较为详细地阐述系统重要性银行机构宏观审慎监管中的几个主要问题。第六章结论介绍了本书的主要结论、不足和未来的主要研究方向。

本书的主要结论有：

（1）商业银行等金融机构的系统重要性主要源于其规模、可替代性、关联性、复杂性和全球活跃性等因素。一般而言，个体银行因素、行业因素、宏观经济因素和国际经济因素等都会影响到商业银行的系统重要性。但在既定的宏观经济环境和国际环境下，影响商业银行系统重要性的主要因素是其个体特征。

（2）基于指标的系统重要性度量方法可以近似替代基于模型的系统重要性度量方法。商业银行系统重要性的定量评估方法包括指标法和模型法。从理论上说，模型法更为准确一些。但是，这些模型对监管者构成了严重的挑战，因为它们对数据要求颇高，而且难以与一般公众进行交流。此外，模型法还需要较为详细的系统层面的信息，很多个体银行无法直接使用它们来进行系统重要性的评估和管理。因此，需要构建一些既简单易行，又具有较好准确性的指标，以供监管者和银行管理者在日常监管和管理工作中使用。源自资产负债表的规模、关联性、可替代性和复杂性等指标正好符合这一要求，完全可以满足监管者和银行管理者在系统重要性的日常管理中的要求。

（3）系统重要性对系统风险有重大影响。显然，系统结构是与系统的稳定性，即系统风险时密切相关的。在银行系统中，各个银行机构系统重要性的相对大小，即系统重要性的分布状况，或者说基于系统重要性的结构，对银行系统的风险有重大影响。在系统重要性高度集中的银行系统中，个体银行规模巨大，整个银行网络的关联性较高，其系统风险也较高。

（4）系统重要性银行机构与非系统重要性银行机构之间存在不同的行为模式，对系统风险的影响也不同。依据商业银行系统重要性的大小，可以将它们分为四大类，分别是个体系统重要性银行、群组系统重要性银行、非系统重要性银行和微型银行。前两类属于广义系统重要性银行的范畴，后两者属于广义非系统重要性银行机构的范畴。由于信息不对称，系统重要性越高的银行，其道德风险越是严重，严重影响银行资本监管的有效性，不利于银行系统的稳定和健康。

（5）建立和健全全球统一的银行资本监管制度是经济金融全球化的必然要求和结果。自20世纪80年代以来，特别是90年代以来，随着计划经济向市场经济的成功转型，以及世界贸易组织（WTO）的建立，经济金融全球化迅猛发展，巨型复杂跨国银行不断涌现，甚至出现了全球性的多元化金融机构。这些具有全球系统重要性的金融机构力量和活动范围都远非一般国家可比，依靠单个国家对银行等金融机构进行监管已经不再具有可行性。在这种情况下，作为国际银行业资本监管统一标准的巴塞尔协议应运而生，并不断得到充实和提高，而且在绝大部分国家和地区中得到有效遵守和实施。

（6）本书建立的基于系统重要性的银行资本监管政策体系显示，银行监管资本比率、系统重要性和系统风险这三者之间存在必然联系，必须构建基于系统重要性的，将微观审慎监管和宏观审慎监管有机结合起来的银行资本监管框架，才能同时实现个体银行机构和整个银行系统的稳定和健康。微观审慎监管主要关注个体银行的稳定和健康，宏观审慎监管主要关注整个银行系统的稳定和健康。但个体银行的稳定和健康并不总是与整个银行系统的稳定和健康相一致，有时，为达到个体银行的稳定和健康，实际上损害了整个银行系统的稳定和健康。因此，微观审慎监管和宏观审慎监管既要分工明确，又要相互配合，以维护整个银行系统稳定和健康的优先地位。

本书的创新之处主要有三点：第一，建立了一个基于商业银行系统重要性的资本监管政策体系，为揭示微观审慎监管与宏观审慎监管之间的内在联系做了具有一定开拓性的工作，从而为银行监管理论的发展做出了贡献。微观审慎监管与宏观审慎监管的有机结合，对维护个体银行和整个银行系统的安全与健康具有重要意义。本书以系统重要性为基础，建立以各种具体监管手段为操作工具，以资本比率为政策工具，以系统重要性为中介目标，以整个银行系统的稳定为政策目标的资本监管政策体系。在此基础上，构建微观审慎监管和宏观审慎监管有机结合的，可以同时实现个体银行和整个银行系统稳定的监管框架。第二，识别、度量和跟踪了中国全国性商业银行的系统重要性。商业银行的系统重要性对银行系统的系统风险和资本监管的有效性都有重要影响。已有文献主要对上市银行的系统重要性进行评估，本书把定性方法与定量方法结合起来，先分析商业银行在中国银行业中的系统重要性，然后采用指标法，首次具体评估居于核心地位的 17 家全国性商业银行的系统重要性，得出它们的系统重要性情况，并着重分析了其系统重要性发展变化的趋势。第三，基于中国全国性商业银行的数据，详细分析系统重要性和资本监管对银行资本调整和风险调整的直接影响和交互影响。系统重要性对银行体系系统风险有重大影响，分析资本监管下银行的资本调整效应和风险调整效应，需要结合银行的系统重要性来进行。但到目前为止，在实证方面，大部分研究都只关注资本监管对银行资本调整和风险调整的影响，考虑到系统重要性影响的研究较少，直接关注系统重要性对银行资本监管有效性影响的研究更少。本书发展了施里夫斯和达尔（Shrieves & Dahl，1992）构建的研究商业银行资本与风险调整行为的联立方程模型，把基于指标的系统重要性嵌入此模型中，详细考察中国商业银行的系统重要性和资本监管对银行的资本调整效应和风险调整效应的直接影响和交互影响，为监管者实施动态的差别资本监管提供依据。

由于研究对象的复杂性，并且本书只是笔者探讨基于系统重要性的商业银行资本监管这一问题的阶段性成果，其中的不足之处是明显的。第一，风险成本内部化方法的局限性。本书的主要思想是风险成本内部化，商业银行的系统重要性越高，其风险成本内部化的要求也越高。然而，在商业银行规模越来越大的情况下，即使不涉及其他银行机构，系统重要性银行本身的问题也已足以引发"大而不倒"问题。这在一定程度上削弱了风险成本内部化方法的有效性。本书提出的缩小银行规模、降低其复杂性的银行业分离方案，虽然能有效应对这一问题，但在全球银行业竞争日益激烈的现实条件下，这些方案能在多大程度上为各国政府接受，尚未可知。第二，局部均衡。本书未详细考察银行系统与实体经济之间的关系，属于局部均衡分析。这使得本书具有局部均衡分析方法的共性问题。当实体经济发生较大变化时，本书某些方法和结论的可靠性有可能下降。第三，数据的可得性问题。由于数据不足，本书在对中国商业银行系统重要性对资本监管有效性的影响进行实证研究时，只考虑了 17 家全国性商业银行在全国水平上的系统重要性，未考虑其在区域水平上，以及全球水平上的情况，也未涉及其他类型的商业银行。

针对本书的不足，今后应在以下几个方面进行更进一步的研究：第一，进一步深入研究系统重要性银行机构的可破产性问题。只有维持系统重要性银行机构的可破产性，才能有效缓解它们的道德风险，降低它们的风险承担水平，进而降低整个银行系统的风险，维护银行系统的稳定和健康。这包括对这些银行机构的边界进行界定，并区分不同的层次，实施区别对待政策。第二，进一步考察银行系统与金融系统其他部分，以及银行系统与实体经济的关系，将银行系统、实体经济纳入统一的分析框架，进行一般均衡分析。第三，将系统重要性的单一层次研究扩展至包括区域性、全国性和国际性银行系统在内的多层次研究。第四，也许是最重要的一点，需要研究银行系统总体风险水平的合理区间。风险成本内部化固然可以防止整个系统的崩溃，但是，这需要耗费大量的资本。从整个社会福利最大化的角度来说，这是否值得？人们到底应该将多少资本用于风险成本内部化？关于这一点，由于涉及面太广，在可以预见的将来，人们恐怕难以形成共识。这也说明，在这方面，理论工作者任重而道远。

目 录
CONTENTS

第一章
绪　论

　　1988 年《巴塞尔协议 I》的发表，开启了商业银行国际监管的新篇章，具有划时代的意义（李志辉，2007）。巴塞尔协议极大地提升了资本监管的重要性，促进了银行资本监管标准的国际统一，改善和提高了许多国家的资本监管标准，为维护银行系统的健康和稳定做出了重要贡献。

　　不过，在 2007～2009 年间，导致 1929 年大萧条以来最严重的全球性经济衰退的国际金融危机清楚地表明，过于依赖微观审慎的银行资本监管存在很大的局限性，必须对资本监管制度做出重大改革，将之拓展至宏观审慎领域，才能保证银行系统的稳健。国际社会为此作了不懈努力，取得了实质性进展。然而，新资本监管制度的建立并不能一蹴而就，尚有许多重要的理论和现实问题亟待解决。例如，监管资本比率、系统重要性和系统风险这三者之间的关系到底如何？宏观审慎监管与微观审慎监管又应该如何相互配合？本书对这些问题进行较为深入和系统的分析与研究，以期深化人们对相关问题的认识，巩固银行资本监管的理论基础，加快建立和完善新国际银行资本监管制度的步伐。

　　本章首先介绍本书选题的背景，阐明研究的意义。然后对系统重要性、系统风险和银行资本监管对银行行为的影响等方面的已有文献进行梳理和总结。最后厘定几个基本概念，并介绍本书的逻辑框架、主要内容，以及主要创新之处。

第一节　选题的背景及研究意义

国际金融危机暴露了基于微观审慎的银行资本监管制度的严重缺陷。如何弥补银行资本监管制度的不足，将之拓展至宏观审慎领域，并将宏观审慎监管与微观审慎监管有机地结合起来，是一个具有重大的理论和现实意义的问题。

一、研究的背景

始于 2007 年中期的美国次贷危机很快发展为金融系统的流动性危机，进而于 2008 年 9 月演变为全面的金融危机，导致了自 1929 年大萧条以来最严重的全球经济衰退。首先，许多金融机构，特别是一些大型金融机构遭遇了严重困难，甚至破产倒闭。最为突出的是雷曼兄弟公司的破产倒闭。雷曼兄弟公司是美国第四大投资银行，管理的资产规模在 6000 亿美元以上，职工人数也高达 25000 人。它的破产是美国历史上最大规模的公司倒闭事件，是美国次贷危机发展为全面金融危机的标志性事件（Mishkin，2010）。美国第三大投资银行美林证券和第五大投资银行贝尔斯登也遭遇了巨大损失，分别被美国银行和摩根大通银行收购。另外，保险业巨头美国国际集团、房地产贷款二级市场巨头房利美（Fannie Mae）和房地美（Freddie Mac）也因损失巨大而被美国政府接管。其次，全球银行业损失巨大。银行系统在 2009 年上半年的损失就达到了 1.3 万亿美元，而且随时间的推移，损失可能高达 2.8 万亿美元（IMF，2009a）。最后，世界实体经济也严重收缩，2009 年就下降了约 1%。为防止经济进一步收缩，各国政府实施了规模巨大的金融刺激计划。例如，在 2009 年和 2010 年，20 国集团成员国政府的金融刺激计划支出就达到了 GDP 的 2% 和 1.5%（IMF，2009b）。

面对严重的危机，各国政府积极应对，制订了规模空前的挽救计划或经济刺激计划。美国政府宣布实施总额高达 7000 亿美元的问题资产救助计划（TARP），英国、法国和德国也分别实施总额为 500 亿英镑、3600 亿欧元和

5000 亿欧元的金融救助计划。中国政府也宣布实施四万亿元的经济刺激计划。

应该说，各国政府规模巨大的金融救助计划和其他配套措施，挽救了一大批对整个银行系统甚至整个金融系统，乃至整个世界经济有重大影响的大型复杂金融机构，对防止金融危机进一步恶化，维护金融稳定，促进经济复苏有重要作用。

各国政府对经济的大规模干预，不可避免地带来一些消极后果。例如，各国政府对系统重要性金融机构的救助，证实了"大而不倒"（TBTF）政策的存在。这一政策加剧了各方对大型复杂金融机构道德风险的担忧。如何缓解大型复杂金融机构的道德风险，成为后金融危机时代金融改革的重要议题之一（BIS，2009）。

这次危机是宏观经济因素与微观经济因素相互影响的结果。前者主要包括全球性的持续不平衡和过于宽松的货币政策。后者则包括缺乏监管的金融创新，信贷膨胀和不断降低的信贷标准，公司治理不足，以及金融监管过于宽松（Mohanty，2010）。

具体而言，金融监管方面的缺陷主要包括以下几个方面（Wagner，2010）：

（1）影子银行系统的高速增长。1999 年美国颁布实施的《格雷姆－里奇－比利雷法》（*Gramm - Leach - Bliley Act*，*GLB Act*）废除了 1933 年《格拉斯－斯蒂格尔法》（*Glass Steagell Act*），结束了商业银行业与投资银行业的分业经营，导致影子银行系统迅速增长，带来了严重的监管套利问题。相当多的金融中介机构都转变为非银行金融机构，并持有大量表外资产，以节省资本。

（2）金融创新的复杂性和高风险性。这些新的金融工具包括资产支持证券（ABS）、担保债务凭证（CDO）和信用违约互换（CDS）等。因此，金融创新意味着资产证券化和风险的扩散，使金融部门可以向高风险借款者提供借款。在风险评估过程中，这些极端复杂的金融工具产生了严重的信息不对称问题，但专业人士仍然乐于接受它们，认为这些工具可以分散风险，有助于金融系统的稳定。监管机构也未能对这些金融工具保持足够警惕。结果，这些过于复杂的金融工具最终导致了信息失灵、集体行动问题和网络效应，使社会付出了高额成本。

（3）金融系统的关联性。金融监管失灵的主要原因在于，监管机构没有给予引发系统性风险的外部性以足够的重视，而是孤立地对待每个银行的风险。其实，当一个银行降价销售（fire-sales）资产时，也会压低其他银行的资产价格；而银行惜贷也会产生不确定性，从而影响到其交易对手。也就是说，在危机之前，很少投资者认识到金融系统的关联性。而当这些网络关系和相关的危险变得明朗时，信心危机就发生了。次级贷款及其衍生品的意外损失促使人们对同类资产产生怀疑，并重新估计风险贴水。这反过来增加了投资者的损失，形成了恶性循环，交易对手风险也就突然严重起来。

（4）薪酬合约中的激励扭曲。金融机构对高中级管理人员的巨额薪酬计划在危机中得到了证实。在经营业绩好的年份，金融机构的管理者获得了高额津贴，但在经营业绩差的年份，他们并未受到惩罚。这意味着这些薪酬计划是上不封顶，下有保底的。因此，交易者在交易中总是追求短期利润，承担了过多的风险。这导致了金融机构乃至整个银行系统的过高杠杆率。

（5）金融机构和投资者行为的顺周期性。金融机构和投资者在经济繁荣时期承担了过高的风险，反之则反是。结果，在经济繁荣时期，信贷和杠杆率同时上升，而在衰退期，则同时下降。抵押贷款的资产负债表效应恶化了杠杆率的顺周期性。此外，《巴塞尔协议Ⅱ》要求银行以市场价格给抵押品估值，使监管资本要求也具有顺周期性，进一步加恶化了杠杆率的顺周期性。

（6）评级机构的利益冲突。评级机构的相当一部分收益来自需要将其资产证券化的金融机构。这样，它们在给证券进行评级时，就不得不部分地屈服于顾客的要求，形成利益冲突问题。而监管者用这些评级结果进行风险评估，无疑使问题更为复杂。

针对国际金融危机中暴露出来的现有金融监管存在的上述问题。各国政府和国际金融监管机构通力合作，共同推进国际金融监管制度改革，以防止今后再次出现系统性的金融危机。2009年，巴塞尔委员会（BCBS）公布了一份题为"加强银行业的弹性"的征求意见文件，对《巴塞尔协议Ⅱ》做了大幅度修改。银行界和学术界就此文件做了很多评论，并提出了许多中肯的意见和建议。2010年7月，巴塞尔委员会下属的负责监管的央行行长和监管当局负责人会议（GHOS）批准了该改革计划的主要部分。2010年11月，在首尔召开的 20 国集团峰会通过了 2010 年 7 月版协议（即《巴塞尔协议 III》），并责成巴塞尔委员会、金融稳定委员会（FSB）和国际货币基金组织密切合作，以加快建立新国际金融监管制度的步伐。

如上所述，国际社会在改革现有金融监管制度以应对系统风险、维持金融稳定方面，达成了共识，并展开了卓有成效的工作。理论工作者也对相关问题展开了深入的研究，并取得了不少积极成果。但是，建立新的国际金融监管制度的进程并非一帆风顺，其中还有许多问题亟待解决。例如，什么是系统风险？应如何定义和度量系统风险？什么是系统重要性金融机构？如何识别和度量金融机构的系统重要性？系统重要性对系统风险和银行资本监管的有效性有何影响？微观审慎监管与宏观审慎监管是什么关系？它们各自的适用范围是什么？两者在实践中应该如何衔接？等等。

本书正是对上述问题进行研究，重点关注系统重要性的识别和度量，系统重要性对系统风险和银行资本监管的影响。在此基础上，探索建立一个基于系统重要性的银行资本监管政策体系，以揭示监管资本比率、系统重要性和系统风险这三者之间的关系，为建立微观审慎监管和宏观审慎监管相结合的金融监管框架提供理论基础。

二、研究的意义

如上所述，本书对新国际金融监管制度中的重大理论和实践问题进行研究，因此，本书不但具有重要的理论意义，而且具有重要的现实意义。

第一，深化人们对银行监管资本比率、系统重要性和系统风险三者之间关系的认识。本书首先分析系统重要性影响银行体系系统风险的原理；然后利用中国 17 家全国性商业银行的数据，对系统重要性和资本监管对银行行为的影响进行实证研究；最后将银行监管资本比率、系统重要性和系统风险纳入一个基于系统风险的银行资本监管政策体系中，揭示它们之间的内在联系。

第二，为监管者实施基于系统重要性的动态差别资本监管提供理论支撑。本书从理论上分析了系统重要性对系统风险的影响，连续地对银行机构的系统重要性进行度量和追踪，并实证检验了系统重要性和资本监管对银行资本调整和风险调整的直接影响和交互影响。这使得监管机构可以根据银行机构的系统重要性，对银行资本实施有差别的分类监管，并随银行系统重要性的变化对监管政策进行动态调整。

第三，有利于银行等金融机构进行自身的系统重要性管理。基于模型的系统重要性度量方法涉及整个银行系统的许多系统性信息，规模较小的非系统重要性银行机构并不掌握这些信息，难以应用这些度量方法对自身的系统重要性进行有效管理。本书主张的基于资产负债表指标的系统重要性度量方法，为它们低成本而又有效地管理自身的系统重要性提供了可能。

第四，有利于深化人们对中国商业银行体系系统重要性分布情况的认识。本书既分析了中国各类银行机构的相对系统重要性，又详细分析了17家全国性商业银行的个体系统重要性，得出它们的系统重要性情况和发展变化趋势。据此，人们不仅清楚地知道各类金融机构、各个银行的系统重要性，而且可以据此实施基于系统重要性的动态的银行资本区别监管，有效地防范中国商业银行体系的系统性风险。

第二节　文献综述

自巴塞尔协议诞生以来，学者们就对银行资本监管的有效性进行了大量的研究。2007年国际金融危机爆发后，人们又开始重视对系统风险、系统重要性的研究，并取得了很多成果。本节对这些研究进行梳理和总结。

一、系统重要性

（一）系统重要性的含义

关于系统重要性的含义，主要有两种观点。第一种观点主要着眼于金融体系本身。例如，欧洲中央银行（2006）认为，系统重要性是指：由于规模和业务性质的原因，银行机构的倒闭和业务停止运行会传染到其他金融机构，并对其他金融机构的顺利运行产生不利影响。另外一些学者则把系统重要性定义为，当银行系统处于压力之中时，特定银行的损失（Zhu et al.，2009）。

第二种观点则既考虑金融体系，又考虑实体经济。例如，国际货币基金组织、巴塞尔委员会和金融稳定理事会（2009）认为，系统重要性是个体银行的倒闭给金融系统和实体经济带来的影响。还有一些文献也持类似的观点（FSB，2009；Thomson，2009；Chen Zhou，2010）。

（二）系统重要性的度量方法

系统重要性的评估方法，可以分为定性评估和定量评估两大类，但目前的研究以定量评估为主。定量评估工具既可以是满足要求的各种现有指标，也可以是从更复杂的模型中推导出来的人造指标。因此，定量评估方法又可以分为指标法和模型法两类。但是，没有一个定量评估方法可以完美度量所有银行的系统重要性。因为这些银行的结构和经营活动不同，给金融系统带来的风险的性质和程度也不同。因此，定量的系统重要性评估方法需要定性分析来补充，以便比较准确地确定银行的系统重要性。这里主要介绍指标法和模型法的研究情况。

1. 指标法

很多研究考察了单个问题金融机构导致的系统性影响，强调了规模、可替代性和关联性的作用（Galati & Moessner，2011）。金融稳定委员会、国际货币基金组织和巴塞尔委员会（2009）认为，评估个体银行系统重要性的三个关键维度是规模、可替代性和关联性。巴塞尔委员会（2011）发展了三维度指标法，将之拓展为五维度指标法，从规模、关联性、可替代性、复杂性和全球活跃性这五个维度来评估银行的系统重要性。巴塞尔委员会（2013）修改和完善了全球系统重要性银行的评估方法。主要修改内容如下：由于可替代性指标的重要性远超预期，对可替代性设置上限，当可替代性指标得分超过上限，不改变总分；将关联性指标中的二级指标"批发融资比例"更改为"发行证券余额"；计算评估指标时使用的分母由三年调整一次改为一年调整一次，以最大限度地激励银行降低系统重要性。

基于国际银行监管机构确定的银行系统重要性评估框架，各国监管机构结合本国国情，提出了评估本国商业银行系统重要性的方法。2009年11月，英国金融监管局提出，要从规模、关联性和金融机构种类这三个方面评估金融机构的系统重要性（胡海峰和郭卫东，2012）。2011 年 10 月，美国金融稳定监督委员会提出从规模、杠杆率、关联度、可替代性、流动性风险和期限错配、监管现状这六个方面评估金融机构的系统重要性（管斌，2012）。2011 年，中国银监会颁布了《中国银行业实施新监管标准的指导意见》。在文件中，中国银监会指出，中国系统重要性银行的评估主要考虑规模、关联性、可替代性和复杂性等指标，不考虑全球系统重要性银行（G – SIBs）评估方法中的全球活跃性指标。

一些学者对国际监管机构和各国监管机构确定的系统重要性评估框架进行调整，进一步提出了各具特色的系统重要性指标法。张强和吴敏（2011）选取规模、关联性、可替代性和复杂性 4 个一级指标 13 个二级指标，采用熵值法确定指标权重，对中国 16 家上市商业银行的系统重要性进行评估。巴曙松和高江健（2012）则从规模、关联性、可替代性、复杂性和国民信心五个方面着手，评估中国上市银行的系统重要性。王巍（2013）简化指标，仅采用规模、关联性和可替代性三个指标来分析中国 16 家商业银行的系统重要性。郭卫东（2013）则从另外一个角度，分别采用国际标准和国内标准对中国 16 家上市商业银行的系统重要性进行评估，发现标准不同，评估结果也不同。

2. 模型法

夏普利（Shapley，1953）提出了一个基于个体贡献，在参与者间分配总值的方法。夏普利值法可以直接应用于银行系统。这时，博弈者就是各个银行，它们参与影响系统风险的互相联系的风险活动；风险的"值"是整个银行系统的在险价值（VaR）或者期望损失（ES）；每家银行的系统重要性是它的夏普利值。夏普利法的一个主要优势是它具有一般性，适用于任何把系统看作银行组合的系统的风险度量。此外，现存的系统风险配置方法，大都是夏普利法的具体运用（Tarashev et al.，2009）。

艾德里安和布伦纳迈耶（Adrian & Brunnermeier，2009）提出条件在险价值（CoVaR）概念，大大促进了银行系统重要性度量的研究。CoVaR 可用于度量金融机构已经处于危机状态下的金融系统的在险价值（VaR）。他们把单个金融机构对系统风险的贡献定义为金融系统的 VaR 与 CoVaR 的差值。这一度量方法在很大程度上依赖于杠杆率、规模和期限错配数据。一些学者通过分位数回归技术对 VaR 和 CoVaR 的值进行求解（Nikolaus & Julia Schaumburg，2011；李志辉和樊莉，2011；Dimitrios et al.，2012）。另一些学者利用 GARCH 模型求解 VaR 和 CoVaR 的值，进而识别银行的系统重要性（李志海，2009；高国华和潘英丽，2011）。

CoVaR 的一个主要问题是不可加性，即单个机构的贡献加起来并不等于总的系统风险（Tarashev et al.，2010）。比特（Buiter，2009）进一步指出了 CoVaR 这一度量方法的问题。第一，它使用相关性度量溢出效应，但溢出效应意味着因果关系，而相关性并不如此。第二，CoVaR 这一度量方法与 VaR 一样，在危机时期，其对相关系数的度量与正常时期大不一样。而且，CoVaR 是一种双边指标，没有把间接影响考虑在内。

塞戈维亚诺和古德哈特（Segoviano & Goodhart，2009）提出了另一种度量单个金融机构对系统风险的影响的方法。给定特定银行破产的条件，他们考虑使用至少有另一家银行破产的条件概率来衡量该特定银行的系统重要性。周（Zhou，2010）把这一度量方法拓展至多变量情形，构建了一个"系统重要性指数"，用以度量在特定银行破产的条件下，银行系统中将会破产的银行数的期望值。他还考察了"脆弱性指数"，即在系统中至少有一家银行破产的条件下，特定银行破产的概率。

朱等（Zhu et al.，2009）提供了一个在银行间分配系统风险的方法。其定义遵循与 CoVaR 或者周（Zhou，2010）的脆弱性指标一样的原理。朱等（Zhu et al.，2009）把系统重要性定义为，当银行系统处于压力之中时，特定银行的损失。这一指标与夏普利值（Shapley value）法一样，具有可加性。并且，与 CoVaR 或者周（Zhou，2010）不同的是，朱等（Zhu et al.，2009）同时考虑了基于规模的权重信息和违约损失率（LGD）信息。

此外，日益引起人们重视的一系列文献把金融系统模型化为一个复杂系统。这些文献主要关注复杂性、关联性、非线性、多样性和不确定性的程度（Hommes，2006，2008，2009；Hommes & Wagener，2009；LeBaron & Tesfatsion，2008）。

与此相关的另一些研究把金融系统看作一个由各个机构组成的复杂的动态网络，这些机构或者通过银行间市场的多边风险暴露直接联系，或者通过持有相似的资产组合、共享同样的存款者而间接联系。艾伦和葛尔（Allen &

Gale，2000）首先发现，银行间网络对系统风险的总体水平有一阶影响，因为它决定了系统中传染的程度和严重性。范莱维尔德和里昂多普（Van Lely-veld & Liedorp，2006）通过估计双边和外国风险暴露，以及网络的实际结构，考察了德国银行间市场的传染性。他们发现，只有当一个大型银行破产时，德国银行间市场才会发生系统性风险。而且，即使是在这样的极端情况下，也不是所有的银行都受到影响。盖和卡帕迪尔（Gai & Kapadia，2008）、尼尔等（Nier et al.，2008）构建了一个同质银行网络，分析特殊冲击对该网络的影响。结果发现，网络价值和网络关联性对传染有非线性影响。这些研究结果表明，金融系统同时具有稳健性和脆弱性，即，一方面更大的关联性可以降低单一的特殊冲击的传染性；另一方面，这也意味着冲击可能的影响范围和规模更大。

阿查里雅等（Acharya et al.，2010）采用边际期望损失（MES）方法度量资本损失的极端尾部风险。在此基础上，人们提出了金融机构系统性风险指数（SRISK），用以衡量危机中金融机构的资本缺口（Brownless & Engel，2012；Acharya et al.，2012）。布穆列斯库和杜米特雷斯库（Banulescu & Du-mitrescu，2015）则提出了成分期望损失值（CES）方法，以便计算每个金融机构期望损失占总损失的比例。

一些学者对不同的系统重要性度量方法进行了比较。高蒂尔等（Gauthier et al.，2010）应用加拿大银行系统中个体银行的账面贷款、风险暴露以及包括场外交易市场（OTC）衍生品在内的银行间关联性数据，对在银行系统的成员银行中分配系统风险的不同机制进行比较。他们明确地把总体风险和银行个体风险随银行资本要求而变这一因素纳入视野。高蒂尔等（Gauthier et al.，2010）考察了五种计算个体银行系统风险贡献的方法，分别是成分VaR、增量VaR、两种夏普利值（Shapley value）法，以及CoVaR。他们发现，对同一资本水平，不同宏观审慎资本分配方法之间的差异可达50%。不过，就改善金融稳定性而言，五种方法的结果是一样的。王培辉和袁薇（2017）比较了边际期望损失（MES）、系统性风险指数（SRISK）和成分期望损失（CES）三种金融机构系统重要性评估方法的有效性和适用性，发现MES和CES指标时效性较好；SRISK对综合规模、杠杆率等信息的评估结果更可靠；SRISK和CES样本外预测效果较好。

二、系统风险

20 世纪 70 年代以来，系统风险一直为中央银行、银行监管者和金融经济学家所关注。近年来，政府明确提出要监管系统风险。

（一）系统风险的定义

表 1.1 给出了系统风险的各种定义。除了亨德里克斯（Hendricks，2006）和凯恩（Kane，2010），大部分文献都涉及福凡姆（Furfine，2003）讨论过的系统风险的两个传统观点。福凡姆把第一种类型的系统风险定义为：某个金融冲击引起一系列的市场或金融机构同时不能有效运转。他把这一定义与戴尔蒙德和迪布维格（Diamond & Dybvig，1983）对银行挤兑的理论模型联系起来。后者认为，银行挤兑是存款者信心坍塌引起的最优风险分担安排崩溃的结果。维克（Wicker，1996）则以随机撤退（withdrawal）方法模型化银行挤兑，认为它是由害怕传染［卡罗米瑞斯（Calomiris）称之为"恐慌观"］引起的非流动性，并且将之与基于信息的银行挤兑模型［卡罗米瑞斯（Calomiris）称之为"基本观"］相对照。当然，正如维克（Wicker，1996）注意到的那样，区分这两种关于信心坍塌原因的不同观点，并不能通过事先安排避免它们同时发生。

表 1.1 关于系统风险的各种定义

来源	定义
Jan – Charles Rochet & Jean Tirole （1996，p. 733）	一个金融机构的危机（distress）通过金融交易向关联机构的传导
Group of 10 （2001）	触发连锁反应的风险，使金融系统的相当一部分机构陷入困境，导致巨大经济损失，或者公众信心的大范围丧失，以及不确定性增加，并对实体经济造成显著影响
Claudio Borio （2003，pp. 5 – 7）	单个金融机构的经营失败导致大范围金融危机的可能性
Craig Furfine （2003，p. 113）	第一类系统风险指金融冲击导致一系列市场或金融机构不能有效运转的风险；第二类系统风险指由于金融机构之间关系密切，单个或少数金融机构的经营失败传导到其他机构

来源	定义
Joseph Daniels & David VanHoose (2005, p. 196)	由于其他机构交易结算功能的丧失,某些支付中介机构可能无法履行支付合约的可能性
Charles Lucas (National Research Council, 2006, p. 2 and p. 9)	涉及政策失误的,金融系统由稳定均衡向次稳均衡的过渡,并可能在金融系统与实体经济之间引发恶性循环
Darryll Hendricks (National Research Council, 2006, p. 9)	与尼斯湖水怪相类似,人们宣称其存在或必定存在,但无人能够明确无误地给出其定义
Bank of England (2009, p. 3)	系统风险有两个主要来源。第一,金融机构、实业机构和家庭部门在信贷扩张期承担了过多风险,而在信贷收缩期又变得过于厌恶风险。第二,个体银行机构没有考虑它们的行为给金融网络带来的溢出效应
Markus Brunnermeier, Andrew Crockett, Charles Goodhart, et al. (2009, p. xvii and p. 2)	是指这样一种情况,外部性太大,市场失灵的总成本超过私人成本和监管成本之和
Viral Acharya (2009, p. 224)	很多银行同时破产,或者一个银行的破产导致其他很多银行破产
Edward Kane (2010b, p. 253)	金融部门的交易对手之间的违约带来巨大的溢出效应。它对实体部门有重大影响
Jeremy Staum (2010, p. 2)	系统风险源于金融系统的结构和金融机构之间的相互作用。系统风险与系统性风险不同。后者指由影响经济全局的因素引发的风险。而系统风险既包括系统性风险,也包括由传染引发的风险,即一个机构的损失或困难传导到其他机构所引发的风险
Monica Billio, Mila Getmansky, Andrew Lo, et al. (2010, p. 1)	系统风险由一系列相互关联的金融机构违约事件引发。这些违约事件在短期内集中爆发,导致整个金融系统的流动性不足和信心丧失
Olivier De Bandt Philipp Hartmann & José Luis Peydró (2010, p. 636)	系统性事件是指对其他金融机构有重大影响的单个金融机构经营失败事件

关于普遍崩溃的两种观点,其共性是强调系统风险来源的需求方,即存款者由于怀疑存款的可兑现性而提前兑现自己的存款,结果银行陷入挤兑的深渊。另一个共同点是,系统风险同时影响多个金融机构,因为这些机构的资产配置策略类似,存在"羊群效应",容易受到存款者挤兑的冲击(Acharya & Yorulmazer, 2007, 2008)。

过去，银行家特别关心福凡姆所说的第二种类型的系统风险，即由于彼此间的相互联系，一个或少数几个金融机构的破产引起其他金融机构破产而发生的系统风险。这个观点强调供给方渠道的影响，即银行间贷款、证券交易和外国货币兑换引起的银行间每日交易清算对系统风险的影响。把系统风险视为与清算或其他商业联系相关的银行间的多米诺骨牌效应也是教科书的标准定义（Daniels，Joseph & VanHoose，2005）。在这种情况下，某些金融机构结算业务的异常会波及其他金融中介机构。例如，两个银行间交易结算的失败可能导致第三方银行无法从这两个银行获得支付服务，从而引发一系列机构的支付失灵。因此，这种观点把银行看作系统性网络的一个组成部分。在这个网络中，一部分机构的结算失灵会波及其客户，并使它们被动地陷入挤兑之中。

在这两个观点中，影响系统风险的三个主要因素与私人市场相关（private-market-related）。第一个因素涉及实行部分准备金制度的银行系统。很多金融机构，包括商业银行、存款机构和信贷协会，所持有的准备金低于顾客的存款和其他相对短期的债务。结果，在单个金融机构与存款者和其他客户的相互交易中，总是存在潜在的资金净流出，从而至少导致暂时的流动性短缺。当然，这是银行为什么会出现挤兑的传统解释。毕竟，当影响系统流动性的负面冲击发生时，出现流动性短缺的银行发现它们面对的实际上是普遍的流动短缺。这一短缺进一步触发范围更广的、涉及存款者或其他债权人的挤兑。

第二个主要因素是银行具有相似的经营战略，即所谓羊群效应。当特定贷款市场或其他市场出现利润机会时，银行管理者会同时寻求从这些机会中获利。如果市场出现意外冲击，它很可能发展为系统流动性冲击。此外，瓦格纳（Wagner，2008，2010）认为传统的单个机构的多样化策略未必能够降低系统风险，因为很多机构趋向于选择同样的多样化策略，结果恶化了羊群效应问题。

第三个因素是网络的外部性。一般而言，市场的外部性是指溢出效应对并非交易当事人的个人或公司产生的影响，有正外部性和负外部性。当参与交易的市场主体所获得的收益或承担的成本的大小与市场主体数量相关时，网络就具有外部性。比如，人们通常认为，信用卡市场具有外部性，因为对个体消费者来说，使用特定品牌信用卡的消费者越多，他使用该品牌信用卡所获得的效用就越大。一个产品在市场网络中既可能具有正外部性，也可能具有负外部性。

在银行业市场中，网络外部性和相关的市场反馈效应在作为支付中介的存款机构中表现最为显著（Chakravorti，2000；Eisenberg & Noe，2001）。在履行支付中介职能时，银行机构参与到互相联系的支付系统中去。正如信用卡市场一样，这些市场中的交易也表现出胜利者效应①，因而也可能导致系统风险。两个参与者之间的所有支付交易都潜藏着流动性风险。如果他们的流动性问题影响到没有直接参与该交易的其他市场主体，那么该市场就具有潜在的溢出效应，或者系统风险（Wagner，2009）。

与支付系统相关的网络外部性很容易识别，但银行机构还会涉及其他类型的网络外部性。比如，在联邦基金市场和衍生品市场，一个银行对另一个银行违约，可能导致后者对其他银行违约。从理论上说，这可能形成一系列的承兑义务违约，导致系统风险的发生（Cocco，Gomes & Martins，2009；Fecht & Grüner，2007；Bliss & Kaufman，2006；Iori，Jafarey & Padilla，2006；Freixas，Parigi & Rachet，2000）。

（二）系统风险的度量方法

传统上，经济学家倾向于依赖总量审慎比率，比如总量资本比率，来评估金融系统的安全和健康。这些比率也常常被用来构建银行业的早期预警系统（Evans et al.，2000；Davis & Karim，2008；Barrell et al.，2010）。然而，奇哈克和申克（Čihák & Schaeck，2010）证明，尽管这些指标蕴含着有价值的信息，它们也难以应用，因为它们无法识别出个体问题银行，而且过于依赖后顾性（backward-looking）监管数据，而不是前瞻性（forward-looking）市场信息。

表1.2列出了在个体银行机构或者群组水平度量系统风险的部分研究文献。这些研究主要涉及影响系统风险的后两个因素（Gauthier et al.，2010）。因此，不少涉及系统风险度量的研究强调导致羊群效应和共同风险暴露的银

---

① 即越是有胜利希望的竞争者，其获得的支持越多。

行资产负债表策略。这些研究常常利用存量资本数据来衡量银行机构的相关性。也有文献研究在不利经济事件或其他机构破产条件下，银行机构的破产条件概率。另外，有些研究试图识别共同风险因素，因而可以作为系统风险暴露的预警指标。

表1.2 系统风险的度量

来源	系统风险度量
Gianni De Nicolo & Myron Kwast（2002）	大型复杂银行机构股票回报率的动态
Kee – Hong Bae, G. Andrew Karolyi & René Stulz（2003）	超限事件
Alfred Lehar（2005）	银行资产组合相互关联带来的监管者对银行资产的或有要求权
Giulia Iori, Saqib Jafarey & Francisco Padilla（2006）	模拟的单位时间内的违约次数
Helmut Elsinger, Alfred Lehar & Martin Summer（2006a，b）	增量 VaR；存款保险不足的条件期望
David Aikman, Piergiorgio Alessandri, Bruno Eklund, et al.（2009）	八个"危险区域"指标的变化对银行资产负债表的影响：一级资本比率；短期批发期限错配；市场资金依赖度；较少未预期冲击条件下的利润记录；与问题银行的相似度；银行间市场的扩散；权益资本市场价值的下降；国内生产总值的历史值
Miguel Segoviano & Charles Goodhart（2009）	银行业稳定指数，即已有一个银行陷入危机的条件下，陷入危机的其他银行家数的期望值
Olli Castrén & Ilja Kristian Kavonius（2009）	对部门交易对手的双边资产负债表风险暴露
Philippe Jorion & Gaiyan Zhang（2009）	不正常的权益资本回报率和累积性的公司和债权人的不正常回报率
Tobias Adrian & Markus Brunnermeier（2009）	条件 VaR，即 CoVaR；对系统风险的边际贡献
Xin Huang, Hao Zhou & Haibin Zhu（2009）	为保护相互关联的群组中的个体金融机构而需支付的基于违约概率的保险贴水
Chen Zhou（2010）	条件破产概率；系统影响指数；脆弱性指数

续表

来源	系统风险度量
Christian Brownlees & Robert Engle (2010)	基于时间和金融机构的市场指数相关性的条件波动性
Céline Gauthier, Alfred Lehar & Moez Souissi (2010)	成分VaR：基于银行系统资产合的每个银行的损失的贝塔值；增量VaR，即单个银行机构对银行系统总风险的贡献
Monica Billio, Mila Getmansky, Andrew Lo, et al. (2010)	非流动性风险暴露：月回报率的自相关系数；基于主成分分析的资产回报率的趋同性增加；意外冲击；相关关系的方向性
Nikola Tarashev, Claudio Borio & Kostas Tsatsaronis (2010)	VaR或者期望损失的夏普利值分布
Olivier De Jonghe (2010)	尾部贝塔值：在银行业指数急速下降的条件下，单一银行的股票价格大幅度下降的概率
Xin Huang, Hao Zhou & Haibin Zhu (2010)	危机保险贴水：即在金融系统资产组合发生大规模损失的条件下，单个金融机构子资产组合的期望损失对总风险的边际贡献
Viral Acharya, Lasse Pedersen, Thomas Philippon, et al. (2010，2011)	系统性的期望损失；边际期望损失

另外一类研究主要涉及银行机构通过支付清算系统的相互影响而带来的系统性风险，它们强调系统重要性金融机构溢出效应的度量。

表1.2表明，研究者提出了很多方法来度量系统风险，但关于系统风险度量的研究还处于早期阶段。而且，尽管许多学者（Daníelsson，2008）已经指出，利用VaR模型度量系统风险会导致不一致的结论，大部分系统风险的度量方法还是以这一模型为基础。

（三）系统风险的宏观审慎监管

不管度量方法如何，政策制定者已经决定要降低系统风险（Bernanke，2008）。不过，应对系统风险并非监管者的新目标。例如，早在20多年前，美国联邦储备体系就应对过由银行在大额支付系统中透支而产生的系统风险。

本质上，系统风险源于银行机构间的相互影响，据此，很多学者认为，系统风险不可能通过传统的监管来解决。传统的"微观审慎监管"主要关注单个银行机构本身的稳定性，考察它们对外生风险的反应（Wyplosz，2009）。因此，微观审慎监管并没有把外生风险纳入视野，并忽略单个金融机构的规模、杠杆率和关联性等系统重要性因素。

人们已经认识到传统的监管政策无法有效应对系统风险，并在2008年金融危机之前的几年里就对宏观审慎监管展开了大量的讨论（Borio，2003）。按照汉森、卡什亚普和斯坦（Hanson，Kashyap & Stein，2011）的说法，"简单地说，宏观审慎监管是控制共同冲击下多个金融机构过于收缩资产负债表而导致的社会成本"。

博里奥（Borio，2009a）、戴维斯和卡里姆（Davis & Karim，2009）认为，"现在是该实行宏观审慎监管的时候了"。那么，宏观审慎监管如何实施呢？第一步，当然是确定宏观审慎监管的范围，即宏观审慎监管适用于那些金融机构。为此，布伦纳迈耶等（Brunnermeier et al.，2009）提出了很好的建议。他们认为，首先对所有与系统风险相关的银行和其他具有金融职能的金融机构进行分类，然后再确定宏观审慎监管的适用范围。具体来说，传统的微观审慎监管适用于所有类机构，宏观审慎监管只适用于具有系统重要性的金融机构。

《多德－弗兰克法案》（*Dodd－Frank Act*）主要适用于布伦纳迈耶等所建议的单个系统重要性金融机构，但允许美国金融稳定委员会（FSOC）在绝对多数统一的情况下，将其他金融机构纳入监管范围。在监管实践方面，监管者曾进行了风险评估模拟，即监管资本评估计划（SCAP），也称"压力测试"（stress tests）（Upper，2007）。SCAP只适用于美国最大的银行（Hirtle，Schuermann & Stiroh，2009）。

因为共同冲击与经济和金融的周期性波动相关（Albertazzi & Gambacorta，2009），佩尔绍德（Persaud，2009）强调，宏观审慎监管系统应该内含自动稳定器。这意味着，在一个经济周期里，需要根据具体情况自动上调或下调资本和流动性要求。佩尔绍德还建议实施基于市场的资本要求，即利用资产的市场价格来给依赖短期资金的银行机构的资产负债表项目估值，而现行的估值方法则继续适用于依赖长期资金的银行机构，并监管银行管理层的薪酬制度，以应对银行管理层的短期化行为（VanHoose，2011）。

卡什亚普、伯纳和古德哈特（Kashyap，Berner & Goodhart，2010）则强

调发展必要的宏观审慎监管规则和技术，以应对降价销售（fire sales）。这涉及扰乱原有定价体系的相对流动性较差资产的强制销售问题。他们认为，降价销售之所以发生，是由于银行集体面临困境时，在现有的资产价格下降自我实现机制下，当事银行想避免倒闭或延缓流动性更差的资产的出售，因而总是到了不得已的情况下，才进行资产销售。他们的一般均衡模型分析表明，要应对减价销售的溢出效应，需要资本要求、流动性限制等多个宏观审慎监管工具的相互配合。

洛奇特（Rochet，2010）认为，目前的宏观审慎监管将重点放在系统重要性金融机构上是个误解。按照他的观点，宏观审慎监管应该重点保护系统重要性平台，即具有双向重要性的市场，这些市场聚集了多组不同的"最终使用者"，如银行间信贷清算系统和支付清算系统。

（四）公共选择视角下的宏观审慎监管

关于宏观审慎监管框架的实施，有几个明显的困难。例如，怀特（White，2008）就分析了全国性监管者的可接受性，能否及时介入的监管惰性，以及与货币政策的冲突等问题。此外，伯姆、埃尔曼和弗拉茨舍尔（Born，Ehrmann & Fratzscher，2010）通过分析 36 个国家的宏观审慎监管者的 1000 多个演讲、访谈和正式的金融稳定报告，发现宏观审慎监管者的演讲和访谈增加了金融的不稳定，而金融稳定报告则降低了金融的不稳定。

然而，关于系统风险和宏观审慎监管，尚有三个深层次的问题需要进一步的研究。第一，监管者俘获和社会福利下降问题。第二，宏观监管的合理化过于依赖市场失灵，而忽视了政府监管本身失灵的问题。第三，大部分关于系统风险的研究都寻求某种公共形式的解决方案，而没有对私人部门的契约性解决方案或其他方案给予足够的重视。

1. 忽视监管者俘获问题

传统关于宏观审慎监管的主要理由，是通过限制外部性影响的广度，防止市场失灵和福利损失，进而促进公共利益。然而，波斯纳（Posner，1974）指出，理论和实证研究证明，监管与正外部性并不存在正相关关系。对很多行业的监管并没有效率方面的理由，在很多情况下，是公司支持甚至游说政府进行监管（Viscusi，Harrington & Vernon 2005）。

对监管进行经济学方面的理论分析，有助于解释波斯纳（Posner）和维斯库西（Viscusi）等的研究结论。正如波斯纳（Posner，1971）指出的那样，政府有可能通过监管，将经济租金从一个集团转移至另一个集团，以换取或明或暗的回报。斯蒂格勒（Stigler，1971）认为，公司有可能为了避免来自新进入者的竞争，获取更高租金而俘获相关的监管官员。

对宏观审慎监管的经济学分析表明，政府官员，甚至被监管的金融机构都会促进某种类型的金融监管体系的建立，以使追求自身利益成为可能。另外，即使公共利益在建立监管体系中居于主导地位，追逐自身利益的激励也会一天天地扭曲监管，使监管为被监管者提供保护。实际上，在很多情况下，厘清特定监管政策的动机是很困难的。

当然，无论过去还是现在，银行监管模式都不能只用公共利益来解释。例如，劳恩和伍德（Lown & Wood，2003）提供的证据表明，银行业已经成功地引诱监管者把准备金要求设定在它们所希望的水平上。此外，艾布拉姆斯和赛特尔（Abrams & Settle，1993）得出结论，在20世纪30年代，银行曾成功地引诱监管者构建出对它们有利的行业结构，其他人对20世纪70年代和80年代金融监管的分析，也得出了类似的结论（Kroszner & Strahan，1999，2001）。

关于金融监管者是否特别容易为银行所俘获，哈迪（Hardy，2006）按照拉丰和梯若尔（Laffont & Tirole，1991）给出的标准对银行监管的俘获问题进行研究。结果表明，由于银行业市场集中度较高，信息不对称情况较为严重，固有的复杂性使外界难以了解，监管俘获的问题较为严重。另外，监管者权力的集中和加强，也会增加监管俘获的可能性（Masciandaro & Quintyn，2008）。

博耶和庞塞（Boyer & Ponce，2010）的理论分析显示，不管是传统的微观审慎监管，还是宏观审慎监管，如果一个自利的监管者获得了优势地位，它被俘获的可能性就增加。

2. 轻视市场纪律和市场与政府的失灵

从未充分实施过的《巴塞尔协议Ⅱ》有三大支柱：资本要求，监管者的监管，以及市场纪律。后两者在《巴塞尔协议Ⅱ》的文本中只占20%的分量（VanHoose，2007）。它们实际上是监管者自由裁量权的法律化和市场透明度目标的一个声明，极少涉及鼓励私人投资者进行有效监督或监管者充分利用市场信号的问题。《巴塞尔协议Ⅲ》更加强调资本要求，但有些研究显示，这对银行系统的总体安全和健康的影响并不明朗。总的来说，在保证银行系统安全和健康的政策体系中，市场纪律的地位下降了。

关于政府在宏观审慎框架下应对系统风险的问题，传统理论极少涉及政府失灵的可能性。例如，2007年中期到2009年早期，美国联邦储备委员会和美国的其他监管者把信贷质量和清偿力问题误诊为独立的流动性紧缩问题。艾森拜斯（Eisenbeis，2010）认为，这些监管机构追求的自由裁量权无法有效应对问题，反而使之进一步恶化了。桑顿（Thornton，2010）也发现，政府利用自由裁量权扩大银行流动性来源的行为实际使危机进一步恶化了。

当然，关于规则与自由裁量权，绝大多数文献都倾向于前者（Mishkin，2006）。长期来说，自由裁量权与时间一致性问题结合在一起，就会产生扭曲的政策后果。就短期来说，自由裁量权还会导致不确定性（Duffie，2010）。

不过，过去和现在的经验证明，监管者的自由裁量权总是倾向于增加银行的市场估值（Mailath & Mester，1994）。莱文（Levine，2010）总结说，经过一系列的案例，金融监管当局知道问题与它们的政策有关，它们也有权力修正问题，但它们总是选择不作为。

尽管自由裁量权错误代价高昂，在监管结构设计和实施中的基础性错误更为严重，产生了巨大的社会成本。

官方关于系统风险的定义强调可觉察的、与机构违约引起的重大溢出效应在金融部门内部，以及金融部门与实体经济之间传播和扩散的潜在可能性。这一定义并不全面，因为它存在一个缺陷：实际违约的巨大溢出效应在很大程度上是先验地给定的。

因此，毫不奇怪，官方对证券化泡沫的诊断和它所支持的处理计划不能有效应对安全网的内在负面影响，即它使公司把业务转移到监管边界之外，并采取政治、经济行动，以获得和巩固大而不倒地位。当局也不承认维护公共利益的原则已经被互相冲突的个人、官僚机构和政治集团屡次突破（Kane，2010）。

哈肯斯和施纳贝尔（Hakenes & Schnabel，2010）则为安全网扩大系统风险影响范围的问题提供了另一种解释。他们认为，对系统重要性机构的救助会增加被救助机构的竞争者的风险，因为受助机构获得救助后，会扩大经营，这增加了银行业的竞争，迫使其竞争者从事风险更高的业务活动，从而增加了系统风险。

3. 外部性问题的公共与私人解决方案

近来，很多学者建议采用应对非金融市场负外部性的公共管理工具来监管金融部门的系统风险。当市场主体不考虑他们的行动对其他市场主体的溢出成本时，负外部性问题就产生了，结果是社会边际成本与私人边际成本出现了差异，即所谓"边际损害"（Hindriks & Myers，2006；Rosen & Gayer，2010）。

原则上，中央计划者也许会追求通过各种政策工具消除社会与私人间的边际成本错配。庇古税就是这样的一个政策工具。阿查里雅（Acharya，2011）认为庇古税能够缓解与系统风险密切相关的负外部性，因为庇古税具有隐性税性质，它意味着恰当的基于风险的资本要求，强制发行的可转换债券，繁荣时期的意外（windfall）利润税，或者股权持有者的双重责任。

另一个应对负外部性的政策是总量管制与交易制度（cap-and-trade），即政府控制负外部性总量，并把它分解、分配给相关市场主体，同时允许它们之间进行负外部性额度交易。米尔恩（Milne，2010）建议把这一政策延伸到金融金融机构，先由政府确定可接受的系统风险总水平，然后把可交易的风险额度以许可证的形式分配给各金融机构。

德拉托尔和伊兹（De La Torre & Ize，2011）认为这样的政策建议反映了"集体行动的观点"。这一观点来源于科斯（Coase，1960）的分析，他得出结论，在竞争性经济中，在财产权界定清晰、完全信息和零交易成本的条件下，资源得到有效配置，私人成本与社会成本吻合，此即所谓"科斯定理"。

关于科斯定理在金融市场中的应用问题，直到最近，才有少量研究在很狭窄的议题中涉及。既然与系统风险密切相关的外部性是宏观审慎监管的核心理论基础，这是一个令人奇怪的问题。

宏观审慎监管的文献极少涉及科斯定理的原因。据推测，从科斯定理中提炼出宏观审慎监管建议的提议者也许认为，应对与系统风险相关的外部性的科斯方案不可行，因而事前就把它给排除在外了。不过，这一推测是否合理，却很值得商榷。毕竟，金融市场的活动涉及私人合同的交易。只要实施基于透明度的规则，在可能状态下的这些合同的市场价值就可以界定，并通过金融合同支付给财产权的所有者。如果公共政策能促进金融市场进入障碍的减少和交易成本的降低，这些市场价值就与分配效率和技术效率相容。

毫无疑问，宏观监管政策提议者不考虑科斯定理的最关键理由是戴尔蒙德和迪布维格（Diamond & Dybvig，1983）的研究结论。戴尔蒙德和迪布维格第一次把银行挤兑归结为伴随经济均衡的现象，即消费的不确定性和存款者在提取存款时的先到先得原则就决定了挤兑的发生。在他们的模型中，戴尔蒙德和迪布维格证明，私人合约无法防止挤兑的发生，只能由外部机构，如政府性的存款保险机构，建立可信的对存款者的支付保证，才能解决这一问题。

戴尔蒙德和迪布维格的分析有三个问题（Dowd，1992）。第一，他们的模型假设存款者是居民客户，倾向于接受固定回报承诺，因而与商业银行等存款机构相比，它们更乐于选择共同基金。第二，基于私人合约的存款保险可以替代政府干预，这意味着科斯方案也可能可以解决他们要应对的问题。第三，戴尔蒙德和迪布维格的提议涉及一个单一的担保者，该担保者实质上是把私人市场外部性带来的成本转嫁给纳税人。因此，基于政府的解决方案并没有消除外部性，而只是通过一个政府背景的担保者以其他方法把外部性内部化，例如，通过建立超级监管机构来防止系统风险，并提供宏观审慎监管。

宏观审慎监管很可能侵蚀人们利用私人方案解决与系统风险相关的外部性的能力。由于俘获问题的存在，宏观审慎监管的一个后果就是降低了行业竞争性。过于依赖《巴塞尔协议Ⅱ》和《巴塞尔协议Ⅲ》中的资本要求而不是市场纪律，也会降低信息透明政策的重要性。此外，在宏观审慎监管下，公共产权与私人产权界限模糊，不利于私人部门通过内部化解决外部性。

20世纪90年代和进入21世纪以来普遍存在的政府失灵，就是企图以政府监管替代私人市场纪律的一个例子。政府的安全网，以及与此相关的监管机构，是人们出于对市场外部性的忧虑而建立起来的。不过，这些机构的存在，导致私人产权的有效分配机制失灵。德索托（De Soto，2009）指出，错误定价或免费的存款保险，以及其他的政府担保，产生了道德风险，抵押品支持证券和其他相关的衍生品中本应坚持的小心地"记录，持续跟踪，并与它们代表的资产关联"的原则被突破，并催生了大量所谓"有毒资产"。最后，宏观审慎监管机构与已有的复杂的政府监管机构并列运行，无疑会增加金融机构的正常运行成本。

结果，不断膨胀的宏观审慎监管体系极大地压缩了以科斯方案解决与系统风险相关的负外部性的空间。所以，宏观审慎监管体系实质上使市场参与者失去了通过私人合约应对系统风险的机会。也就是说，政府监管排除了市场主体通过市场化的显性合约进行自我监管的可能性。因此，政府监管反而增加了私人市场产生有可能导致系统风险的负外部性的可能性，使市场失灵更为严重。

三、资本监管与银行行为

戴维斯（Davis，1966）认为银行资本管制主要就是防止银行破产，由此，传统银行管制理论认为提高银行自有资本比率是减少银行倒闭概率的方法之一。

（一）资本监管下的银行资本决策

令人感兴趣的是，并无强有力的证据证明，资本监管提高了银行的实际资本比率。亨德里克斯和希尔特尔（Hendricks & Hirtle，1997）利用 VaR 模型进行的分析显示，资本监管只是轻微地提高了某些金融机构的资本比率。阿什克拉夫特（Ashcraft，2001）也发现，在 20 世纪 80 年代，资本监管并没有对银行资本比率产生重大影响。弗兰纳里和兰根（Flannery & Rangan，2004）发现资本监管对银行的实际资本比率有影响，但它改变了银行的风险偏好，使银行的实际风险上升了。

关于资本监管对银行资本调整的影响，其他学者的结论并不一致，甚至有学者得出监管不利于资本向上调整的结论。施里夫斯和达尔（Shrieves & Dahl，1992）建立了探讨资本调整与风险调整关系的联立方程模型。在此基础上，范罗伊（Van Roy，2005）利用 10 国集团中的 6 个国家的 576 家银行在 1988～1995 年的数据，分析了资本调整与风险调整的关系。在他的模型中，资本和资产风险指标互为解释变量和被解释变量，并定义了一个"监管压力"指标来反映《巴塞尔协议 I 》资本要求的绷紧程度。分析结果显示，加拿大、英国和美国的低资本银行对监管压力作出了反应，增加了资本，而法国和意大利的低资本银行并不如此。

巴里奥斯和布兰科（Barrios & Blanco，2003）发展了这一局部调整模型，对市场力量和资本监管的影响进行比较。利用西班牙 76 家银行在 1985 ~ 1991 年的不平衡面板数据对模型进行估计后，他们发现，就样本银行而言，市场力量的影响是显著的，而资本监管根本不起作用。

贝蒂和格龙（Beatty & Gron，2001）检验了美国 438 家上市银行在 1986 ~ 1995 年的数据。通过把样本区间分为资本监管之前和资本监管之后，他们发现，就整个样本而言，资本监管的引入并未对银行产生重大影响。

杰克森等（Jackson et al.，1999）分析了前人对资本监管的资本调整效应的研究（Peltzman，1970；Mingo，1975；Dietrich & James，1983；Shrieves & Dahl，1992；Keeley，1988；Jacques & Nigro，1997；Aggarwal & Jacques，1997；Hancock & Wilcox，1994；Rime，2001；Wall & Peterson，1987），发现资本监管并没有促使银行保持较高水平的资本比率。不过，杰克森等（Jackson et al.，1999）发现，在 20 世纪 90 年代，银行主要通过减少贷款来对绷紧的资本要求做出反应。

在一个开创性的研究中，福凡姆（Furfine，2001）发展了一个最优化模型来分析银行的决策。他先利用 362 家资产超过 10 亿美元的银行的数据来直接估计最优化条件。然后对资本监管变化的效果进行模拟。结果表明，资本监管有效，而且，显性资本要求如果叠加严格执行的监管检查，效果更佳。因此，他认为，利用严格的资本要求和监督检查的联合效应，更能解释银行在 20 世纪 90 年代早期对《巴塞尔协议 I 》实施的反应。

相当多的研究显示，从长期来看，资本监管对银行资本比率的影响是在逐渐增强的。

多桑和威廉斯（Dothan & Williams，1980）及弗隆和基里（Furlong & Keeley，1989）也以状态偏好模式来探讨问题，发现银行通常会利用增加资本的方式而非出售资产或收回负债方式来提高资本比率。

约基皮等（Jokipii et al.，2011）发现，与实际资本水平高的银行相比，实际资本水平低的银行的资本调整速度更快一些。科丘别伊和科瓦尔奇克

（Kochubey & Kowalczyk，2014）分析美国的商业银行发现，在危机期间风险低的银行资本水平高。范小云和廉永辉（2016）考察资本比率缺口对银行资本比率的影响，发现资本补充能力强的银行主要进行资本调整。

如上所述，关于资本监管对商业银行资本充足率的影响，学者们还没有形成共识。一些学者认为，资本监管对于银行的资本充足率根本不起作用（Barrios & Blanco，2003），相反，市场的力量是显著的；另外一些学者认为，资本监管对银行的资本充足率只有轻微的作用，并没有产生重大影响（Hendricks & Hirtle，1997；Ashcraft，2001；Beatty & Gron，2001）；还有一些学者认为，资本监管对银行资本充足率的影响并不一致，对一些国家的银行有影响，对另外一些国家的银行则没有影响（Van Roy，2005）。当然，也有学者认为，资本监管对银行资本充足率的提高是有效的（Furfine，2001）。而且，长期来说，资本监管对银行资本充足率的影响是逐渐增强的（杨新兰，2015）。

（二）资本监管下的银行风险行为

1. 资本限制下的资产组合选择

关于绷紧的资本要求对资产组合影响的三个基本分析，主要是由卡亨（Kahane，1977），科恩和圣梅罗（Koehn & Santomero，1980），金和圣梅罗（Kim & Santomero，1988）完成的。卡亨（Kahane，1977），科恩和圣梅罗（Koehn & Santomero，1980）考虑的是均值—方差资产选择模型，检验了绷紧的杠杆率与代表性银行最优资产组合调整的关系。他们发现，当资本要求上升时，非风险厌恶的银行会选择风险更高的资产组合，导致破产概率增加。因此，资本要求对银行系统稳健性的影响，取决于银行之间的风险偏好分布。更严格的资本要求会使一些银行更为安全，使另一些银行风险更高，而整个银行系统则既可能更安全，也可能更危险。

卡亨认为，要降低整个银行的资产组合风险，应该实施基于风险的资本要求。科恩和圣梅罗拓展了资产组合选择分析框架，并将之用于研究资产风险加权的情况，结果发现，只要能够最优化权重，基于风险的资本要求就是可行的（Bradley et al.，1991；Carey，2002；Gjerde & Semmen，1995；Cordell & King，1995；Gordy，2003；Kupiec，2004；Cuoco & Liu，2006）。

如果考虑存款保险的期权价值，回报率方差并不是衡量风险的恰当指标，均值—方差分析就不再适用于分析资本要求对破产概率的影响（Flannery，1989；Keeley & Furlong，1990），从而，卡亨（Kahane，1977）、科恩和圣梅罗（Koehn & Santomero，1980）、金和圣梅罗（Kim & Santomero，1988）关于均值—方差的应用是不妥的。弗隆和基里（Furlong & Keeley，1989）把存款保险的期权价值镶嵌入代表性银行的线性状态偏好模型。模型结果表明，银行资本的增加与资产风险下降显著相关。在杰诺托和派尔（Gennotte & Pyle，1991）的分析框架中，存款保险实际上是补贴银行，资本要求对银行风险承担和规模的影响是不确定的。当资产组合由无风险资产与风险资产组成时，银行的边际成本随风险增加而递增，此时，银行增加风险资产比率，而规模是下降的。当资本要求绷紧时，对破产概率有两个方面的影响：第一，降低杠杆率，降低破产概率；第二，增加资产风险，提高了破产概率。哪一种影响占优依赖于投资净现值的弹性。

洛奇特（Rochet，1992）认为，资产管理模型分析结论的差异在于其前提假设，即完全市场还是不完全市场。在完全市场中，假设存在存款保险，银行以价值最大化为目标，如果突然引入意料之外的资本要求，破产风险就会上升。此时，基于风险的存款保险比资本要求更有利于降低资产组合风险。相反，在不完全市场中，银行有限负债，以股权持有者效用最大化为目标，洛奇特得到与弗隆和基里（Furlong & Keeley，1989）、基里和弗隆（Keeley & Furlong，1990）相似的结论：资本监管能够降低资产风险。不过，这需要银行在要求的清偿比率中的风险权重与以市场贝塔值衡量的资产系统风险相匹配。杰奇科和杰恩（Jeitschko & Jeung，2005）考察了委托代理问题和高风险、高回报资产对资本要求的银行风险调整效应的影响。他们构建的分析框架对资产风险的处理比均值—方差模型更一般化。分析结果显示，更高的资本要求对银行资产风险的影响取决于存款保险机构、股权持有者和管理者这三者之中谁处于优势地位。如果前两者占优势，更高的资本要求资产风险下降。但如果存在高回报，高风险的资产，并且管理者占优，资产风险有可能随资本要求上升而上升。

由上可见，洛奇特（Rochet，1992）、杰奇科和杰恩（Jeitschko & Jeung，2005）已经识别出几个因素。这些因素能够解释在资产组合管理模型下，银行资产风险对资本监管的反应不一致的问题。具体结果与下述情况相关，即银行是价值最大化还是效用最大化公司，银行所有者是否持有有限债务，银行是在完全市场还是不完全市场运作。总之，资本监管对资产组合，进而对银行系统稳健性的影响，取决于存款保险机构、股权持有者和管理者这三者之中谁占优。

2. 资本要求，激励和道德风险

在一个以资产组合选择模型分析资本监管效应的研究中，米尔恩（Milne，2002）指出，先前关于资本监管的资产组合风险效应的研究是有瑕疵的，这些研究没有考虑银行作为一个权衡贷款收益与违规成本的前瞻性最优化者的影响。不过，已经有相当多的研究注意到银行在整个资产负债表内权衡成本和收益的问题。

关于资本要求绷紧条件下，银行资产负债表的调整问题，相关文献主要分析基于风险的资本要求的影响。埃斯特里拉（Estrella，2004）通过三时期框架分析表明，较高的资本要求有助于银行实际资本向监管者的目标靠近，但两者之间总有一个差距。在布卢姆（Blum，1999）的两时期模型中，如果资本要求只在第一期绷紧，银行总体风险下降。如果资本要求只在第二期绷紧，银行总体风险上升。如果资本要求在两个时期都绷紧，银行风险变化的方向不确定。卡朗和罗伯（Calem & Rob，1999）建立的无限博弈模型表明，银行的资本头寸与风险承担之间呈 U 形关系。低于资本要求的银行的风险最大。当资本刚开始上升时，银行风险是下降的，但资本超过一个特定水平后，风险又开始上升。

以上文献以及其他大多数文献都假设公众的资产供给和债务需求具有完全弹性。与此相反，赫尔曼等（Hellmann et al.，2000）考虑完全无弹性的情况，并把资产按其风险大小分为无风险资产和风险资产两类。其研究结论表明，资本监管与存款利率限制可以显著地促使所有银行减少风险资产。

沿着赫尔曼等（Hellmann et al.，2000）的思路，雷普略（Repullo，2004）在他的分析框架中镶嵌了一个空间垄断竞争模型来分析存款市场。他的研究结论与赫尔曼等（Hellmann et al.，2000）类似，资本要求和存款利率限制提高了银行的预期边际运营成本，促使银行更多地投资于无风险资产。雷普略和苏亚雷斯（Repullo & Suarez，2004）提供了另一种与赫尔曼类似的分析，其基本结论与雷普略（Repullo，2004）一样，资本要求对降低银行的风险承担有效。不过，他们发现，存款利率限制可能提高了银行选择高风险资产组合的概率。

应该指出的是，在赫尔曼等（Hellmann et al.，2000）、雷普略（Repullo，2004）、雷普略和苏亚雷斯（Repullo & Suarez，2004）的分析框架里，其前提假设与现实世界并不一致。在这些文献里，资产回报率不受资本监管影响，但在现实世界里，资产回报率会对市场力量做出反应，而后者起码部分决定于银行在资本要求下的决策。此外，模型里的存款市场结构蕴含着一个假设前提，即银行存款没有性质很相似的替代品。因此，他们的模型实际上假设存款比率限制不会导致金融脱媒。

有关银行资本监管的理论文献正越来越多地将注意力集中于委托代理和道德风险问题上，考察它们对银行资本，甚至整个资产负债表的影响。

有一种观点强调道德风险对银行资产负债表负债的影响。关于这一观点，较早的文献有戴尔蒙德和迪布维格（Diamond & Dybvig，1983）、卡洛米利斯和卡恩（Calomiris & Kahn，1991）。戴尔蒙德（Diamond，1984，1991）强调银行进行贷款监督，防范道德风险的重要性。贝桑科和卡纳塔斯（Besanko & Kanatas，1996）则检验了资本要求是如何影响银行监督贷款的激励的。在桑托斯（Santos，1999）的模型中，银行与存款者之间、银行与借款者之间，都存在道德风险。提高资本要求能缓解存款保险对银行与借款者之间最优合约的扭曲，促使银行对合约进行调整，并在破产成本与资本要求成本之间进行权衡。结果是降低了银行不能偿还债务的风险。因此，资本监管明确地降低了银行风险。

在此基础上，戴尔蒙德和拉扬（Diamond & Rajan，2000，2001）作出了重要贡献。戴尔蒙德和拉扬（Diamond & Rajan，2001）提出，挤兑的脆弱性迫使银行保持流动性，因此，金融脆弱性和活期存款使银行可以以低成本获得资金，惩罚银行的寻租行为，并使银行能够为存款者和借款者提供流动性。

在一个容易发生流动性危机和银行挤兑的背景下，库珀和罗斯（Cooper & Ross，2002）从负债方分析了存款保险与资本监管的相互影响。在存款者风险厌恶，且存在道德风险的情况下，利用戴尔蒙德—迪布维格两期消费模型，他们发现，存款者监督可以促进银行选择有利于存款者的资产组合。存款保险降低了存款者监督银行资产组合选择的激励。一个充分高，而且与存款水平关联的资本要求可以促进银行选择安全资产，减轻了存款者面临的道德风险。德康等（Decamps et al.，2004）也分析了资本监管与银行监督之间的相互影响。他们发现，资本要求使银行在完全失去清偿力之前就失去了流动性，从而使监管者能够判断出银行采用"坏技术"进行贷款监督的时间。次级债券的发行降低了银行的市场价值，降低了资本要求，并促使银行采用"好技术"进行贷款监督。

3. 异质银行系统下的资本监管

在研究资本监管对银行行为的影响时，把异质银行纳入同一个模型是一个新颖的设想。已有的绝大部分研究都把注意力放在一个单一的"代表性"银行上，或者假定银行系统由同质银行组成。然而，代表性银行模型不能有效捕捉银行选择与市场结果之间的反馈效应。这样的理论模型与现实世界大相径庭，在现实世界中，银行系统由管理水平不同、技术复杂程度不同的银行组成。而且，在代表性银行模型下，银行要么都面对绷紧的资本要求，要么相反。而现实景象则是，只有一小部分的银行机构面临绷紧的资本要求。

博伊德和格特勒（Boyd & Gertler，1993）对美国商业银行的研究发现，大银行倾向于选择与小银行不同的资产组合，它们发放更多的企业贷款，更多地介入欠发达国家的商业性不动产与贷款活动（这些活动在 20 世纪 80 年代曾遭受惨重损失），而相对较少介入更加安全的消费者贷款与住宅性不动产活动。

阿尔马桑（Almazan，2002）的分析允许银行对资本监管做出不同的反应，在他的框架中，银行在资本与监督能力之间进行权衡。监督能力用银行与借款者间的距离做代理变量。如果银行离借款者远，那它就必须持有更多资本。假定系统有三种类型的参与者：一是拥有完全资本的投资者；二是缺乏资本但拥有项目管理能力、能获得风险回报的企业家；三是拥有资本和监督能力的两个银行。如果银行投入成本，它就能减少借款者从高风险项目中所获得的利益。在一组中，银行位置是固定的。如果只有一家银行，随着监督成本、无风险利率和企业家私人利益的上升，或者随着企业家项目净现值和银行资本的下降，银行边际项目的距离是递减的。在另一组中，有两家银行，其中一家资本较多，位置（监督能力）内生决定。存在四种均衡结果：

资本匮乏，银行间无相互影响；资本很多，银行没有得到租金，因而没有监督；只有一家银行进行监督；两家银行都进行监督。阿尔马桑主要考察最后一种均衡。在这一均衡情况下，较高的资本导致较高的市场份额，因为资本较多和无风险利率上升都对该银行有利，即紧缩的货币政策对小银行的影响较大。比较有意思的发现是，资本较少的银行倾向于与另一家银行保持一定的距离。因此，低资本银行倾向于从事只需较少监督的业务。

科佩基和温户斯（Kopecky & VanHoose，2006）的分析考虑了一部分银行进行监督，而另一部分银行不进行监督的情况。那些选择进行监督的银行能够降低道德风险带来的贷款损失。当然，为获得较高贷款回报，这些银行支付的监督成本也要随贷款数量增加而增加。银行需要权衡监督成本和收益，而收益由贷款的市场利率决定。显然，基于风险的资本要求会改变银行的成本—收益状况。资本绷紧的银行的贷款反应影响市场贷款利率，进而影响资金宽松的银行的成本收益分析。在这一分析框架中，科佩基和温户斯发现，当资本要求突然对整个银行系统或部分银行绷紧时，贷款量会下降。但与此同时，选择监督贷款的银行的均衡市场份额也下降了，故总体贷款质量有可能改善，也有可能恶化。

布特和马林茨（Boot & Marinc，2006）的研究则考虑了异质银行进行监督技术投资的情况。这些投资改变了从监督中获得的收益。在布特和马林茨的模型中，资本监管对整个系统都是绷紧的，无论是"好"银行还是"坏"银行，它们在选择贷款利率和监督技术投资时，都要考虑所有竞争对手的反应。"好"银行对监督技术的投资多于"坏"银行。提高的资本要求减少了所有银行从存款保险中获得的好处，促使银行更重视风险内部化。"好"银行通过增加监管技术投资来降低风险，进而降低单位成本，并扩大市场份额。相反，"坏"银行的单位成本上升，失去了边际借款者。因此，从短期来说，绷紧的资本监管加强了高质量银行的地位。从长期来说，资本监管有可能增强整个银行系统的稳健性，因为资本监管将最脆弱的银行驱逐出市场。不过，在质量水平中等、竞争充分的条件下，没有进入限制的银行系统降低了监督激励。因此，资本监管对贷款质量的总体影响是模糊不清的。

国际金融危机之后，银行机构被明确地划分为系统重要性银行和非系统重要性银行，在考察资本监管下的银行风险行为时，考虑银行异质性的研究越来越多。徐明东和陈学彬（2011）认为，规模越大、资本越充足的银行，其风险承担行为对货币政策的敏感性越低。林淑玲等（Shu Ling Lin et al. , 2013）发现，资本充足率低的银行会比资本充足率高的银行更快第调整其风险承担行为。杨新兰（2015）在研究资本监管与银行风险调整的关系时，考虑了系统重要性不同的银行的监管资本充足率要求不一样的情况，拓展了资本监管压力的内涵。吴俊霖（2017）对系统重要性不同的银行进行分类研究，结果表明，资本监管压力对系统重要性银行风险行为的约束效应强于其他银行。

4. 结论

总的来说，资产组合视角的研究认为资本监管可以促使很多银行持有低风险资产组合。然而，到底有多少银行会持有低风险资产组合，却无法确定，因而银行系统的总体风险状况就无法确定。

扩展银行资产负债表的调整范围，把道德风险纳入视野后，影响银行对资本监管的反应的因素增加了。一般来说，模型显示，单独的资本要求并不能保证银行的稳健，而必须与其他政策工具配合使用。支持单独的资本要求就可以促进银行稳健的理论强调存款作为活期债务的作用，以及存款市场的不完全竞争。

把银行的监督职能和道德风险纳入视野的模型则显示，资本监管未必能改善银行的稳健状况。一些研究认为，资本监管必须与监督检查、市场纪律配合，才能达到目标。另一些研究则表明，资本监管与其他政策工具之间不是互补关系，而是替代关系，在某些情况下，资本监管甚至对银行的稳健有害。

2007～2009 年的国际金融危机之后，银行机构被划分为系统重要性银行和非系统重要性银行，学者研究资本要求对银行风险行为的影响时，更加重视银行的异质性。但学者对系统重要性对资本监管下银行风险行为的影响，还没有形成一致意见。

第三节 本书的主要内容与观点

本节先厘定几个基本概念，然后介绍全书的逻辑框架和主要内容，最后指出本书的创新之处。

一、基本概念的厘定

1. 管制（regulation）与监管（supervision）

相当多的英文文献对管制与监管做了较为严格的区分，前者强调的是各种法律的制定过程，而后者则强调这些法律的执行。但在管制经济学学者看来，管制与监管并无差别。《新帕尔格雷夫经济学大辞典》也认为，"管制，尤其是在美国，指的是政府为控制企业的价格、销售和生产决策而采取的各种行动。政府公开声称这些行动是要努力制止不充分重视'社会利益'的私人决策""为建立管制委员会而制定法规，仅仅是管制过程的开始。管制的效果主要是由某个机构把各项法令目标转换为各项经营规则的途径来决定的，以便通过公司的调整来产生价格、销售量以及服务质量的变化"。在国内，有许多学者主张，管制是反市场的行政性控制，而监管则是基于市场的必要措施（汪冰，2006；刘媛，2010）。

在实践中，管制与监管结合得非常紧密，难以进行明确的区分（周子衡，2005）。本书既涉及银行资本监管立法问题，也涉及监管法律法规的执行问题，因此，对这两个概念不做严格区分，在行文中，统一使用"监管"一词。

2. 系统风险（systemic risk）与系统性风险（systematical risk）

系统风险源于金融系统的结构和金融机构之间的相互作用。系统风险与系统性风险不同。后者指由影响经济全局的因素引发的风险。而系统风险既包括系统性风险，也包括由传染引发的风险（Staum，2012），即一个机构的损失或困难传导到其他机构所引发的风险。

3. 资本比率（capital ratio）与资本充足率（capital adequacy ratio）

资本充足率是个容易误导人的概念，实际上，巴塞尔资本比率仅仅是最低资本要求，达到这个要求，并不意味着银行和银行系统就一定安全和稳定。卡洛米利斯（Calomiris，2009）就认为，设定最低资本要求时的监管标准低估了风险，是导致 2007～2009 年国际金融危机的重要因素。因此，本书对资本充足率概念作了淡化处理，代之以资本比率。

4. 微观审慎监管（micro-prudential regulation）与宏观审慎监管（macro-prudential regulation）

微观审慎监管是基于个体银行机构的金融监管，而宏观审慎监管则是基于整个银行系统的金融监管。前者主要体现在《巴塞尔协议 II》中（Zhou，C.，2010），是一种局部均衡的方法，实际上是通过个体银行机构的稳定和健康来达到整个银行系统的稳定和健康。后者主要体现在《巴塞尔协议 III》中，是一般均衡的方法，直接以整个银行系统的稳定和健康为目标。

在微观审慎监管框架下，只要破产概率下降至一个可以容忍的水平，监管者并不关心问题银行采用的是分子调整法还是分母调整法，即通过增加资本还是收缩资产来提高资本比率（Hanson，Kashyap & Stein，2011）。如果只有个别银行陷入困境，分母调整法是有效的，而如果有相当一部分的银行陷入困境，分母调整法可能导致资产价格崩溃，对整个银行系统和实体经济造成极大影响。在宏观审慎监管框架下，监管者以银行系统风险最小化为原则，决定各种监管措施的取舍，可以有效地降低系统风险，维护银行体系的稳定和健康。

二、本书的逻辑结构与主要内容

本书的逻辑结构如图 1.1 所示。

本书主要关注银行监管资本比率、系统重要性和系统风险之间的关系。首先，分析商业银行系统重要性对银行体系的系统风险的影响。其次，在对商业银行系统重要性进行评估和度量的基础上，发展了施里夫斯和达尔（Shrieves & Dahl，1992）构建的研究商业银行资本与风险调整行为的联立方程模型，将系统重要性的代理变量镶嵌于模型之中，并利用中国 17 家全国性商业银行的数据，分析系统重要性和资本监管对银行行为的直接影响和交互影响。最后，建立基于系统重要性的银行资本监管政策体系，揭示银行监管资本比率、系统重要性和系统风险这三者之间的内在联系，进而构建一个基于系统重要性的，可以将微观审慎监管和宏观审慎监管有效地结合起来的银行资本监管框架。

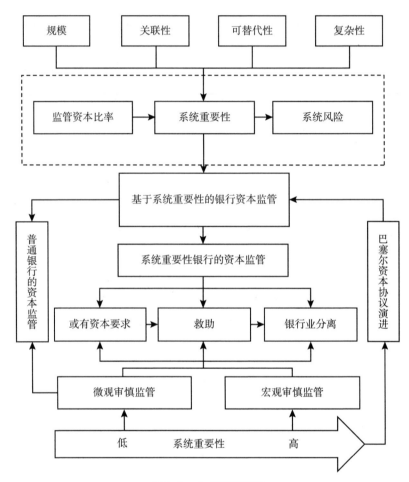

图 1.1　本书逻辑结构

注：虚线框内为银行资本监管政策体系。

三、研究的创新之处

（1）建立了一个基于商业银行系统重要性的资本监管政策体系，为揭示微观审慎监管与宏观审慎监管之间的内在联系做了具有一定开拓性的工作，从而为银行监管理论的发展做出了贡献。微观审慎监管与宏观审慎监管的有机结合，对维护个体银行和整个银行系统的安全与健康具有重要意义。本书以系统重要性为基础，建立以各种具体监管手段为操作工具，以资本比率为政策工具，以系统重要性为中介目标，以整个银行系统的稳定为政策目标的资本监管政策体系。在此基础上，构建微观审慎监管和宏观审慎监管有机结合的，可以同时实现个体银行和整个银行系统稳定的监管框架。

（2）识别、度量和跟踪了中国全国性商业银行的系统重要性。商业银行的系统重要性对银行系统的系统风险和资本监管的有效性都有重要影响。已有文献主要对上市银行的系统重要性进行评估，本书把定性方法与定量方法结合起来，先分析商业银行在中国银行业中的系统重要性，然后采用指标法，首次具体评估居于核心地位的 17 家全国性商业银行的系统重要性，得出它们的系统重要性情况，并着重分析了其系统重要性发展变化的趋势。

（3）基于中国全国性商业银行的数据，详细分析系统重要性和资本监管对银行资本调整和风险调整的直接影响和交互影响。商业银行的资本和风险调整与资本监管的有效性有关。本书发展了施里夫斯和达尔（Shrieves & Dahl, 1992）构建的研究商业银行资本与风险调整行为的联立方程模型，把基于指标的系统重要性嵌入此模型中，详细考察中国商业银行的系统重要性和资本监管对银行的资本调整效应和风险调整效应的直接影响和交互影响，为监管者实施动态的差别资本监管提供依据。

| 第二章 |
系统重要性影响银行体系系统风险的理论分析

关于系统重要性与银行体系的系统风险之间的关系，有两种不同的观点。布特和戈林鲍姆（Boot & Greenbaum，1993）指出，市场势力提高了银行的特许经营权价值，使银行管理者的经营管理更为审慎，并向下调整银行风险，使银行系统的风险趋于下降。艾伦和葛尔（Allen & Gale，2004）认为，在市场集中度低的银行系统中，每个银行的系统重要性有限，无法利用市场势力获得足够的利润来充当资产恶化的缓冲手段，因而银行的风险较高，整个银行系统的风险也较高。博伊德和德尼科洛（Boyd & De Nicoló，2005）修正了这一观点，突破了艾伦和葛尔（Allen & Gale，2004）仅限于存款市场竞争分析的局限性，把贷款市场的竞争纳入分析框架。研究结果显示，市场势力大的银行对借款者索取了更高的利率，增加了借款者的违约概率，实质上使银行承担了更大的风险，进而增加了整个银行系统的风险。

规模和关联性是银行系统重要性的重要来源。本章第一节分析银行规模对银行体系系统风险的影响。第二节则主要分析银行的内部关联性和外部关联性对银行体系系统风险的影响。

第一节　银行规模对银行体系系统风险的影响

规模是银行系统重要性的主要决定因素之一。在其他条件不变的情况下，规模越大，银行的系统重要性程度越高。本节首先分析银行系统中，在银行之间互相竞争的条件下，银行规模与其破产概率的关系；然后，加入监管者，探讨银行规模对监管误差的影响。

一、银行规模与破产概率

这里循着博伊德和德尼科洛（Boyd & De Nicoló，2005）的思路，分析规模对银行破产概率的影响。

假设经济持续两期：时期 0 为投资期，时期 1 为消费期；市场主体分为企业、存款者和银行三类；所有主体都是风险中性的。

（一）企业家行为分析

企业家没有初始资源，但有努力禀赋（endowed with effort）。他们从事需要把努力作为投入要素的生产性活动。特别地，他们都经营一个规模为 1 的项目。时期 0 的每一单位投入，在时期 1 的产出是 $y + z$。

总产出中的 y 部分是闭区间 $[0, A]$ 上的随机项，其密度函数为 $f(y)$，累积分布函数为 $F(y)$。总产出中的 z 部分是确定项，在企业家付出努力的情况下，一个单位的投入对应一个单位的产出。努力的成本是 $c(z)$，它严格单调递增，凸性，两阶可微。作为经营一个项目的替代方案，企业家也可以付出努力，得到的效用水平为 $b \in [0, B]$。企业家的效用水平是 $[0, B]$ 上的随机变量，累积函数为 $G(b)$。

为简单起见，银行观察项目的产出 $y + z$ 所需的成本标准化为 0；企业家只从银行借款。

银行提供简单的债务合同。如果企业家没有违约，即 $y + z \geqslant R^L$，银行获得回报 R^L。如果企业家违约，此时，$y + z < R^L$，银行得到所有产出 $y + z$。

企业家选择 z 以最大化期望利润：

$$\int_{R^L}^{A} (y + z - R^L) f(y) \mathrm{d}y - c(z) = \int_{R^L}^{A} y f(y) \mathrm{d}y + (z - R^L)[1 - F(R^L)] - c(z)$$

对 $\int_{R^L}^{A} y f(y) \mathrm{d}y$ 进行分部积分，期望利润为：

$$A + z - R^L - \int_{R^L}^{A} y f(y) \, \mathrm{d}y - c(z) \tag{2.1}$$

假设式（2.1）对 z 是严格凹的，即 $F'(R^L - z) - c''(z) < 0$。最优的 z 满足：

$$1 - F(R^L - Z) - c'(z) = 0 \tag{2.2}$$

用 $z(R^L)$ 表示最优 z 与给定的贷款利率之间的函数关系。对式（2.2）求导，有：

$$z'(R^L) = \frac{F'(R^L - z)}{F'(R^L - z) - c''(z)} < 0 \tag{2.3}$$

显然，贷款利率越高，企业家的努力水平越低。这称为 BDN 效应。因此，当贷款利率上升时，企业家选择风险更大的项目，相应地，产出的确定性部分就较低。

现在可以导出企业家们的资金总需求。如果他们选择经营项目，其期望利润为 $\pi^e(R^L)$。$\pi^e(R^L)$ 对 R^L 严格单调递减。因此，如果期望利润 $\pi^e(R^L)$ 不低于保留效用，即

$$\pi^e(R^L) \geq b \tag{2.4}$$

企业家就会选择经营项目。令 b^* 为式（2.4）取等号时的 b 值。对贷款的总需求由 $L = G(b^*) = G[\pi^e(R^L)]$ 确定。它表明，与贷款供应曲线相反，贷款需求曲线是向下倾斜的。贷款供应函数为 $R^L = R^L(L)$，$R^L(0) > 0$，$R^L(L) < 0$。

（二）存款者行为分析

存款者把他们的资金都存放在银行。银行 i 的存款为 d_i，总存款为 $D \equiv \sum_{i=1}^{N} d_i$。假设存款合同是简单的债务合同，存款都有保险，其供应与风险无关。银行支付统一的存款保险费。存款的供应为 $R^D = R^D(D)$，并假设 $R_D^D > 0$，$R_{DD}^D \geq 0$。

（三）银行行为分析

市场有 N 个没有初始资源的银行。它们接受存款，将之投入到无风险资

产和对企业家发放有风险的贷款。在时期 0 投入 x 单位的资源，在时期 1 可以获得产出 rx。

银行 i 的贷款为 l_i，总贷款由 $L \equiv \sum_{i=1}^{N} l_i$。银行 i 的资产负债表为 $l_i + x_i = d_i$。

对于产出的随机部分的每一次实现，银行利润如下：

如果 $y \geqslant R^L - z$，没有企业家违约，银行利润为：

$$[R^L(L) - r]l_i + [r - R^D(D)]d_i$$

如果 $y < R^L - z$，所有由银行支持的企业家都违约，银行的有限责任意味着它的利润是：

$$\max\{0,\ (y + z - r)l_i + [r - R^D(D)]d_i\}$$

令银行利润等于 0 时，y 值为 Y^*，有 $(Y^* + z - r)l_i + [r - R^D(D)]d_i = 0$，则

$$Y^*(l_i,\ d_i) \equiv r - \frac{[r - R^D(D)]d_i}{l_i} - z \tag{2.5}$$

如果 $y \in [Y^*,\ R^L - z)$，那么，所有获得金融支持的企业家都违约和破产，但银行不会。如果 $y < Y^*$，那么，银行破产。因此，Y^* 是银行破产的门槛，$F(Y^*)$ 是银行破产的概率。通过选择存款、贷款和无风险资产，银行确定了自己的风险承担 Y^* 和破产概率 $F(Y^*)$。

如式（2.3）所示，企业家根据银行的贷款利率确定自己的策略，选择最佳的努力水平。银行考虑到企业家的上述反映，确定自己的策略，以最大化期望利润。这一博弈过程可以表述为：$z(L) = z[R^L(L)]$。

因此，银行 i 的期望利润由下式给定：

$$\int_{R^L(L)-z(L)}^{A} \{(R^L(L) - r)l_i + [r - R^D(D)]d_i\}f(y)\mathrm{d}y + $$
$$\int_{Y^*(l_i,d_i)}^{R^L(L)-z(L)} \{(y + z - r)l_i + [r - R^D(D)]d_i\}f(y)\mathrm{d}y \tag{2.6}$$

式（2.6）也可写成：

$$[R^L(L) - r]l_i + [r - R^D(D)]d_i - l_i \int_{R^L(L)-z(L)}^{A} F(y)\mathrm{d}y \tag{2.7}$$

通过假设式（2.7）对 l_i 和 d_i 严格凹性，可以保证解的唯一性。

（四）均衡

艾伦和葛尔（Allen & Gale, 2004）表明，银行竞争适用于古诺模型。在两时期背景下，这一假设具有一般性。克雷普斯和申克曼（Kreps & Scheinkman, 1983）发现，这一策略互动的结果等价于一个两阶段博弈，在第一阶段，银行承诺投资于可观察的资产；在第二阶段，银行之间进行价格竞争。

在内部（interior）纳什均衡中，对应其他银行的策略，银行 i 选择最佳的 $(l_i, d_i) \in R_{++}$。

在式（2.7）关于银行利润函数的严格凹性假设下，内部均衡时，有：

$$R^L - r - \int_{\gamma^*}^{R^L-z} F(y)\,\mathrm{d}y - l_i \left[F(R^L - z)(R^L_L - z_L) - R^L_L - F(Y^*)Y^*_{l_i} \right] = 0$$
$$(2.8)$$

$$r - R^D - R^D_D d_i + l_i F(Y^*)Y^*_{d_i} = 0 \qquad (2.9)$$

其中，

$$Y^*_{d_i} = -\frac{r - R^D - R^D_D d_i}{l_i} \qquad (2.10)$$

$$Y^*_{l_i} = \frac{(r - R^D)d_i}{l_i^2} - z_{l_i} \qquad (2.11)$$

注意到银行破产的内部临界值满足 $Y^* \in (0, A)$，这意味着 $F(Y^*) \in (0, 1)$。假设存在内部解，把式（2.10）代入式（2.9）中，式（2.9）可以简化为：

$$r - R^D - R^D_D d_i = 0 \qquad (2.12)$$

因此，总存款的决定独立于总贷款。

在内部对称纳什均衡中，有 $L = N_l$ 和 $D = N_d$。把它们代入式（2.8）、式（2.10）和式（2.11），有：

$$G(L, D, N) \equiv R^L - r - \int_{\gamma^*}^{R^L-z} F(y)\,\mathrm{d}y - \frac{L}{N} \big[F(R^L - z)$$
$$(R^L_L - z_L) - R^L_L - F(Y^*)Y^*_L \big] = 0 \qquad (2.13)$$

$$r - R^D - R_D^D \frac{D}{N} = 0 \qquad (2.14)$$

$$Y^*(L, D) \equiv r - \frac{(r - R^D)D}{L} - z \qquad (2.15)$$

其中，利用式（2.14），在式（2.13）中，有：$Y_L^* = \frac{R_D^D D^2}{NL^2} - z_L$。

式（2.13）显示，借款利率是无风险利率与另外两项之和。第一项 $RP \equiv \int_{\gamma^*}^{R^L - z} F(y)\,\mathrm{d}y$ 是风险贴水，因为它是所有获得金融支持的企业家都违约和破产的概率，且概率越大，贷款利率越高。第二项 $LR \equiv \frac{L}{N}\big[F(R^L - z)(R_L^L - z_L) - R_L^L - F(Y^*)Y_L^* \big]$ 代表贷款方获得的"市场势力租金"，因为它反映了贷款定价中对贷款需求弹性，以及竞争对手策略的考虑。类似地，式（2.14）表明，存款利率为无风险利率与存款方的市场势力租金之和，并由 $DR \equiv -R_D^D \frac{D}{N}$ 给定。

传统的市场势力"勒纳"（Lerner）指数是价格中超过边际成本的部分。由于这里的模型包含了不确定性，它包含了风险贴水，并由 $R^L - R^D = RP + LR + DR$ 给定。N 上升时，市场势力租金 LR 和 DR 下降，当 $N \to \infty$ 时，趋于消失。

式（2.15）是均衡的银行破产临界值。由于 $Y_D^* = \frac{r - R^D - R_D^D D}{L}$，均衡时，破产临界值随总存款增加而增加。由式（2.14）可知，当 $N > 1$ 时，$r - R^D - R_D^D D = R_D^D D\left(\frac{1}{N} - 1\right) < 0$。因此，$Y_D^* > 0$。

然而，在其他条件不变的情况下，以贷款量衡量的银行破产临界值可能上升或下降。注意到，把式（2.14）代入式（2.11），有 $Y_L^* = \frac{R_D^D D^2}{NL^2} - z_L$。其中，第一项 $\frac{R_D^D D^2}{NL^2}$ 是正的，第二项 $z_L = z'(R^L) R_L^L$ 也是正的，因为由式（2.3）可知，$R_L^L < 0$ 和 $z'(R^L) < 0$。于是，如果 BDN 效应较弱，$z_L < \frac{R_D^D D^2}{NL^2}$，进而

$Y_L^* > 0$；如果 BDN 效应足够强，$z_L > \dfrac{R_D^D D^2}{NL^2}$，进而 $Y_L^* < 0$。

(五) 银行数量增加时的比较静态分析

对式 (2.14) 求导，有：

$$\frac{\mathrm{d}D}{\mathrm{d}N} = \frac{R_D^D D}{N[R_D^D(N+1) + R_{DD}^D D]} > 0 \tag{2.16}$$

因此，总存款随 N 的增加而增加。

把由式 (2.14) 定义的总存款函数代入式 (2.13)，并求导，有：

$$\frac{\mathrm{d}L}{\mathrm{d}N} = -\frac{G_N}{G_L} \tag{2.17}$$

由银行利润对贷款的凹性假设，有，$G_L < 0$。于是，

$$\mathrm{sign}\left(\frac{\mathrm{d}L}{\mathrm{d}N}\right) = \mathrm{sign}(G_N) \tag{2.18}$$

由于 $LR \equiv \dfrac{L}{N}[F(R^L - z)(R_L^L - z_L) - R_L^L - F(Y^*)Y_L^*]$。对 $G[L, D(N), N]$ 关于 N 求导（L 保持均衡时的固定水平不变），有：

$$G_N \equiv \frac{LR}{N} + \frac{\mathrm{d}D}{\mathrm{d}N}\left[F(Y^*)Y_D^* + \frac{\mathrm{d}LR}{\mathrm{d}D}\right] = \frac{LR}{N} + \frac{\mathrm{d}D}{\mathrm{d}N}F(Y^*)Y_D^* + \frac{\mathrm{d}LR}{\mathrm{d}N}$$

$$\tag{2.19}$$

在式 (2.19) 中，由于贷款方的租金不能为负，$\dfrac{LR}{N}$ 项是正的。当 $N > 1$ 时，$Y_D^* > 0$，故 $F(Y^*)Y_D^*$ 项是正的。最后一项 $\dfrac{\mathrm{d}LR}{\mathrm{d}N} = -\dfrac{LR}{N}$，与第一项抵消了。因此，总贷款也随 N 增加而增加。

下面讨论竞争增强时银行的风险承担和资产配置情况。在这里，以 $\dfrac{L}{D}$ 表示资产配置情况。银行数量变化时，Y^*，乃至破产风险 $F(Y^*)$ 的变化由下式给定：

$$Y_N^* = Y_D^* \frac{\mathrm{d}D}{\mathrm{d}N} + Y_L^* \frac{\mathrm{d}L}{\mathrm{d}N} \tag{2.20}$$

$Y_D^* \dfrac{\mathrm{d}D}{\mathrm{d}N}$ 项是正的，因此，在其他条件不变的情况下，总存款的增加会导

致银行破产的风险增加。由于总贷款随 N 变大而增加$\left(\dfrac{\mathrm{d}L}{\mathrm{d}N}>0\right)$，显然，如果 $Y_L^*>0$，即如果 BDN 效应较弱，$Y_N^*>0$，银行的风险承担上升。注意到，$\dfrac{L}{D}$ 的上升或下降不影响风险承担的变化，故银行的风险承担独立于其资产配置。相反，如果 $Y_N^*<0$，即 BDN 效应较强，那么，风险的变化取决于 BDN 效应的强度和资产配置情况。

然而，注意到，对任何经济，当 $N\to\infty$ 时，$Y_L^* \to -z_L$。因此，存在一个 N 的临界值，对于大于此临界值的所有 N 值，BDN 效应变强了。也就是说，随着竞争的加剧，BDN 效应变得更重要了。

总之，随着 N 的增大，如果 BDN 效应较弱，银行的风险承担随之增加，如果这一效应较强，银行的风险承担反而下降。

二、银行规模与监管误差

前面分析了市场主体之间进行博弈时，系统重要性中的规模维度对银行系统风险的影响。在接下来的分析中，加入监管者，研究在银行与监管机构之间的博弈中，银行规模对银行系统风险的影响。

卡彭特和廷（Carpenter & Ting，2007）研究了不对称信息下监管者对新产品上市申请的审批问题。他们发现，在新产品试验期较短的情况下，存伪错误主要存在于监管者对大公司新产品申请的审批之中，而去真错误则主要存在于监管者对小公司新产品申请的审批中。反之，当新产品试验期较长时，情况正好相反。

这里采用卡彭特和廷（Carpenter & Ting，2007）的方法分析银行规模对其新产品和新业务申请和审批的影响。由于银行业的业务和技术手段并无知识产权保护，整个银行业的同质化现象较为严重，各银行开发单一产品的时间都比较短。因此，规模大的银行在新产品和新业务的申请中，优势较大，存伪错误发生的可能性较大，导致许多质量相对较低的产品进入银行业市场，增加了银行业的风险。

（一）监管误差概述

在监管实践中，监管机构不可避免地要犯或大或小的各种错误。在过去，对这些错误的认识，主要是借鉴统计学中的决策理论，把它们分为两类，分别称为"第一类错误"和"第二类错误"，即"去真错误"和"存伪错误"。当监管机构拒绝了实际为真的原假设时，它犯了第一类错误；当它接受了实际为错误的原假设时，他犯了第二类错误。

按照这个理解，监管误差涉及重大的政治、政策和制度问题。例如，安全监管者可能批准了永远也不应该上市的产品面市（存伪错误），或者拒绝了对社会有益的产品的面市（去真错误）。

已有文献对监管误差进行了大量研究。这些文献主要涉及个案或者决策程序的特点如何导致错误的发生，以及第一类错误与第二类错误之间的权衡问题。然而，监管误差很难说是外生性问题。监管者的议事日程里，私人机构或者其他公共部门通过或明或暗的意见和建议积极地影响监管者的案例比比皆是。例如，居民可能向执行机构抱怨，公司可能申请牌照或新产品的上市等。

这个监管者议事日程（bureaucratic agenda）问题尚未得到深入研究。申请程序是监管误差的一个重要决定因素，因为它形成了决策机构需要考虑的"案例池"。这个案例池既可以降低，也可以提高监管误差发生的概率。例如，如果案例池了充满了导致监管者犯第一类错误的可能性很高的案例，那么，即使监管结构没有发生变化，去真错误也会发生。当监管机构的议事日程是批准或否决一系列申请时，该议事日程在很大程度上取决于公司对监管者决策策略的预期。因此，正如公司的申请池决定了监管者的行为一样，监管者的行为与申请之间也有一个反馈机制。这很可能反过来影响了公司的研究和发展战略。

这里主要研究内生性申请（endogenous submission）对监管误差的影响。理论模型是监管者与公司在不完全信息条件下的博弈模型。两者都对公司出产的质量信息尚未明朗的产品感兴趣。尽管公司的初期信息比监管者多，对两者而言，产品质量都具有不确定性。两者都希望向市场投放高质量产品，但监管者的标准要高一些。这一偏好差异也许反映了监管的审慎程度。一个低效产品也许对公司的利润来说关系重大，但对监管者来说，情况并不如此。当然，如果监管者的标准低于公司标准，则对批准程序没有影响。

博弈始于产品发展阶段，在每一个时期，公司都有可能申请一个成本高昂的应用，进行试验已获得更多信息，或者放弃产品。每个实验都以可以公开观察的伯努利试验（Bernoulli trial）形式进行，且代价高昂。如果公司申请，监管者必须作出批准或者驳回的答复。公司会根据自己的私人信息和内部得到的试验信息对申请策略进行调整。试验因此有两重目的。正如在标准的"烧钱"博弈中的那样，它们都是代价高昂的私人信息信号。但它们也提供了公共信息，公司可以根据这些信息决定是否认可该产品，或者是否向监管者提出申请。博弈双方都需要试验来决定产品的生存期，而监管者有不鼓励事前"坏"产品发展的倾向。

均衡时，具有最有利私人信息和初期实验结果的公司倾向于最先申请。那些试验结果不甚理想的公司要么退出，要么继续进行试验，以便改善它们的记录。在某些情况下，博弈的均衡逻辑与代价高昂的标准信号博弈相反："高"类型的博弈者承受的成本低（较少"烧钱"），而"低"类型博弈者不得不继续进行试验以有利于申请。令人感兴趣的是，获批产品的质量通常是监管者的保留价值（reservation value）。这是因为监管者无法区分合格申请者和不合格申请者。它可以阻止"最坏"的产品申请成功，但无法辨别出刚好低于标准的产品。

理论上，公司的试验和申请成本影响产品的可信度，因而影响产品获批的可能性。当申请成本较高时，申请的可靠性也较高，因为在监管者看来，申请意愿的高低能够反映产品的优劣。获批的高可能性反过来提高了第一类错误发生的可能性。但试验成本与可靠性之间的关系更为复杂，且取决于产品的试验历史。为了看清这一点，考虑如下情形。基于低质量产品公司不会进行试验的认识，当研究与发展是短期行为（short）时，随着成本上升，监管者会驳回更多的产品申请。高驳回率降低了第一类错误发生的概率。随后，监管者会推断研究与发展是长期才奏效的行为，只有高质量的产品才能幸存下来，并批准所有的申请。当然，如果试验成本低，它会从以前的申请记录缺失这一点来推论出负面信息。

因此，模型预测监管误差依赖于试验情况和公司特征。随研究与发展时间长度的不同，第一类错误的发生率与公司规模的关系是完全相反的。当试验时间较短时，监管者批准了低试验成本公司的大量不合规产品申请，这些低试验成本公司大都是大型、老牌公司。然而，当试验时间延长后，批准的不合规产品更多地来自高试验成本的公司，即更小、更新的公司。第一类错误发生率随申请成本增加而上升。

因为第二类错误是由驳回而非批准带来的，它的统计特性正好与第一类错误相反。此外，模型显示，第二类错误也可能由延误批准所致。当监管者对申请的产品的质量持悲观态度时，此类错误更容易发生。

（二）文献综述

监管误差起码有两个理由值得我们进行理论分析。第一，监管误差有可能导致较为严重的经济和政策后果。第二，除了公司和监管者之外，第一类错误与第二类错误之间的权衡还涉及其他一些博弈者（Quirk，1980）。它们的支付是理解围绕着监管政策的利益集团政治的关键因素。

已有的关于监管误差的文献可以分为三类。很多文献讨论了单一决策者的最优选择问题，即马上批准产品申请还是等待更多的信息（Dixit & Pindyck，1994；Kamien & Schwartz，1972；Moscarini & Smith，2001；Reinganum，1982）。关于审批，卡彭特（Carpenter，2004）考察了面对一系列外生性实验结果的单一决策者的决策情况。在这种情况下，模型显示，不存在非对称的第二类错误，好产品也许会被延误，但长期来看，它们最终都获得了批准。

第二类文献则聚焦于监管结构和利益分配，以及冗余信息的局限性（Bendor，1985；Heimann，1997；Landau，1969；Ting，2003）。这些文献主要研究了平行监管（多个独立机构同时进行监管）和系列监管（分段监管）。前一种监管结构有利于降低第二类错误发生的概率，但不利于降低第一类错误发生的概率，后一种监管结构的效果则正好与此相反。然而，总的来看，冗余信息和似乎不够有效的监管安排对于最小化组织错误很有用，特别是对于监管风险性技术产品的监管机构来说，更是如此。

最后一类文献涉及有限理性。因为决策会导致显性成本增加，有限理性的监管者可能满足于达到最低要求，而不是最优目标。他们在了解信息时可能会走捷径，无法收集所有相关信息，或者在决策时过度依赖已有框架。这些行为可能导致体制性弊端（Allison，1971；Bendor & Kumar，2005）。不幸的是，以前的文献极少使用这些方法来研究机构失败（agency failure），或者区分完全理性与非完全理性下的决策。

研究第一类错误和第二类错误的已有文献都假定政策制定者的议事日程是外生的，因此，纳入政策制定者视野的产品不受监管决定预期的影响。然而，某些对监管误差的最重要的影响正是来自政策制定者引导申请人的行为方式。要充分考量监管误差，就要分析监管机构的议事日程是如何形成的。下面的模型正是就此问题展开分析。

（三）模型的博弈结构

信息环境和博弈者。有两个博弈者：公司和监管者。两个博弈者都拥有产品参数 x 的不完全信息。假定 x 服从贝塔（Beta）分布，即 $x \sim \beta(\theta, n)$，其中 θ 和 n 是整数，$1 < \theta < n$。分布的第一个参数 θ 是公司 F 的类型。因为公司 F 只有一个产品，故"公司"和"产品"可以交替使用。参数 θ 有两个可能取值，$\theta \in \{\underline{\theta}, \overline{\theta}\}$，其中 $\underline{\theta} = \overline{\theta} - 1$，且 $\theta = \overline{\theta}$ 的概率为 $p \in (0, 1)$。$\underline{\theta}$ 和 $\overline{\theta}$ 分别为低类型和高类型，代表低预期质量和高预期质量。公司 F 知道类型，监管者 R 知道 p。第二个参数 n 是共有信息。

模型的一个重要特征是，两个博弈者都无法确定产品的真正质量状况。而且，信息是非对称的，因为公司对 x 的出事估计要比监管者准确。从这一点来说，质量的贝塔分布是很有吸引力的，因为它提供了对伯努利试验的解释。此外，它的弹性好，能适应由 θ 和 n 决定的多种形状的密度函数。给定 θ 和 n，贝塔分布意味着 x 有一个占优的均值 $\dfrac{\theta}{n}$ 和占优的变量 $\dfrac{\theta(n-\theta)}{n^2(n+1)}$。通过可够长的试验，可以缓解 x 的不确定性。

博弈结果：先发展，后监管。博弈有四个阶段（$t = 1, 2, 3, 4$）。博弈始于发展阶段，渐次经历其他三个阶段，随时可能因监管而终止。

在发展阶段，公司 F 选择行动 $f_t \in \{S, W, E\}$，其中 $t = 1, 2$，S 代表申请，即发展阶段结束，进入监管阶段；W 退出，博弈结束；E 为获得更多信息而进行的试验。一次试验就是一个伯努利实验，对应于成功或失败，可产生可公开观察的结果 $e_t \in \{0, 1\}$。为方便起见，令 $e_0 = 0$。试验持续整个发展阶段，但不能进入第二阶段。因此，在第二阶段，公司 F 要么申请，要么退出，即 $f_3 \in \{S, W\}$。

在监管阶段开始时，监管者 R 知道公司 F 的行动和实验结果，形成对 θ 和 x 的预期。在这个基础上，监管者做出决定 $r \in \{A, R\}$，其中 A 和 R 分别代表监管者批准和驳回了公司的申请。

信息与信念调整。模型的一个重要组成部分是实验结果影响博弈者的产品质量预期的方式。贝塔分布使得我们可以方便地计算实验成功的概率，以及对 x 估计的调整。由占优分布 $\beta(\theta, n)$，下一次实验成功的概率（即 $e_1 = 1$）是 $\dfrac{\theta}{n}$。n' 次实验记录中的成功次数 θ' 服从次优（posterior）分布 $\beta(\theta + \theta', n + n')$，其均值为 $\dfrac{\theta + \theta'}{n + n'}$，方差为 $\dfrac{(\theta + \theta')(n + n' - \theta - \theta')}{(n + n')^2 (n + n' + 1)}$。

由于影响 x 估计的参数随实验而改变，通过令 $m = \overline{\theta}$ 来明确区分公司 F 的"初始"类型 θ 和贝塔分布第一个参数的数值是很有用的。

效用。如果产品申请获批，公司 F 收到信息值 x，如果被驳回或退出，则受到信息值 0。实验成本和申请成本分别记为 c_e 和 c_s，有：

$$c_e \in \left(0, \ \frac{m(m-1)}{(n+1)(n+2)(n+m-1)}\right] \tag{2.21}$$

$$c_s \in \left(0, \ \frac{m}{n+2}\right] \tag{2.22}$$

这些假设保证了低类型博弈者不至因为外生成本而不能进行实验或申请，同时消除了一些次要的均衡，大大简化了分析。

如果批准申请，监管者 R 收到信息值 $x - k$，否则收到 0。参数 k 是监管者 R 与公司 F 之间的偏好差异。它代表风险厌恶的居民或立法者因产品上市而向公司要求的"等价确定性"。为剔除大量的无关情形，令 k 满足：

$$k \in \left(\frac{m}{n}, \ \frac{m+1}{n+2}\right) \tag{2.23}$$

下限表明，为了生产出符合监管者要求的产品，某些实验是必需的。上限则迫使监管者 R 严肃对待实验历史。对监管者来说，一次实验成功就让高类型博弈者成为可接受者，而低类型博弈者需要两次成功。因此，驳回"早期"（时期2）的申请并不是一个占优策略，在某些情况下，监管者 R 可能希望批准一个低类型博弈者的产品申请。

（四）均衡

先分析满足子博弈精炼（minor refinement）的混合策略完美贝叶斯均衡（perfect bayesian equilibria，PBF）的特征。令 $H_1 \equiv \varnothing$，$H_2 \equiv \{0, 1\}$。用 h_t 标记 H_t 的一般要素。均衡由三部分组成：

（1）公司 F 的策略是（ϕ_1，ϕ_2，ϕ_3），其中 ϕ_t：$\{\underline{\theta}, \bar{\theta}\} \times H_t \to \Delta(\{S, W, E\})$，$t = 1, 2$，且 ϕ_3：$\{\underline{\theta}, \bar{\theta}\} \times H_3 \to \Delta(\{S, W\})$。它把类型和实验历史用申请、退出和实验中的概率分布描绘出来。

（2）监管者 R 的策略 ρ 则用驳回概率描述实验历史和申请条件（正式地，有：$\cup_t H_t \to [0, 1]$）。

（3）监管者 R 有一个信念（belief），用概率 $\theta = \bar{\theta}$ 描述实验和申请历史。正式地，有：μ：$\cup_t H_t \times \{\phi, S\} \to [0, 1]$。在博弈的均衡路径中，这些信念必须与贝叶斯规则一致。对于非均衡，有 $\mu(h_t, \cdot) = p$。

这里的分析还涉及其他两个要点。第一，把 $\phi_t(\theta, h_t)$ 分解为申请概率 $\sigma_t(\theta, h_t)$、退出概率 $\omega_t(\theta, h_t)$ 和实验概率 $\eta_t(\theta, h_t)$。第二，给定信念 $\mu(\cdot)$，把时期 t 申请的预期质量标记为：

$$\bar{x}(h_t) = E[x \mid h_t, f_t = S] = \frac{\mu(h_t, S) + m - 1 + \sum_{i=0}^{t-1} e_i}{n + t - 1} \quad (2.24)$$

上式再次表明了服从贝塔分布的伯努利过程的均值。分子给出了"成功"次数，分母给出了"试验"次数，而且两者都与监管者 R 先前的关于 x 和实验历史的信息匹配。

为简单起见，这里忽略"刀锋"（knife-edge）均衡，这些均衡很不稳健，随参数值的变动而变化。在余下的均衡中，在最后一期，博弈者并不采用好产品退出申请这一违反常理的策略。对多数参数值来说，模型预测的均衡是唯一的。非唯一性并不影响对模型假设的检验，不必再对均衡进行精炼。

（五）实验与监管的议事日程

依博弈者对阶段一（发展阶段）的成功实验的不同反应，存在两种均衡，包括早期申请均衡（early submission equilibrium，ESE）和晚期申请均衡（late submission equilibrium，LSE）

1. 一般特征

先导出 ESE 和 LSE 的共有策略。在整个博弈期间，每个博弈者的策略可以用一个共同式子表示。当公司 F 申请时，监管者 R 就需要进行决策。显然，如果预期质量大于 k，监管者 R 批准申请，如果低于 k，监管者 R 驳回申请，如果等于 k，监管者 R 抱无所谓态度。即：

$$\rho^*(h_t) = \begin{cases} 0 & \text{如果 } \bar{x}(h_t) > k \\ \in [0, 1] & \text{如果 } \bar{x}(h_t) = k \\ 1 & \text{如果 } \bar{x}(h_t) < k \end{cases} \quad (2.25)$$

公司 F 的选择依赖于它对实验值的估计。令 $v(\theta, h_t)$ 标记类型 θ 在实验历史 h_t 条件下的实验连续值。显然，$v(\theta, h_3) = 0$，$\forall \theta$。在时期 t，如果：

$$[1 - \rho^*(h_t)]\left[\frac{\theta + \sum_{i=0}^{t-1} e_i}{n + t - 1}\right] - c_s > v(\theta, h_t) \quad (2.26)$$

它选择申请。最后，如果预期支付非负，公司 F 选择申请或者实验，而不退出。

在很多情况下，监管者 R 不必区分公司 F 的类型，这极大地简化了均衡策略的推导。第一，对监管者 R 来说，两种类型的博弈者都有大量的历史记录，从中易知其可批准还是不可批准。通过式（2.23）可知，监管者 R 会驳回在实验史上没有成功记录的公司的申请。因而，在那样一个历史记录下，哪一个类型的公司都不会申请。如果在时期 3 之前未能获得成功记录，公司便不能继续进行实验，被迫选择退出。同样，监管者 R 会批准已有两次成功记录的公司的申请，因而当 $h_2 = (1, 1)$ 时，两种类型的公司都会申请。有：

$$\rho^*(h_t) = \begin{cases} 1 & \text{如果 } h_t = (1, 1) \in \{\phi, 0, (0, 0)\} \\ 0 & \text{如果 } h_3 = (1, 1) \end{cases} \quad (2.27)$$

$$\sigma^*(\theta, h_t) = \begin{cases} 0 & \text{如果 } h_t = (1, 1) \in \{\phi, 0, (0, 0)\} \\ 1 & \text{如果 } h_3 = (1, 1) \end{cases} \tag{2.28}$$

$$\sigma^*[\theta, (0, 0)] = 1 \tag{2.29}$$

由于这些式子在任何一个均衡中均成立，后续的讨论中将不再一一列出。

第二，在两种类型的公司都选择进行试验和申请的情况下，当 p 足够高时，在该公司的历史记录中，申请的"平均"质量就会超过 k，使监管者 R 批准其所有申请。在 $h_2 = 1$ 和 $h_3 = (0, 1)$ 或 $(1, 0)$ 的条件下，这种情况都有可能发生。因此，假定两种类型的公司在时期 1 都进行实验，定义 $h_2 = 1$ 条件下的时期 2 的预期质量是很有用的：

$$\tilde{x}_1 = \frac{m}{n+1}\left(1 + \frac{p}{m-1+p}\right) \tag{2.30}$$

同样，假定两种类型的公司都进行试验和申请，且 $h_3 = (0, 1)$ 或 $(1, 0)$，可以定义时期 3 的预期质量如下：

$$\tilde{x}_2 = \frac{m}{n+2}\left[1 + \frac{p(n-m)}{(n-m+1)(m-1)+p(n-2m+1)}\right] \tag{2.31}$$

对于监管者 R 来说，$\tilde{x}_1$ 和 $\tilde{x}_2$ 是很重要的，因为它在决定是否要批准时，需要区分公司类型。例如，如果 $\tilde{x}_1 \geq k$，且已有一次成功记录的两种类型的公司都进行试验和申请，监管者 R 以概率 1 批准申请。

2. 早期均衡

早期均衡是指公司在时期 2 进行申请。显然，早期申请要求公司的第一次实验是成功的。在历史记录 $h_2 = 1$ 下，有两种可能性，具体情况取决于公司 F 的质量临界值 k 与 $\tilde{x}_1$ 的相对关系。$\tilde{x}_1$ 是两种类型的公司在时期 1 都已试验成功的条件下，其时期 2 的预期质量。

如果 $k \leq \tilde{x}_1$，那么，先前的质量分布很高。监管者 R 乐于批准时期 1 的实验是成功的申请。由于额外实验代价高昂，也不能进一步改善批准的可能性，两种类型的公司都会申请，并肯定获得批准。

如果 $k > \tilde{x}_1$，那么，即使时期 1 的实验是成功的，监管者 R 也不会批准申请。然而，由式（2.23）知，它希望批准高类型公司的申请，并选择否决策略来阻止低类型公司的不断申请。早期申请要求初始成功的高类型公司优先选择申请而不是继续实验。在下列条件下，这种情况会发生，标记为早期申请：

$$c_s - c_e > \frac{m(m+1)}{(n+1)(n+2)} \tag{2.32}$$

这个条件是与直觉相悖的，因为它意味着，即使公司 F 有等待一个更好产品的激励，当 c_e 较低时，它也选择申请。均衡时，这个逻辑仅对低类型公司成立，因为监管者 R 不希望它进行早期申请。如果 c_e 低的话，阻止申请更为容易，因此早期批准概率对 c_e 是单调递减的。当 c_e 足够低时，高类型公司优先选择申请，以回避第二次实验出现不好结果的风险。

如果公司 F 的第一次实验是失败的，根据式（2.28），它不能申请。低类型公司要么继续实验，要么退出。当 $\tilde{x}_2 \geq k$ 时，继续实验的激励是最大的；也就是说，在两种类型的公司都进行实验的条件下，事前预期质量足够高时，历史记录（0，1）已经足以让监管者 R 批准申请。

当 c_s 和 c_e 过高，抵消了从批准获得的收益时，退出就会发生（标记为早期退出，EW）。在如下条件满足时，这种情况会发生：

$$\frac{m-1}{n+1}\left(\frac{m}{n+2} - c_s\right) - c_e \leq 0 \tag{2.33}$$

当 EW 成立时，博弈者之间的信息不对称消失了，因为监管者 R 推断，经历过一次失败之后，只有高类型公司才能继续参与博弈。从式（2.21）和式（2.22）可知，EW 意味着均衡策略（equilibrium strategy，ES）。

第一个结果是用这些观察结果来描述 ESE 策略的特征。图 2.1 展示了公司 F 的均衡策略。

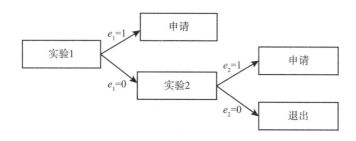

类型 $\bar{\theta}$

类型$\underline{\theta}$

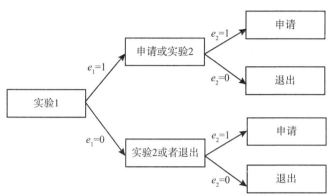

图 2.1 早期申请均衡中的公司策略

定理 1 （早期申请均衡）如果 $k \leqslant \tilde{x}_1$ 或者 ES 成立，那么，存在一个由式（2.27）至式（2.29）给定的均衡，且：

对公司 F（类型 $\bar{\theta}$）：

$$\eta^*(\bar{\theta}, \phi) = \eta^*(\bar{\theta}, 0) = 1, \ \sigma^*(\bar{\theta}, 1) = 1, \ \sigma^*[\bar{\theta}, (0, 1)] = 1$$

对公司 F（类型 $\underline{\theta}$）：

$$\eta^*(\underline{\theta}, 0) = \begin{cases} 0 & \text{如果 EW 成立} \\ 1 & \text{如果 EW 不成立，且 } k \leqslant \tilde{x}_2 \\ \dfrac{p(n-m)m[m+1-k(n+2)]}{(1-p)(n-m+1)(m-1)[k(n+2)-m]} & \text{否则} \end{cases}$$

$$\omega^*(\underline{\theta}, 0) = 1 - \eta^*(\underline{\theta}, 0), \ \eta^*(\underline{\theta}, \phi) = 1,$$

$$\sigma^*(\underline{\theta}, 1) = \begin{cases} 1 & \text{如果 } k \leqslant \tilde{x}_1 \\ \dfrac{pm[m+1-k(n+1)]}{(1-p)(m-1)[k(n+1)-m]} & \text{如果 } k > \tilde{x}_1 \end{cases}$$

对监管者 R：

$$\rho^*(1) = \begin{cases} 0 & \text{如果 } k \leqslant \tilde{x}_1 \\ \dfrac{n-m+1}{n+2} + \dfrac{n+1}{m}c_e - \dfrac{n+1-m}{m}c_s & \text{如果 } k > \tilde{x}_1 \end{cases}$$

$$\rho^*(1, 0) = 1, \ \rho^*(0, 1) = \begin{cases} 0 & \text{如果 EW 成立或者 } k \leqslant \tilde{x}_2 \\ 1 - \dfrac{n+2}{m}\left(\dfrac{n+1}{m-1}c_e + c_s\right) & \text{否则} \end{cases}$$

3. 晚期申请均衡

在晚期均衡中，$t=2$ 时，没有申请。这可能是因为 $t=2$ 时试验成功者的预期质量不能保证申请获批（即 $k > \tilde{x}_1$），或者是因为初始的试验成功者选择收集更多信息（即 ES 被违反了）。当 ESE 不存在时，LSE 的存在性得到保证，且不依赖于 c_s 或 c_e 的值。LSE 只要求 $k > \tilde{x}_1$，而 ESE 要求 $k \leqslant \tilde{x}_1$ 或者 ES 成立。因此，当 $k \leqslant \tilde{x}_1$ 时，模型存在唯一均衡 ESE；当 $k > \tilde{x}_1$，且 ES 不成立时，模型存在唯一均衡 LSE；当 $k > \tilde{x}_1$，且 ES 成立时，两个均衡都存在。

与定理 1 类似，定理 2 描述了 LSE 策略的特征。

定理 2 （晚期申请均衡）如果 $k > \tilde{x}_1$，那么，存在一个由式（2.27）至式（2.29）给定的均衡，且：

对于公司 F（类型 $\bar{\theta}$）：
$$\eta^*(\bar{\theta}, \phi) = \eta^*(\bar{\theta}, 0) = \eta^*(\bar{\theta}, 1) = 1$$
$$\sigma^*[\bar{\theta}, (0, 1)] = \sigma^*[\bar{\theta}, (1, 0)] = 1$$

对于公司 F（类型 $\underline{\theta}$）：
$$\eta^*(\underline{\theta}, 0) = \begin{cases} 0 & \text{如果 EW 成立} \\ 1 & \text{如果 EW 不成立，且 } k \leqslant \tilde{x}_2 \\ \dfrac{p(n-m)m[m+1-k(n+2)]}{(1-p)(n-m+1)(m-1)[k(n+2)-m]} & \text{否则} \end{cases}$$
$$\omega^*(\underline{\theta}, 0) = 1 - \eta^*(\underline{\theta}, 0), \quad \eta^*(\underline{\theta}, \phi) = \eta^*(\underline{\theta}, 1) = 1$$
$$\sigma^*[\underline{\theta}, (0, 1)] = 1$$
$$\sigma^*[\underline{\theta}, (1, 0)] = \frac{p(n-m)m[m+1-k(n+2)]}{(1-p)(n-m+1)(m-1)[k(n+2)-m]}$$

对于监管者 R：
$$\rho^*(1) = 1$$
$$\rho^*(1, 0) = \begin{cases} 0 & \text{如果 EW 成立或 } k \leqslant \tilde{x}_2 \\ 1 - \dfrac{n+2}{m}c_s & \text{否则} \end{cases}$$
$$\rho^*(1, 0) = \begin{cases} 0 & \text{如果 EW 成立或 } k \leqslant \tilde{x}_2 \\ 1 - \dfrac{n+2}{m}\left(\dfrac{n+1}{m-1}c_e + c_s\right) & \text{否则} \end{cases}$$

这两个均衡有几个值得注意的共同特点。第一，公司 F 的代价高昂的行动可服务于多重目标，从而与标准的成本信号模型不同。在这里，试验和申请都是关于类型的信号，但实验还内在产生了额外的公众信息。这个信息与类型一起，决定了申请策略。

第二，当 $h_2 = 1$，且 $h_3 = (0，1)$，监管者 R 可能面临区分公司类型的问题。申请并获批的产品的预期质量通常是监管者 R 关于 k 的保留值。这使监管者 R 对批准和否决持无所谓的态度。因此，监管者 R 选择能够滤掉低类型公司的否决概率。假设 $k > \dfrac{m}{n}$，监管者 R 能够从它的把关权力中获益。然而，如果高类型公司的 p 足够大，或者低类型公司较早退出，预期质量有可能超过 k。故，审批监管使监管者 R 有可能漏批最好的产品。结果是，由于信息不对称，监管者 R 既可能犯第一类错误，也可能犯第二类错误。

（六）预测

下面检验模型对事前监管误差的预测情况。当监管者 R 批准了一个预期质量低于 k 的产品时，它犯了第一类错误。令 $\psi(h_t)$ 标记在每个历史值 h_t 下第一类错误的均衡概率。除了 $(1，1)$，对所有的历史值，$\psi(h_t)$ 与批准低类型公司申请的概率一样，于是有 $\psi(h_t) = [1 - \rho^*(h_t)][1 - \mu(h_t，S)]$。该式清楚表明，第一类错误与批准率相关。

这里着重分析 c_e 和 c_s 的统计特性。有三个历史值，即 1，$(1，0)$ 和 $(0，1)$，而 $\psi(h_t)$ 随之而变。当否决概率是保密信息（interior）时，$\tilde{x}(h_t) = k$，这简化了 $\psi(h_t，S)$ 的计算。有：

$$\psi(h_t，S) = k(n + t - 1) - m + 1 - \sum_{i=1}^{t} e_{i-1} \tag{2.14}$$

通过替换定理 1 和定理 2 中的 $\rho^*(h_t)$，可以得到

$$\psi(1) = \left(\frac{m+1}{n+2} - \frac{n+1}{m}c_e + \frac{n+1-m}{m}c_s \right) \times [1 + m - k(n+1)] \text{如果} k > \tilde{x}_1，$$
且 ES 成立

$$\psi(1，0) = \frac{n+2}{m}c_s[1 + m - k(n+2)] \text{如果} k > \tilde{x}_2$$

$$\psi(0，1) = \frac{n+2}{m}\left(\frac{n+1}{m-1}c_e + c_s \right)[1 + m - k(n+2)] \text{如果} k > \tilde{x}_2，\text{且 EW 不}$$

成立

注意到除了 $h_3 = (0, 1)$，所有的历史值都对应一个唯一的均衡类型，而 $(0, 1)$ 则对应两种均衡，并产生同样的错误概率。

第一类错误随 c_s 而增加，因为具有一次性质量信号的作用（也意味着较高的批准率）。同样，c_e 对后续的发展阶段有相似的影响。在这些情况下，公司 F 选择承受成本传递了产品的质量信息，提高了获批的概率。这反过来提高了犯第一类错误的概率。

然而，在某些历史值下，实验的动态性会干扰这一逻辑。例如，如果 $h_3 = (0, 1)$，且 EW 成立，那么，只有高类型公司申请，所有申请都获批。这时，误差率为 0，且不依赖于成本。更为令人感兴趣的是，对于早期申请来说，c_e 对 $\psi(h_t)$ 的影响可能与晚期申请中的情况正好相反。由于 c_e 降低了低类型公司继续实验的激励，它取较高值时，降低了监管者 R 的批准概率，进而降低了犯第一类错误的可能性。

因为具体实际试验历史数据难以获得，经过检验的统计特性预测主要基于申请前的实验历史。令 $\overline{\psi}_T(\cdot)$ 标记 τ 期实验后进行申请的条件下第一类错误发生的概率。综合 p 的各种可能取值，可以直接得到下面的比较静态结果：

短期实验（$\tau = 1$）：

$$\begin{cases} \dfrac{\partial \overline{\psi}_1}{\partial c_e} < 0, \ \dfrac{\partial \overline{\psi}_1}{\partial c_s} > 0 & \text{如果 ES 成立} \\[3mm] \dfrac{\partial \overline{\psi}_1}{\partial c_e} = 0, \ \dfrac{\partial \overline{\psi}_1}{\partial c_s} = 0 & \text{否则} \end{cases}$$

长期实验（$\tau = 2$）：

$$\begin{cases} \dfrac{\partial \overline{\psi}_2}{\partial c_e} = 0, \ \dfrac{\partial \overline{\psi}_2}{\partial c_s} > 0 & \text{如果 EW 成立} \\[3mm] \dfrac{\partial \overline{\psi}_2}{\partial c_e} > 0, \ \dfrac{\partial \overline{\psi}_2}{\partial c_s} > 0 & \text{否则} \end{cases}$$

最后，注意到对于所有的历史值，第一类错误发生的概率是 k 的单调递减函数，是 c_s 的弱增函数，故提高质量标准和减少申请障碍可以降低第一类错误的发生率。模型也表明，更加关注第一类错误的消费者保护机构会支持提高监管标准，并减少申请障碍。

对于第二类错误，可以进行同样的分析。当监管者 R 否决了预期质量超过 k 的产品的申请时，它犯了第二类错误。给定 h_t 和申请，第二类错误的均衡概率是 $\rho^*(h_t)\mu(h_t, S)$，当 $h_3 \neq (1, 1)$ 时，就是否决高类型公司的概率。共有四个历史值组合，即 1、(1, 0)、(0, 1)、(1, 1)。显然，只要所有申请都获批，第二类错误将不会发生。对于其他历史值，申请条件下的误差概率可以通过式（2.34）和定理 1、定理 2 方便地计算出来。

同样，第二类错误的比较静态结果是第一类错误的镜像。这并不令人奇怪，因为提高批准率的因素会降低第二类错误。因此，c_e 或 c_s 的所有值都是帕累托最优的。对于所有历史值，第二类错误对 k 单调递增，对 c_s 弱减。

如果监管者 R 本来要批准的产品申请被拖延，就会产生另一种第二类错误。模型提供了预测申请拖延的简单办法。经过一次试验之后，只有高类型公司的产品是可批准的。在 ESE 中，这些产品进行了面市申请，而在 LSE 中，则没有进行申请。一个"意外"的申请拖延在 LSE 中以概率 $\frac{pm}{n}$ 发生。LSE 要求 $k > \tilde{x}_1$，此时，p 值很低。故，事前对产品的低信心阻碍了早期的批准。

如果公司 F 终止了一种很有可能获批的产品的发展，导致第二类错误的最后一种情形就发生了。在模型中，这不会发生，因为只有当低类型公司在一次失败后退出时，放弃才有可能发生。假定已经规定了那样的产品永远也不会获批。然而，如果扩展模型，允许更多的实验，或者 $k < \frac{m}{n+2}$，那么，低类型公司可能在最初的实验失败后，放弃一个很有发展潜力的产品。

（七）模型在银行系统中的应用

模型表明，当试验时间较短时，监管者批准了低试验成本公司的大量不合规产品的申请，这些低试验成本公司大都是大型、历史悠久的公司。

在金融服务业中，关于各个银行机构能够提供的产品和服务，更多的是特许经营权的问题，而不是专利权的问题，因此，金融服务业产品的申请博弈过程是短期过程。在短期过程中，大型、历史悠久的系统重要性银行显然占有优势，其申请获批的概率比非系统重要性银行高得多。此时，监管机构犯第一类错误的概率很高。也就是说，监管机构批准了系统重要性银行机构的许多"坏"产品面市，极大地增加了银行系统的系统风险。

第二节　银行关联性对银行体系系统风险的影响

银行的关联性可分为内部关联性和外部关联性。前者是指银行内部各个组成部分之间的关联性，内部关联性越高的银行，其个别分支机构对整个银行风险的影响就越大，这使银行的脆弱性问题较为严重，银行对系统风险的影响也较大。外部关联性是指银行在银行系统中与其他银行机构的关联性，显然，外部关联性越高，个体银行对系统风险的影响越大。

一、银行的内部关联性与系统风险

斯坦因（Stein，2002）的研究显示，公司生产和处理信息的能力依赖于其组织形式。他认为，单管理银行（single-managed bank）在生产和处理软信息方面具有优势，等级制度森严的大型银行则在生产硬信息方面具有比较优势。他把这一理论框架应用于美国银行业的并购分析，发现并购导致银行对小型商业机构的贷款减少。因为小型商业机构只能提供软信息，而并购后的大银行难以处理此类信息。这里扩展了斯坦因的模型，把银行的组织结构与贷款和风险承担（risk taking）联系起来（Goetz，2010）。首先，以不同银行的信贷员争取借款者的竞争情况代表市场结构。其次，把借款者分为软信息借款者和硬信息贷款者两类。最后，在分析银行的风险承担时，把借款者的风险引入模型。

（一）分析框架

贷款市场由借者和贷者组成。借款人向贷款人寻求金融支持。在贷款合同结束之前（ex ante），借款人向贷款人偿还的金额 $\tilde{y}$ 是不确定的，$\tilde{y}$ 服从正态分布，期望为 $y(\cdot)$，标准差为 σ。不同借款者的贷款偿还额满足独立同分布条件。

1. 借款者分析

借款者具有不同的信息类型。一些借款者向贷款者提供软信息，而其他的借款者能够向贷款者提供硬信息。硬信息是定量信息，易于与其他当事人交流；软信息是定性信息，难以分类和处理。对软信息借款者的贷款，也称"特征贷款"，是否放贷，取决于借款者的特征和贷款者的判断。以 $z(z>0)$ 标记信息的类型，z 值越大，信息就越"硬"。

期望的贷款偿还额对信息是凹的。与贷给硬信息借款者相比，贷给软信息借款者能够带来较高的偿还额，即 $y(z_1)>y(z_2)\Leftrightarrow z_1<z_2$。因为硬信息易于交流和查证，具有较高 z 值的借款者更加容易获得资金，其借贷成本也低一些。与此相对应，贷款者的利润就低一些，而且边际回报率是递减的。

以贷款回报率的标准差 σ 代表贷款的风险。为简单起见，假设不同借款者的标准差相同，即借款者的信息类型不影响其标准差[①]。

2. 贷款者分析

这里考虑贷款由银行分支机构提供时的情况。银行分支机构由信贷员经营，他们对标准公司金融模型中的投资者很熟悉。假设每个银行分支机构有一个单位的可用资金，在贷款业务中，由信贷员决定监控的努力程度；在贷款市场中，两个不同的信贷员，他们把所有可用资金分别贷给某个具有特定 z 水平的借款者。为了最大化期望利润，每个信贷员都选择特定的信息水平和努力程度。不同银行具有不同的组织结构：

单市场银行是指每个银行只在一个市场中拥有一个营业机构和一个单位的可贷资金，它们在市场中竞争借款者，具体如图 2.2 所示。

图 2.2　两个单市场银行

---

① 放松这一假设并不影响分析的结论。

多市场银行在 N 个不同的市场中开展经营活动。为简单起见，假设一个多市场银行在每个市场中只开设一家分支机构。多市场银行的信贷员都是更高一级分支机构的组成部分，每一级分支机构网络都由一个首席执行官负责经营，他决定如何在信贷员之间配置 N 个单位的可贷资金。因此，多市场银行中每一个信贷员能够支配的信贷资金可能多于或者少于一个单位。

在图 2.3 中，单市场银行 i 和两市场银行中分支机构 j_1 和 j_2 的信贷员都同时选择他们的 z 和 e 的水平。

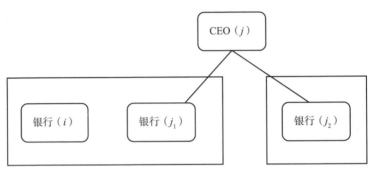

图 2.3　一个单市场银行和一个两市场银行

（1）单市场银行行为分析。

单市场银行的信贷员拥有一个单位的可贷资金。他选择适当的 e 和 z 的水平，以最大化期望效用：

$$E(U_i) = p(e_i)y_i(z_i,\ z_j,\ 1) - (\gamma e_i - \delta z_i) \tag{2.35}$$

其中，$p(e_i)$ 是获得期望贷款回报率 y 的概率，p 是凹的，两阶可微；$y_i(z_i, z_j, 1)$ 是信贷员 i 借给信息水平为 z_i 的借款者一个单位资金所获得的期望贷款回报率；e_i 是信贷员 i 的监控努力水平，$y_i(z_i, z_j, 1)$ 与 e_i 正相关。

信贷员 i 的期望贷款回报率也依赖于信贷员 j 选择借款者的信息水平 z_j。如果银行 j 选择具有较高 z 水平的资产组合，则银行 i 的期望贷款回报率会上升。

（2）多市场银行行为分析。

银行也可能在 N 个市场中同时进行经营。多市场银行中的每个分支机构具有与单市场银行相似的特征：拥有一个单位的可贷资金，由一个信贷员负责经营，他选择参数 z 和 e，以最大化期望利润。不过，多市场银行由一个首席执行官负责经营，因此多了一个层级。

多市场银行的首席执行官决定银行所有 N 个单位可贷资金的分配。他是通过观察信贷员所选择的 z 水平来决定分配方案的，信贷员所选择的 z 水平越高，其所获得的可贷资金就越多。假定分配给分支机构 b 的可贷资金占总可贷资金的比例为 q_b，那么，分支机构 b 获得的可贷资金为 $q_b \times N$ 个单位。

假设信贷员是多市场银行 j 的一员。与前面相类似，他会选择 e 和 z 的水平，以最大化。

$$E(U_j) = p(e_j)y_j(z_j, z_i, q \times N) - (\gamma e_j - \delta z_j) \tag{2.36}$$

注意到信贷员 j 的可贷资金由 $q_b \times N$ 给定，它可以大于或者小于 1 个单位。

3. 贷款风险

如前所述，贷款回报率由期望回报率 y 和标准差 σ 来描述，而 σ 由借款者的信息状况决定。此外，信贷员所选择的监控努力水平 e 对标准差有影响，e 的上升会使标准差 σ 减小，即

$$\frac{\partial \sigma}{\partial e} < 0$$

注意到这并不影响期望贷款回报率，只影响贷款回报率的分散程度。选择的 e 越大，贷款回报率的波动就越小。

（二）均衡

假设 y 和 $p(e)$ 二阶可导，且 y 是信息 z 的凹函数。

e 和 z 的选择。δ 和 γ 保证内部解的存在性，以及 e 和 z 的均衡值不是零。最大化式（2.35），可以得到：

预备定理 2 - 1 （单市场银行）给定 δ 和 γ，存在一个对称均衡，其特征标志为 e_s^*，z_s^*。

多市场银行中的信贷员。成为多市场银行的组成部分后，信贷员对 e 和 z 的最优选择会发生改变。他也基于期望效用最大化进行选择，但会加入对争取更大份额可贷资金的考虑，倾向于选择 z 水平较高的借款者。于是有：

预备定理 2 - 2 （多市场银行）把多市场银行中信贷员对 e 和 z 的最佳选

择标记为 e_M^* 和 z_M^*，有：

（1）与单市场银行的信贷员相比，多市场银行的信贷员所选择的借款者的 z 的水平较高，即 $z_M^* > z_S^*$。

（2）与单市场银行的信贷员相比，多市场银行的信贷员所选择的最优监控努力水平较低，即 $e_M^* < e_S^*$。

预备定理背后的思想是：在应用资金时，多市场银行的信贷员需要说服他们的首席执行官。选择较高 z 水平的借款者，可以提高他们的可贷资金份额，不过这也降低了他们的期望贷款回报率。因为第一种效应占优，多市场银行的信贷员选择较高 z 水平的借款者。

（三）比较静态分析

信息定量化水平 z 与监控努力水平 e 之间的关系，以及分支机构数 N 与 z 或者 e 的关系，都是分析的重要方面。把单市场银行和多市场银行的信贷员分别标记为 i 和 j，有：

定理 2-1　e 与 z 的关系。

（1）如果贷款资产组合的最优信息定量化水平高于特定值 $\bar{z}$，那么，监控努力水平与信息定量化水平是互相替代的，即

$$\frac{\partial_e^*}{\partial_z^*} < 0$$

（2）如果贷款资产组合的最优信息定量化水平低于特定值 $\bar{z}$，那么，监控努力水平与信息定量化水平是互补的，即

$$\frac{\partial_e^*}{\partial_z^*} > 0$$

定理 2-1 表明，随着信息定量化水平的均衡值 z^* 的不同，信息定量化水平与监控努力水平之间可以是互相替代或者互补的关系。图 2.4 显示了单市场银行和多市场银行中 z 和 e 之间的关系。

如果初始的信息定量化水平足够低，期望贷款回报率非常高。对 z 下降的最优对策是降低监控努力水平以节省成本。如果初始的信息定量化水平足够高，信息定量化水平的下降导致监控努力水平的提高。如前所述，信息定量化水平的下降提高了期望贷款回报率，不过，期望贷款回报率如

此之高，为了维持这一高回报率，信贷员提升了监控努力水平，从而提高了监控的成本。尽管额外的监控努力使成本上升了，利润上升的幅度更大。因此，信息定量化水平的下降导致监控努力水平的提升，两者之间是互相替代的关系。

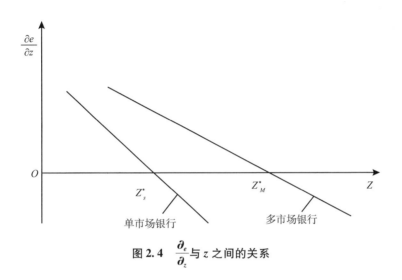

图 2.4　$\dfrac{\partial_e}{\partial_z}$ 与 z 之间的关系

定理 2 - 2　z_i 与 z_j 之间的关系。

（1）如果信贷员所选择的监控努力水平和信息定量化水平是互相替代的，即 $\dfrac{\partial_{e_i}^*}{\partial_{z_i}^*} < 0$，那么，他选择的信息定量化水平 z_i^* 与其竞争对手选择的信息定量化水平 z_j^* 负相关，即 $\dfrac{\partial_{z_i}^*}{\partial_{z_j}^*} < 0$。

（2）如果信贷员所选择的监控努力水平和信息定量化水平是互补的，即 $\dfrac{\partial_{e_i}^*}{\partial_{z_i}^*} > 0$，那么，他选择的信息定量化水平 z_i^* 与其竞争对手选择的信息定量化水平 z_j^* 正相关，即 $\dfrac{\partial_{z_i}^*}{\partial_{z_j}^*} > 0$。

在其他条件不变的情况下，银行 j 的信息定量化水平的上升，引致银行 i 的期望贷款回报率上升。如果初始的信息定量化水平足够高，那么，信贷员 i

对于期望贷款回报率上升的回应是选择较低的 z。因此，他会选择具有较低信息化水平的借款者，以进一步提高他的利润水平。与此相反，如果初始的信息定量化水平足够低，随着信贷员 j 提升 z，信贷员 i 会提高所选择的信息定量化水平。

定理 2 - 3　z_j，z_i 和 N_j 的关系。

（1）扩张银行：当银行增加它的分支机构数 N 时，该银行的信贷员会提升他们所选择的最优信息定量化水平，即 $\frac{\partial z_j^*}{\partial N} > 0$。

（2）非扩张银行：当银行 j 增加它的分支机构家数时，竞争对手中的非扩张银行的信贷员会降低他们所选择的最优信息定量化水平，即 $\frac{\partial z_i^*}{\partial N} < 0$。

定理 2 - 3 表明，银行扩张时，总是倾向于选择信息定量化水平更高的借款人。这是信贷员为了获得更大份额可贷资金而提高所选择的信息定量化水平的结果。与此不同的是，非扩张银行倾向于选择信息定量化水平更低一些的借款者。

定理 2 - 4　y 的凹性提高的影响。

随着期望贷款回报率函数的凹性增强，监控努力水平与信息定量化水平之间的关系变得更为显著。

期望贷款回报率函数的凹性增强时，对于较低的 z 值，期望贷款回报率对信息定量化水平的敏感性下降了。这意味着，随着 z 上升，期望贷款回报率下降的速度越来越慢。然而，如果期望贷款回报率函数的凹性增强，对于较高的 z 值，其同样的下降速度将导致期望贷款回报率上升得更多。这一变化使监控努力水平与信息定量化水平之间的关系更为显著。具体如图 2.5 所示。

（四）推论

在实证研究中，主要分析银行在市场间扩张与风险承担之间的关系。银行的扩张以它涉及的市场数为代理变量，银行承担的风险以贷款回报率的标准差为代理变量。为简单起见，假定信贷员提高其监控努力水平时，借款的标准差会缩小。结果，监控努力水平的提高可以降低银行承担的风险。

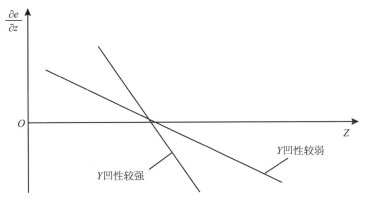

图 2.5　期望的贷款回报率变化对 $\dfrac{\partial_e}{\partial_z}$ 与 z 关系的影响

定理 2 – 3 表明，扩张银行倾向于选择信息定量化水平较高的借款者，非扩张银行倾向于选择信息定量化水平较低的借款者。如此，有下述推论：

推论 2 – 1　当银行扩张时：

（1）它们倾向于选择信息定量化水平较高的借款者。

（2）竞争者中的非扩张银行倾向于选择信息定量化水平较低的借款者。

定理 2 – 1、定理 2 – 2 和定理 2 – 3 显示，银行扩张对监控努力水平的影响取决于初始的信息定量化水平。既然监控努力水平能够影响银行的风险承担，且监控努力水平与信息定量化水平是互相替代关系，有以下推论：

推论 2 – 2　当银行扩张时：

（1）它们增加了所承担的风险。

（2）如果初始的信息定量化水平不是太低，竞争者中的非扩张银行将降低它们的风险承担。

根据定理 2 – 3，在扩张银行中，监控努力水平下降，导致代理人问题恶化，增加了风险承担。根据定理 2 – 1，如果初始的借款者信息定量化水平不是太低，监控努力水平与信息定量化水平互相替代，竞争者中的非扩张银行将提升他们的监控努力水平。当然，如果借款者的初始信息定量化水平非常低，当竞争对手扩张时，非扩张银行反而会提升它们的风险承担，较低信息定量化水平的借款者份额扩大。

定理 2 – 4 表明，如果信息定量化水平较低的银行数上升，信息定量化水平上升时，期望贷款回报率下降得更慢。因此，在向信息定量化水平较低的银行提供贷款时，期望的贷款回报率弹性较低。于是有：

推论 2 - 3　随着市场中的软信息借款者增多，当竞争对手扩张时：

（1）如果初始的信息定量化水平不是太低，非扩张银行将降低它们的风险承担。

（2）如果初始的信息定量化水平太低，它们增加风险承担。

二、银行的外部关联性与系统风险

到目前为止，涉及银行关联性与系统风险关系的大部分已有文献，都把侧重点放在外部关联性上。这里沿用盖、霍尔丹和卡帕迪尔（Gai, Haldane & Kapadia, 2011）的方法来分析银行的外部关联性与系统风险的关系。

（一）模型概述

金融网络由 n 个金融中介机构组成，彼此间的无担保要求权把它们联系在一起。每个银行 i 都是网络中的一个节点，它与其他银行的关联性用同业风险暴露代表。这里只考虑银行之间的直接关联，包括资产和负债两个方面。

假设银行 i 的同业资产和同业负债分别为 j_i 和 k_i。由于一个银行的同业资产必定是另一个银行的同业负债，所有银行的平均同业资产与平均同业负债相等，记为 z，并称为系统的平均关联度。

银行之间的双边要求权和支付义务结构，即拆出关联和拆入关联的联合分布，对冲击在银行网络中的传导其决定性作用。

模型中单个银行资产负债表的构成情况如表 2.1 所示。银行 i 的负债由同业无担保负债 L_i^{IB}，回购借款 L_i^{R}，零售存款 L_i^{D} 组成，所有者权益为 K_i。假设银行同业无担保借款均匀地分配于各个关联银行，且与关联银行数无关。

由于银行负债必定是另一个银行的资产，银行 i 的同业无担保资产 A_i^{IB} 由银行网络内生决定。尽管整个银行网络的平均无担保资产平等于平均无担保负债，对每个银行而言，它的同业头寸可以是正的，也可以是负的。此外，假定银行持有四类资产：固定资产 A_i^{F}、可用于担保的资产 A_i^{C}、逆回购资产 A_i^{RR} 和全流动资产 A_i^{L}。

表2.1 标本银行的资产负债构成情况

资产	负债
固定资产 A_i^F	零售存款 L_i^D
可担保资产 A_i^C	回购借款 L_i^R
逆回购资产 A_i^{RR}	同业无担保负债 L_i^{IB}
同业无担保资产 A_i^{IB}	资本 K_i
全流动资产 A_i^L	

在模型中，如有必要，全流动资产总是可以按其面值作为担保获得回购资金，而固定资产和无担保同业资产在任何条件下都不能在回购交易中作为担保品。

使用可担保资产作为回购交易的担保时，其折扣记为 $h \in [0, 1]$。这一折扣反映了抵押品的潜在风险。当交易对手违约时，拆出方需要出售担保品，折扣可以保护拆出方免遭损失。

银行的个体折扣系数为 h_i，于是，以可担保资产作为回购交易的担保品时，可以获得最大金额为 $(1 - h - h_i)A_i^C$。个体折扣系数反映了特定银行的违约概率较大，也反映了处理担保品时可能遇到的法律风险。

在逆回购交易中，担保品的折扣系数与正回购交易中的一样，这意味着银行 i 可以收到的担保品为 $\dfrac{A_i^{RR}}{1-h}$。假设这些担保品可以用来作为正回购交易的担保，那么，银行 i 由此获得的最大回购资金量为 $[(1-h-h_i)/(1-h)]A_i^{RR}$。

（二）流动性条件

给定资产负债表和折扣系数，下面探讨银行 i 在每期中都能保持足够流动性的条件。为简单起见，先排除系统性零售存款流入或流出的可能性，并假设银行不能获得新的权益资本。此外，中央银行在流动性操作过程中，并不会以比市场更优惠的条件接受担保品。

如果银行拥有的可用于获得回购资金的担保品与新的同业无担保借款 L_i^N 之和超过正回购资金，它就能应对个体流动性冲击 $-\varepsilon_i$，或者可能遭受的同业资金损失。流动性冲击、系统性冲击和个体折扣都有可能触发银行的流动性短缺。

如果银行面临流动性短缺，它需要采取防御性措施，以避免支付违约。假定银行首先从交易对手那里收回同业无担保资产 A_i^{IB}，即它进行了流动性窖藏。显然，它也可以用其他方法获得流动性。例如，它可以出售固定资产 A_i^F，或者提高利率以获得同业借款。不过，正如最近的金融危机证明的那样，流动性窖藏普遍存在，而大规模转售或提高借款利率的情况较为少见。这在很大程度上是因为这些行为不但直接成本高昂，而且具有不利的象征效应，所以银行总是认为类似的行为没有吸引力，只是把它们当作最后手段使用。与此相反，流动性窖藏直接成本较低，而且无担保同业交易都通过柜台完成，可以把不利的象征效应降到最低限度。实际上，如果银行选择停止循环贷款，它并不需要采取太多行动。

一旦出现流动性窖藏，网络效应就会居于主导地位。特别地，流动性不足会通过银行间的关联网络传导至整个系统。假设银行系统中有 μ_i 比例的银行与进行流动性窖藏的银行 i 有关联，它们收回了存放于银行 i 的部分存款，比例为 λ。于是，由于网络中交易对手的流动性窖藏，银行 i 流失了 $\lambda\mu_i L_i^{IB}$ 的同业负债。因此，考虑到流动性窖藏导致的潜在存款损失，以及资金筹措中担保品的折扣系数，银行 i 流动性充足的条件为：

$$A_i^L + (1-h-h_i)A_i^C + \frac{(1-h-h_i)}{1-h}A_i^{RR} + L_i^N - L_i^R - \lambda\mu_i L_i^{IB} - \varepsilon_i > 0$$

$$(2.37)$$

其中，前面四项是银行 i 的可获得流动性，后三项是其流动性扣除项。

在模型中，λ 值是决定放大效应强度的关键因素。λ 值越大，冲击产生的传染链条越长。极端地，当 $\lambda = 1$ 时，银行 i 的关联银行收回他们在该银行的所有存款。另外，如果流动性不足是流动性窖藏的唯一决定因素，那么，λ 就完全内生于模型。

在实践中，λ 值大多介于 $0 \sim 1$ 这两个极端值之间。由于合同约束，关联银行不能马上完全收回其在银行 i 的存款。另外，如果一个银行已经从流动性窖藏中流失了一部分存款，它会预期当合同到期时，自己将会失去所有的关联银行存款。因此，虽然当前的存款流失只是局部性的，前瞻性的银行也会按照已经失去所有关联银行存款的情况来行事，以避免将来遭遇真正的流动性不足。故，假设 $\lambda = 1$ 可以捕捉到前瞻性预期中的许多动态信息。

传染也依赖于存款收回的具体情况，即银行是集中收回特定交易对手中的存款，还是均匀地从各个交易对手中收回存款。这里假设第二种情况成立，因为在存款的即刻收回中，银行只能从交易对手中收回极小的一部分。

（三）传染的动力机制与"触发点"

式（2.37）清楚表明，单个银行 i 的流动性窖藏恶化了关联银行的流动性。而在正常情况下，这些银行可以从银行 i 借款以满足自己的流动需求，不必进行流动性窖藏。特别地，银行 i 的流动性窖藏极有可能触发流动性不足的传导机制，直至不再有相邻的关联银行遭遇流动性不足问题，或者它的所有关联银行都已经遭遇流动性不足问题，传导才会结束。因此，由于无担保银行网络结构和关联性在传染演化中的重要影响，流动性窖藏有可能扩散至整个银行系统。

由于银行 i 的同业借款为 k_i，且银行间债务在交易对手间均匀分布，如果单个交易对手进行流动性窖藏，$\mu_i = \dfrac{1}{k_i}$。假设银行 i 遭遇的流动性冲击产生了流动性窖藏，那么，通过替换式（2.37）中的 μ_i，并进行重新安排，可以得到触发传染机制的条件：

$$\frac{A_i^L + (1 - h - h_i)A_i^C + \left[(1 - h - h_i)/(1 - h)\right]A_i^{RR} + L_i^N - L_i^R - \varepsilon_i}{\lambda L_i^{IB}} < \frac{1}{k_i}$$

$$(2.38)$$

如果这个条件成立，传染机制就会开始起作用，流动性不足问题开始扩散。第二家银行被迫进行流动性窖藏后，会进一步导致网络中其他银行发生流动性不足问题。当多个交易对手发生流动性窖藏时，传染的动力还可能扩大。

对假设条件进行适当简化，可以得到更为清晰的分析结果。特别地，假设银行 i 作为拆入方和拆出方，都与 z 个银行有关联性，即 $j_i = k_i = z$。而且 $h_i = \varepsilon_i = 0$，每个银行的资产负债表都一样，于是有 $L^{IB} = A^{IB}$，另外，令 $\lambda = 1$，$L_i^N = 0$，可以得到：

$$z < \frac{A^{IB}}{A^L + (1 - h)A^C + A^{RR} - L^R}$$

$$(2.39)$$

式（2.39）对每个网络中的银行都成立，它给出了触发传染机制的"触发点"，决定了在什么条件下传染有可能扩散至整个银行系统。特别地，如果式（2.39）成立，只要 z 大于或等于1，就会触发传染机制，单个银行的流动性窖藏就会引发所有关联银行的流动性窖藏问题，进而是流动性窖藏问题扩散至整体银行系统。

第三节　本　章　小　结

银行的系统重要性主要源于规模、可替代性、关联性、复杂性和全球活跃性等方面。本章研究了规模和关联性对银行体系系统风险的影响。结果表明：

（1）当市场由企业、存款者和银行组成时，银行规模对系统风险的影响与 BDN 效应有关。如果 BDN 效应较弱，银行的风险承担与银行规模呈负相关关系；如果 BDN 效应较强，银行的风险承担与银行规模呈正相关关系。

（2）如果加入监管者，在信息不对称的条件下，银行规模与监管者犯存伪错误的概率成正比关系。

（3）银行的内部关联性程度增加时，会增加该银行的风险承担，但可能增加，也可能降低内部关联性不变的竞争对手的风险承担。

（4）银行的外部关联性越高，受其流动性窖藏影响的银行数量就越多，对整个银行体系系统风险的影响就越大。

第三章

商业银行系统重要性的评估

在第二章的理论分析中，可以发现，商业银行的系统重要性对银行体系的系统风险有重要影响。2007~2009年的国际金融危机使人们认识到，对商业银行的监管，必须基于其系统重要性。这样，对商业银行系统重要性的评估，就显得极其重要了。本章首先一般性地探讨影响商业银行系统重要性的因素，然后分析商业银行系统重要性的评估方法，以及各类评估方法之间的关系。最后，以中国为例，利用中国全国性商业银行2006~2016年的数据，进行银行系统重要性评估，给出中国全国性商业银行各个体银行系统重要性的具体情况，并对其发展变化情况进行分析，为下一章就系统重要性对银行资本监管有效性的影响进行实证研究奠定基础。

第一节　影响商业银行系统重要性的因素

银行的系统重要性程度，受到多种因素的影响。这些因素包括：个体银行因素，行业因素，宏观经济因素和国际经济因素。其中，给定银行体系，个体因素最为重要。当然，宏观经济因素和国际经济因素可能对银行系统产生系统性冲击，进而影响单个银行的系统重要性程度。系统性冲击可能同时作用于很多银行机构，故系统性冲击的共同风险敞口影响系统性风险水平，但系统性冲击下银行机构的联合脆弱性并不是系统重要性的决定因素。虽然对同一因素具有共同风险敞口的一组银行作为一个整体，被认为具有系统重要性，但是这组机构中一个关联性不强的小型银行的孤立破产或经营困顿事件，并不必然对系统的其他部分产生巨大的影响。不过，共同风险敞口仍然是系统重要性的一个影响因素，因为它会通过资产减价销售等渠道加深异质冲击在系统中的传播程度。破产或经营困难银行的资产与系统中其他机构资产的共同性越大，其资产减价销售对后者资产组合价格的潜在不利影响也越大。因此，共同风险敞口不是一个银行机构系统重要性的直接影响因素，不过，这个因素仍然在决定溢出渠道的强度中起着间接作用。

一、个体银行因素

给定银行体系，银行的个体特征决定了其系统重要性。一般而言，人们认为，规模、可替代性、关联性、复杂性和全球活跃性是决定银行系统重要性最重要的五个方面，国际监管机构就是从这五个方面构建全球系统重要性银行评估体系。

其实，除了以上五个方面，影响个体银行系统重要性的个体银行因素还有很多。而且，不同国家中，各个因素对银行系统重要性的影响程度也不一样。基于这一点，各国监管机构在确定本国系统重要性金融机构的评估框架时，考虑的具体因素也不完全一致。2009 年 11 月，英国金融监管局提出，要从规模、关联性和金融机构种类这三个方面来评估金融机构的系统重要性。美国金融稳定监督委员会则提出从规模、杠杆率、关联度、可替代性、流动性风险和期限错配、监管现状这六个方面来评估金融机构的系统重要性。中国监管机构在评估银行的系统重要性时，则主要考虑规模、关联性、可替代性和复杂性等指标。

学者们对更多的个体银行特征进行研究，以便优化个体银行系统重要性评估方法。他们发现，存款比率、负债权益比率、贷款比率、非利息收入占比、违约概率、不良贷款率和资产收益率等因素，都会影响银行的系统重要性。

二、行业因素

银行系统是整个市场体系中的一个子市场。根据产业组织理论的结构—

行为—绩效（SCP）分析模型，市场结构对单个银行的行为和绩效有决定性影响。根据贝恩的市场结构分类（如表 3.1 所示），目前世界大多数国家的银行系统都属于寡占型的市场结构。在寡占型市场结构下，市场集中度越高，市场重要参与者之间行为互相影响的程度就越大，其关联性也越高，系统重要性程度也越高。

表 3.1 贝恩的市场结构分类 单位：%

市场结构	CR$_4$	CR$_8$
极高寡占型	CR$_4 \geqslant 75$	
高集中寡占型	$65 \leqslant$ CR$_4 < 75$	或 $85 \leqslant$ CR$_8$
中上集中寡占型	$50 \leqslant$ CR$_4 < 65$	$75 \leqslant$ CR$_8 < 85$
中下集中寡占型	$35 \leqslant$ CR$_4 < 50$	$45 \leqslant$ CR$_8 < 75$
低集中寡占型	$30 \leqslant$ CR$_4 < 35$	或 $40 \leqslant$ CR$_8 < 45$
原子型（竞争型）	CR$_4 < 30$	或 CR$_8 < 40$

资料来源：［美］J. S. 贝恩. 产业组织. 1981。

银行的职能包括支付中介、信用中介和信用创造。但是，并非只有银行才能履行这三种职能。例如，信用中介，信用包括商业信用、银行信用和国家信用，商业信用和国家信用的提供者都不是银行。随着金融创新的不断发展，非银行金融机构大量产生，金融脱媒现象日益严重，银行信用也未必由银行提供。也就是说，在现代金融条件下，银行系统的功能具有可替代性。银行系统功能的可替代性越高，单个银行经营失败后，填补其业务真空的选择范围就越大，单个经营失败事件对银行系统，乃至对整个经济体系的影响就越小，其系统重要性就越低。

三、宏观经济因素

宏观经济因素作为银行体系系统性风险的一个重要来源，无疑对银行体系，以及单个银行有重大影响。一国通货膨胀水平、经济增长、国际收支的情况，都会对银行系统及单个银行造成影响，改变银行的系统重要性程度。

此外，关闭政策会受到宏观经济因素的影响。正常条件下具有偿还能力的银行，在某些特殊的经济、金融条件下，也会陷入困境。这时，监管当局出于维护宏观经济、金融稳定的考虑，可能会不愿意关闭这些银行。

四、国际经济因素

随着经济、金融全球化的不断发展，国际因素对一国经济、金融的影响也日益加深。银行系统作为一国经济体系的综合部门，深受国际因素的影响。

（1）国际因素通过影响一国宏观经济，间接影响个体银行。在现代，一国经济不可能离开国际因素，独立发展。冷战结束以来，科学技术，特别是互联网技术的发展、全球性市场经济体制的实现、世界贸易组织的建立和发展，以及其与国际货币基金组织、世界银行等国际经济组织的合作与协调，极大地促进了经济全球化的迅猛发展。进入21世纪以来，国际贸易迅速发展，许多国家，特别是新兴市场国家经济发展的对外依存度不断上升，国际贸易已经成为世纪经济发展的火车头；国际资本流动频繁，远超一国承受能力的巨额资本在各国之间自由流动；国际直接投资迅速增长，并呈现多元化格局；跨国公司越来越成为世界经济的主导力量。所有这一切，使各国经济周期出现了趋同化的现象，对单一国家的宏观经济运行造成了重大影响。

（2）国际因素通过影响国外联行，间接影响个体银行。不同国家之间，只要发生经济联系，必定产生相应的支付需求。为客户提供支付服务，是银行系统的基本职能之一。银行为从事对外经济活动的客户提供支付服务的方法有多种，其中最简单的方法之一是通过国外联行提供。即使本国的经济和银行系统运行正常，不利的国际经济形势也可能恶化国外联行的经营活动，进而影响本国银行的支付服务。

（3）国际因素通过影响国外业务，直接影响个体银行。大量跨国银行的产生和发展，是经济、金融全球化的具体表现之一。一般而言，跨国银行拥有涉及多国的国际网络，经营广泛的国际业务，从全球目标出发采用全球经营战略，实行集中统一的控制。因此，国际经济形势一旦发生不利变化，就极可能直接影响到银行在国外的分支机构和业务，从而对银行产生重大影响。

（4）国际因素通过影响国外投资者，间接影响个体银行。市场经济体制在全球实现的体现之一，就是作为市场主体重要组成部分的银行，其所有者也全球化了。现在，很多国际活跃大银行在多个国际金融市场同时上市，股权极度分散，绝对控股的情形大为减少，其投资者遍布世界各国，从股权拥有者的角度来说，已经很难判断它们到底属于哪个国家或地区。股权在全球范围内的分散化，使银行影响因素来源多样化，国际因素的不利变化，都有可能影响到银行的投资者，改变他们的投资组合，进而影响到银行的正常运行。

第二节　商业银行系统重要性的评估方法

商业银行系统重要性实质是指商业银行对于系统风险贡献的大小。因此，对商业银行系统重要性的评估，涉及系统风险。目前，学界对系统风险的定义，以及其度量方法，都还没有达成共识。与此相对应，人们对商业银行系统重要性的定义和评估方法，也是多种多样，不一而足。

总体而言，系统重要性的评估方法，可以分为两大类：定性评估和定量评估。定性评估框架具有普适性，适用于对金融机构和市场的系统重要性评估。不过，在很多情况下，定量评估结果可以为定性评估过程提供重要而客观的输入因子，大大增强定性分析的说服力。定量评估工具既可以是满足要求的各种现有指标，也可以是从更复杂的模型中推导出来的人造指标。因此，定量评估方法又可以分为指标法和模型法两类。但是，没有一个定量评估方法可以完美度量所有银行的系统重要性。因为这些银行的结构和经营活动不同，给金融系统带来的风险的性质和程度也不同。因此，定量的系统重要性评估方法需要定性分析来补充，以便比较准确地确定银行的系统重要性。

本节先介绍商业银行系统重要性评估的定性分析框架，然后，比较详细地阐述定量分析的指标法和模型法，并指出指标法与模型法之间的关系，以及这种关系对于监管实践的重要意义。

一、商业银行系统重要性的定性分析

从可操作性的观点来看，定性框架可以用来把评估的各个部分结合起来，

有助于达成对系统重要性的判断。在定性分析框架下，应当采用序数评分制来对银行的各个维度进行评级；同时，可以对影响因素和体制因素进行分析，以弥补序数评分制的不足。

表 3.2 提供了一个三维度的系统重要性定性评估框架。这个框架能够为银行系统重要性评估提供指引，但它不是一个精确的数量化工具，评估的最终结果，还是要基于判断做出。由于相关的技术手段还处于初级发展阶段，相关数据的可获得性也还很有限，过于依赖数量技术，可能会导致精确性幻觉。结果，对严谨评估方法的幻觉，会导致私人部门的道德风险，并导致公众对审慎监管当局抱有过高信心。

表 3.2   银行系统重要性评估卡

指标	评级	注释
规模		
二级指标1		
……		
可替代性		
二级指标1		
……		
关联性		
二级指标1		
……		

注：银行具有高度系统重要性的门槛，可以基于定性判断确定，也可以采用更系统的方法（如聚类法）确定。

表 3.2 实际上是一个打分卡，可以用于评估银行的总体系统重要性。它包括三个一级指标（三个评级标准）和被认为合适的各种二级指标。表 3.2 采用字母分级制对各个指标进行评级，以确定系统重要性的粗略等级。例如，采用从 A 到 E 的字母分级制，对系统重要性高度显著的指标，评为 A，微不足道的，则评为 E。对二级指标的评分，以此类推。对每一个指标进行评级后，还可以在注释一栏填上相关的注释，以区分其中的细微差别。

二、商业银行系统重要性评估的指标法

基于指标的分析方法相对简单而有效，是分析系统重要性的起点。指标法的优势在于其数据来源容易获得，如资产负债表和监管数据。从这些资料中提炼的指标，对于评估相对稳定的系统重要性很有效，但是，对于识别新兴趋势，则不太合适。对于不同的评估标准，获得其评估指标的难易程度也有所不同。例如，规模指标较易获得，而衡量服务可替代性程度的指标，则较为难以获得。关联性指标也难以准确描述银行间互相以来的程度。从这个角度说，诸如衍生品和交易对手头寸方面的信息鸿沟，限制了它们的有效性。此外，指标法也不能覆盖监管边界以外的机构。

总的来说，与模型法相比，指标法包含了系统重要性的多个维度，相对简单，更加稳健。此外，指标法还具有独特的优势，可以揭示银行系统重要性的来源，还可以跟踪银行系统重要性的发展变化，为实现动态的银行资本监管打下基础。

（一）三维度指标法

金融稳定委员会、国际货币基金组织和巴塞尔委员会（FSB，IMF & BCBS，2009）认为，评估个体银行系统重要性的三个关键维度是规模、可替代性和关联性，并给出了规模和关联性这两个准则的基本指标和代理指标。具体如表 3.3 所示。

表 3.3　　　　　　　　评估银行机构系统重要性的基本指标

基本指标	代理指标
1　规模	
1.1　金融媒介	
1.1.1　总资产和总负债占 GDP 百分比	贷款，存款，以及其他契约性义务和要求权
1.1.2　分支机构网络和雇佣的市场份额	外币资产和债务占 GDP 的百分比
1.1.3　契约性债务和要求权的市场份额	存款和短期债务占总债务的百分比

基本指标	代理指标
1.1.4　在债券、股票、外汇、商品和衍生品市场上的份额	总资产占总资本的百分比
1.1.5　在银行间活动、保管和信托管理上的市场份额	VaR 和资本充足率
1.1.6　在不同市场上的集中度（HHI）	收入，资产和净收入的 HHI
1.1.7　在消费信贷，抵押贷款和公司借贷中的市场份额	
1.1.8　在辛迪加贷款、服务和证券化上的市场份额	
1.1.9　在国内和跨国股票、债券承销和并购中的市场份额	
1.1.10　在自营业务和经纪业务上的市场份额	
1.2　风险控制和管理	
1.2.1　或有资产和负债的市场份额	衍生品总价值占总资产的百分比
1.2.2　信贷增强的市场份额	
1.2.3　在资金市场上的份额	期限错配规模占监管资本的百分比，流动资产占短期负债的百分比
1.2.4　可变现账面资产占总资产比例	未实现利润或损失与一级资本之比
2　关联性	
2.1　国内外子公司资产占总资产的比例	海外子公司在总收入中的份额
2.2　集团内部敞口头寸占资产和负债的份额	卖给集团内部实体的信贷增强和保护
2.3　合并的跨国要求权	信贷利差，债券利差和价格与账面价值之比
2.4　跨国衍生品头寸	净跨国衍生品敞口头寸与监管资本之比
2.5　对危机国家的敞口头寸	对危机国的敞口头寸占总资本的百分比
2.6　信用违约互换（CDS）	

续表

基本指标	代理指标
2.7　在央行、清算和结算系统中未清差额份额	担保品占总资产的百分比
2.8　在支付交易中的份额（包括自营和第三方交易）	

资料来源：IMF et al. Guidance to assess the systemic importance of financial institutions, markets and instruments: initial considerations, 2009, October。

1. 规模指标

在评估银行的系统重要性时，银行规模与银行经营困顿或破产对银行系统的影响之间的联系是一个关键因素。银行的资产负债表和表外头寸，它所从事或处理的业务量，以及它所保管或管理的资产量，都是标志性的指标，能够反映多方面的内容，包括其客户可能遭受的资金短缺程度，其与其他银行间交易可能中断的程度，以及其交易对手损失的大小。规模本身很重要，而当银行之间存在关联性时，其重要性更为显著。银行规模与其系统重要性间的关联性，还依赖于特定的商业模式和集团结构，当银行具有复杂的结构时，其系统重要性更为引人注目。银行规模另一个更为重要的方面，与某些银行群体有关。这些银行群体中单个银行的系统重要性不高，但它们形成一个群体后，却具有显著的重要性，它们应对冲击的行为模式极为相似，并有可能都在同一时点陷入经营困顿。这是因为它们具有共同的风险因素。因此，从系统重要性的角度来说，在某些情况下，较高的一致性具有与规模大一样的效果。

一个银行提供的关于服务量的不同代理变量，都可以用作规模标准的指标。值得注意的是，其中一些指标也可以作为可替代性和关联性的代理变量。能够提供规模指标的主要领域如下：第一，清算和结算。通过清算，支付和结算提供的金融服务量是系统重要性指标，因为这些服务在银行系统的功能中起着中心作用。第二，金融媒介。系统重要性高的银行应该在契约性债务和要求权方面有较大的市场份额。银行资产对国内生产总值的比率也应该较高。在核心货币和资本市场中，一个系统重要性银行还可能是一个重要的交易者和造市商，或者在辛迪加贷款中拥有令人瞩目的市场份额。第三，风险控制和管理。由于破产事件可能产生重大冲击，使金融服务中断，因此，银行的系统重要性还在于，它在风险管理和风险缓解方面起中心作用。在这方面，较为重要的指标包括或有要求权和对 OTC 衍生品的风险暴露。

2. 可替代性指标

一些银行机构在经济中起关键作用，但缺乏即时可替代性。它们具有系统重要性，不仅因为其他银行对它们都有风险暴露，而且其他银行依赖它们持续地获得关键的专门服务。例如，通过提供清算、支付和贸易结算，或者保管服务来获取收入的银行就是如此。当银行提供的服务量巨大，或者在银行间的关联中起关键作用时，其有限的可替代性更为引人注目。这一标准同样适用于起特殊功能的某些银行群体。

在某一金融服务市场中，要衡量单一银行的可替代性程度是很困难的。不过，产业组织理论的市场集中度指标，例如，基于市场份额分布的 HHI，有助于估计银行在具体市场中的可替代性程度。然而，使用这些简单的代理变量，并不能充分描述银行的可替代性。评估需要采用更倾向于定性的方法，以确定竞争性的服务提供者是否随时可得，并识别那些阻碍潜在提供者短期内填补市场空白的技术性、监管性和信息性限制的强度。

3. 关联性指标

关联性标准适用于这样一种情形，由于银行身处其中的契约性网络，当一个银行发生经营困顿时，会大大增加其他银行发生经营困顿的可能性。这一链式效应在银行的资产负债表两边都起作用，即在资产方和负债方都起作用。债权人和顾客群体越大，溢出效应涉及他们的潜在可能性就越高。此外，单个风险暴露越大，溢出效应被放大的潜在可能性就越大。而且，网络关联性，以及系统核心部分出现问题时信心问题的复杂性，都会增加市场参与者的不确定性，进一步增加了个体事件对系统风险的影响。

关联性指标需要关于具体银行机构风险暴露和所有者之间、银行之间联系的信息。这些信息包括银行与非银行机构间，市场之间，以及银行与市场之间的相互联系。关联性评估是一个重大挑战，因为在很多情况下，要获得关于个体银行之间的双边风险暴露，困难重重。通过诸如 CDS 和股票价格等信息提炼风险暴露的相关性，也可以识别银行间的关联性程度。然而，在正常时期，相关性分析能提供的信息有限，而危机时期的相关性又与正常时期明显不同。

（二）三维度指标法有效性的影响因素

基于以上三个主要标准的评估还受到多种因素的影响。尽管这三个标准具有一般性，其评估有赖于经济环境，很多影响因素能够成为系统重要性评估的输入因子。这常与个体银行的脆弱性有关。把这些脆弱性指标作为影响因素加以考量的主要目的，在于确保系统中那些更具风险性的银行（即那些不仅重要，而且更脆弱的银行）受到适当的监管。最常用的脆弱性指标包括杠杆率、流动性、期限错配以及机构的复杂性。

脆弱性指标有助于识别高风险性的银行。但是，在系统重要性度量中使用脆弱性指标，可能导致道德风险，因为这相当于给出一个信号；当脆弱的银行陷入困境时，它们会得到救助。因此，在系统重要性评估中使用脆弱性指标时，必须充分考虑危机处理中官方援助的可能性，使相关银行受到足够多的事前审慎监管。而且，在评估一个银行的脆弱性时，还要考虑其他银行的脆弱性，以及它们承受该银行产生的冲击的能力。

（1）杠杆率是用于衡量违约风险的脆弱性指标。同时，它也是一个银行传播经营困顿能力的代理变量，从而可以用来度量银行间的关联性。之所以会这样，是因为面临不利的价格走势时，为避免更高的边际成本，具有相似风险容忍度的投资者会优先关闭杠杆化的头寸。杠杆率越高，触发非意愿头寸所需要的价格变动就越小。为充分度量银行的杠杆率，既要考虑表内头寸，也要考虑表外头寸。考虑全面的杠杆率更能揭示银行放大初始冲击和引发资产市场混乱的能力。

（2）流动性风险和大规模的期限错配。持有非流动资产使银行处于流动性风险和市场风险之中。如果银行以期限滚动筹集资金遇到困难，并需要变现其他银行同样大量持有的资产时，这可能触发系统风险。期限错配在何种程度上成为一个系统威胁，需要进行具体分析，充分考虑错配规模，以及资产市场规模和其他银行相似或相关头寸的状况。从这个角度来说，如果错配是银行的常规商业模式，政府当局有可能把具有此类脆弱性的银行归到系统重要性金融机构中。此外，银行在某一特定类型资产上的集中度，也会提高该银行系统重要性的程度。

（3）复杂性。复杂的银行或银行集团具有以下特征：第一，通过众多的法律实体同时经营多种类型的业务，如同时经营银行、证券和保险业务；第二，跨国经营，但集中管理资本和流动性；第三，涉及未经充分测试的新型产品和市场。量化银行的复杂性是很困难的，是否把银行或银行集团归于复杂性金融机构，只能是考虑多种因素，进行综合判断。一般情况下，除非涉及大型或具有高度关联性的银行，不宜把复杂性作为判断系统重要性的一个独立标准。复杂性本身并不足以保证个体银行对系统具有大的影响。然而，在缺乏透明度，银行的风险暴露难以测度，以及在发生系统性事件时，有可能放大信息不对称的程度等因素并存的情况下，政府当局可能视复杂性为导致银行脆弱性的一个原因。从这个角度来说，复杂性是导致银行脆弱性增加的因素之一。

此外，对银行系统重要性的评估，还应当与现存的应对系统风险的体制框架结合起来。现存的制度安排越是健全，它在减少双边风险方面越是成功，银行破产导致的潜在系统影响就越有可能得到有效缓解。具体说来，在评估一个破产事件对系统的潜在影响时，应当充分考虑现有危机管理框架对于应对银行破产事件，并把其经营活动迅速移交其他银行的有效性。

（三）五维度指标法

随着时间的推移，世界各国理论界和监管机构对商业银行系统重要性的认识不断加深。在这个基础上，巴塞尔委员会（BCBS，2011）发展了三维度指标法，将之拓展为五维度指标法，从规模、关联性、可替代性、复杂性和全球活跃性这五个维度来评估银行的系统重要性。其中，规模、关联性和可替代性与三维度指标法一致。但与三维度指标法不同的是，这里提升了复杂性的重要性，从影响因素提升为评估维度之一。因为越复杂的银行，越是难以处理，对银行系统乃至实体经济的影响也越大。另外，五维度指标法还增加了全球活跃性维度，以反映银行对全球金融系统和世界经济的影响。五维度指标法还给出了这五个维度的权重，以及12个具体的二级指标及其权重。具体如表3.4所示。

表 3.4　　　　　2011 年巴塞尔委员会（BCBS）指标法系统重要性评估

一级指标及权重	二级指标	二级指标权重
全球活跃性（20%）	跨境资产	10%
	跨境负债	10%
规模（20%）	《巴塞尔协议Ⅲ》杠杆率定义中的总风险暴露	20%
关联性（20%）	金融系统内资产	6.67%
	金融系统内负债	6.67%
	批发融资比例	6.67%
可替代性（20%）	托管资产	6.67%
	结算清算额	6.67%
	承销交易价值	6.67%
复杂性（20%）	场外衍生品名义价值	6.67%
	三级资产	6.67%
	交易性资产和可供出售资产	6.67%

资料来源：BCBS. Global Systemically Important Banks：Assessment Methodology and The Additional Loss Absorbency Requirement，2011。

巴塞尔委员会（BCBS，2013）修改和完善了全球系统重要性银行的评估方法。主要修改内容如下：由于可替代性指标的重要性远超预期，对可替代性设置上限，当可替代性指标得分超过上限，不改变总分；将关联性指标中的二级指标"批发融资比例"更改为"发行证券余额"；计算评估指标时使用的分母由"三年调整一次"改为"一年调整一次"，以最大限度地激励银行降低系统重要性。

三、商业银行系统重要性评估的模型法

理想的模型法应该以宏观经济模型为基础。这一宏观经济模型既包含金融部门以捕获宏观视角的金融联系，也包含对金融机构网络关系的描述。然而，模型分析尚处于初级阶段，即使是以模型分析见长的国家，也还没有发展出那样的工具（FSB，IMF & BCBS，2009）。因此，本书介绍的是相对较

为简单的模型法。

银行的系统重要性可以从不同角度进行度量。自上而下法从系统风险开始，把系统风险配置给单个银行机构。与此相反，自下而上法从特定银行机构的经营困境开始，计算与此相关的系统风险水平。即使基于相同的系统风险界定，银行系统重要性的不同度量方法仍然可以得出不同的结论。因而，解释各种度量方法背后的逻辑是很有必要的。显然，不管是自上而下法，还是自下而上法，都需要对系统风险进行度量。

这里首先介绍把系统风险分配给个体银行的夏普利值法，以及度量系统风险的两个常用指标——在险价值和期望损失。然后，在这个基础上，阐述参与法和贡献法这两种自上而下度量系统重要性方法的原理。

（一）夏普利值

夏普利（Shapley，1953）提出了一个基于个体贡献，在参与者间分配总值的方法。配置方法背后的思想是很简单的。把个体参与者独立获得的值加总，不能反映他们对其他参与者生产的贡献。类似地，计算单个参与者的边际贡献，仅仅描绘了个体对其他参与者工作贡献的部分图景。理由是，这个方法也忽视了双边关系的复杂性。与此相反，夏普利值法以合作博弈为基础。在合作博弈中，一组博弈者的共同努力产生了全组共享的"值"。给定这样一个值，夏普利法分解之，以便按照博弈者的个体贡献，在他们之中进行分配。被归于某个特定博弈者的总值份额，就是该博弈者的夏普利值。夏普利值法充分说明了双边关系影响总体产出的程度。为达此目的，它把个体参与者对每一个可能子群的边际贡献的加权平均值配置给他们。具体如表 3.5 所示。

表 3.5　　　　　　　　　　　　　　　夏普利值分配示例

子群	子群产出	A 的边际贡献	B 的边际贡献	C 的边际贡献
A	4	4		
B	4		4	
C	4			4
A，B	9	5	5	

续表

子群	子群产出	A 的边际贡献	B 的边际贡献	C 的边际贡献
A，C	10	6		6
B，C	11		7	7
A，B，C	15	4	5	6
夏普利值		4.5	5	5.5

资料来源：Tarashev，N.，C. Borio，K. Tsatsaronis. The systemic importance of financial institutions [R]. BIS Quarterly Review，2009。

除了简单，夏普利值法还有很多令人瞩目的特点。它确保任何两个人的合作所得，一定在他们之间平均分配。换句话说，它是公平的，不会导致对特定参与者有利或不利的有偏见的结果。它正好把总体收益分配给所有参与者，既无多余，也无不足。它是对称的，具有相同特征的参与者获得相同的收益份额。在此框架下，无贡献者无收益。

把系统风险配置给个体银行与投资公司中的风险控制者把公司的风险资本配置给各个席位的交易人使用一样，属于同一类型的问题。每个席位交易者在孤立状态下遭受的损失之和并不等于公司的总风险，这一事实使风险控制者的问题复杂化了。简单地加总忽视了单个头寸间的相互影响可能缓解或者恶化总体风险。当席位的头寸部分地相互抵消时，它们可以减轻总体风险；而当交易某一方面的损失触发另一方面的损失，或者这两个方面的损失同时发生时，它们反而会恶化总体风险。

夏普利值法可以直接应用于银行系统。这时，博弈者就是各个银行，它们参与影响系统风险的互相联系的风险活动；风险的"值"是整个银行系统的在险价值（VaR）或者期望损失（ES）；每家银行的系统重要性是它的夏普利值。把夏普利法应用于银行重要性的度量，只是简单地把在个体参与者间分配集体值的问题，转换为把总体风险配置给个体银行的问题。它需要对银行所有分组的风险进行量化评估。分组涉及的范围很广，从只有一个银行的最小分组，到包括所有银行的最大分组。然后，根据每个银行对所参加的所有子群的平均贡献，把总体风险配置给它。银行的系统重要性程度，就由分配给它的系统风险份额决定。银行的系统重要性越高，其夏普利值越高。

　　夏普利法的一个主要优势是它具有一般性。它适用于任何把系统看作银行组合的系统的风险度量。此外，现存的系统风险配置方法，都是夏普利法的具体运用。例如，阿查里雅和理查森（Acharya & Richardson，2009）提出了测定具体银行对系统压力进行保险的贴水。塔拉舍夫等（Tarashev et al.，2009）也讨论了这一问题。

　　要应用夏普利值法，只需定义一个特征方程。对银行的所有可能子群来说，特征方程都是一样的。按照已经建立起来的框架，特征方程是银行所有 2^n 个子群的输入因子，据此，可以算出系统的 VaR 或者 ES。

　　夏普利值的推导过程如下：假设银行随机排列，考虑子系统 S，S 包含银行 i，以及排在银行 i 之前的所有银行。银行 i 对子系统 S 的风险贡献，等于子系统 S 的风险与没有银行 i 时，子系统 S 的风险之间的差。因此，银行 i 的夏普利值等于这个风险贡献的期望值，因为 $n!$ 种可能的排序发生的可能性是一样的。

　　在由标记为 1、2 和 3 的三个银行组成的特定例子中，银行 1 的夏普利值是：

$$ShV_1(\{1, 2, 3\}) = \frac{1}{6}(2 \times (\vartheta(\{1\}) - 0) + (\vartheta(\{2, 1\}) - \vartheta(\{2\}))$$
$$+ (\vartheta(\{3, 1\}) - \vartheta(\{3\})) + 2 \times (\vartheta(\{2, 3, 1\})$$
$$- \vartheta(\{2, 3\}))) \tag{3.1}$$

其中，$\frac{1}{n!} = \frac{1}{6}$ 是六种可能排序中的每一种的可能性。最后一个表达式中的第一个差异与两个排序有关，即 [1, 2, 3] 和 [1, 3, 2]。第二和第三个差别则分别与一个排序有关，即 [2, 1, 3] 和 [3, 1, 2]。第四个差异与两个排序相关，即 [2, 3, 1] 和 [3, 2, 1]。这意味着，$\vartheta(\{2, 3, 1\}) = \vartheta(\{3, 2, 1\})$，或者，更一般地，特征方程的值不依赖于银行在子系统中的排序。

　　更一般地，任何银行 i 的夏普利值为：

$$ShV_i(\textstyle\sum) = \frac{1}{n} \sum_{n_s-1}^{n} \frac{1}{c(n_s)} \sum_{\substack{S \supset i \\ |S| = n_s}} (\vartheta(S) - \vartheta(S - \{i\})) \tag{3.2}$$

其中，$\sum$ 代表整个银行系统，$S \supset i$ 是系统 $\sum$ 中包含银行 i 的所有子系统，

$|S|$ 代表子系统 S 的银行数量，$c(n_s) = \dfrac{(n-1)!}{(n-n_s)(n_s-1)}$ 是包含 n_s 银行的数量。此外，空集没有风险：$\vartheta(\phi) = 0$。

对于给定的特征方程，个体银行的夏普利值是其系统重要性的度量，具有唯一性。所有银行的夏普利值形成一个系列，这一系列具有如下性质：

（1）可加性。夏普利值的和等于总体系统风险 $\sum\limits_{i=1}^{n} ShV_i(\sum) = \vartheta(\sum)$。

（2）对称性。银行的标记是无关紧要的。准确地说，如果特征方程 ϑ 和 $\tilde{\vartheta}$ 仅仅是由于银行 i 和 h 交换位置而得，则有：$ShV_i(\sum; \vartheta) = ShV_h(\sum; \tilde{\vartheta})$

（3）"哑巴定理"。如果没有风险，那么，它的夏普利值是 0。

（4）特征方程的线性性质。假设有几个特征方程，每一个特征方程决定对应的夏普利值。然后，这些方程的特定线性组合形成一个新的特征方程。任何一个银行 i 的夏普利值，是其由原先的特征方程决定的夏普利值的线性组合。重要的是，特征方程的线性组合与夏普利值的线性组合是一样的。比如，如果 $\vartheta = \alpha \cdot \vartheta_1 + \beta \cdot \vartheta_2$，而且 α 和 β 是常数，则对任何银行 i，有：$ShV_i(\sum, \vartheta) = \alpha \times ShV_i(\sum, \vartheta_1) + \beta \times ShV_i(\sum, \vartheta_2)$。

夏普利值法的线性性质意味着，系统重要性的度量，能够以一种内在一致性的方式说明模型和参数不确定的很多问题。例如，没有明显的证据表明，金融系统的脆弱性是否主要与金融机构的资产或负债相联系。同样，对于系统性事件的首要因素，到底是金融系统的外生性冲击，还是冲击在系统内的传播，也没有形成共识。正是因为这样，确定冲击的统计性质和限制参数估计中的噪音是很困难的。最后，基于不确定的来源多种多样，审慎监管当局在度量系统风险时，可能考虑把多种替代性的方法结合起来使用，即把一系列替代性的特征方程结合起来使用。夏普利值的线性性质，允许监管当局在风险配置中使用所有的特征方程，并根据当局对每个特征方程有效性的判断，为它分配相应的权重。也就是说，夏普利值法允许系统重要性的测量考虑模型和参数的不确定性。这种不确定性使得采用不同的模型和参数估计来度量系统风险成为自然，进而导致银行系统重要性的度量也要采用多种替代性的方法。由于具有线性性质，夏普利值法意味着替代性度量方法的加权平均值可以用作一个独立的基础牢固的系统重要性度量方法。

关于夏普利值，有一种不同观点认为，它满足一种直觉上的公平标准。也就是说，由两个银行导致的系统风险的增量，也平均分配给这两家银行。正如马斯克莱尔等（MasCollel et al.，1995）所证明的那样，这意味着，由 k 银行导致的 i 银行夏普利值的增加量，与由 i 银行导致的 k 银行夏普利值的增加量是一样的。而且，如果夏普利值来源于系统所有可能的子群，事实确实如此。

$$ShV_i(S) - ShV_i(S - \{k\}) = ShV_k(S) - ShV_k(S - \{i\}) \tag{3.3}$$

其中，对所有的 i 和 k，以及所有 $S \in \sum$，使得 $i, k \in S$。

除了直接上的优势，式（3.3）中的夏普利值的性质，有助于理解一般夏普利值法在各种应用中的区别。

（二）度量系统风险的在险价值和期望损失

假设某银行系统有 n 家银行，记为 $i \in \{1, 2, \cdots, n\}$，当且仅当其中的一家或几家银行违约时，系统遭受损失。与银行 i 相联系的损失是

$$L_i = s_i \times LGD_i \times I_i \tag{3.4}$$

其中，s_i 代表银行 i 的债务规模，LGD_i 是银行 i 违约时的债务损失份额，I_i 是状态变量，当银行 i 违约时，其值为 1，否则为 0。

系统风险的度量应该包含损失的联合概率分布，即 $\{L_1, L_2, \cdots, L_n\}$。只要是定义在 $\{L_1, L_2, \cdots, L_n\}$ 每一个子系列上的度量方法，夏普利值都适用。

在险价值（VaR）和期望损失（ES）是两种常用的尾部风险的度量方法。这两种度量方法分别由一系列不同的尾部事件来定义。在置信水平 $qVaR$ 下，在险价值等于超过概率 $(1 - qVaR)$ 的损失。因此，在险价值法中的尾部事件，是那些与损失概率分布的 $qVaR$ 分位数相联系的尾部事件。同样，期望损失是超过 qES 分位数的损失的条件期望。因此，在期望损失法下，当且仅当损失超过这个分位数时，才发生尾部事件。当这两个度量方法应用于整个系统时，其中的尾部事件称为"系统性事件"。

在险价值和期望损失这两个度量系统性尾部风险的方法，各有利弊。在险价值把侧重点置于具体的分位数，显示了损失分布中尾部的最小损失，但

它没有提供尾部中损失严重性的信息。期望损失通过为尾部损失严重程度构造一个总括性的统计量来应对这一问题。然而，期望损失的一个重要缺陷是，在实际应用中，它的估计有赖于受到噪声严重影响的实际损失数据。而在在险价值法下，这一问题要小得多，因为它的估计是分位数，而不是均值（Heyde et al.，2006）。

我们将在险价值和期望损失应用于系统性损失的概率分布，该分布基于下面的随机环境而定义。为与传统的结构信贷风险模型一致，我们假设当且仅当其资产 V_i 低于违约点 DP_i 时，银行 i 违约。特别地：

$$I_i = 1，当且仅当 V_i < DP_i，否则 I_i = 0 \qquad (3.5)$$

此外，我们假设，银行 i 的资产受两个风险因素的影响，其中一个是所有银行都要面对的共同因素 M，另一个是银行 i 的个体因素 Z_i。具体地：

$$V_i = \rho_i \cdot M + \sqrt{1 - \rho_i^2} Z_i，i \in \{1, 2, \cdots, n\} \qquad (3.6)$$

其中，每个风险因素都是标准正态变量，且所有因素相互独立。对于所有 $i \in \{1, 2, \cdots, n\}$，共同风险因素系数 $\rho_i \in [0, 1]$。这意味着任何两个银行 i 和 j 之间的资产相关系数为 $\rho_i \times \rho_j$。揭示冲击外部性的共同风险敞口头寸，有可能使违约引起连锁反应，是资产组合信贷风险模型的另一个重要基础。

这样一个框架很可能忽略金融系统的一个重要特征，正是该特征把金融系统与投资组合区别开来。具体地，银行不仅通过共同暴露于系统之外的共同风险因素相互联系，还通过银行间的风险暴露而相互联系。银行间的风险暴露能够传播冲击，并产生所谓多米诺骨牌效应（domino effects）。这意味着金融系统不仅应当被看作一个投资组合，还应当被看作一个网络。银行间的风险暴露也因此对系统风险水平和个体银行的系统重要性有重大影响。我们抽象掉了这一影响，以便在一个简单的背景下论证夏普利值法。

式（3.4）至式（3.6）定义了损失的联合概率分布。两个额外假设在没有影响分析的主要信息的情况下，减轻了计算负担。首先，对所有银行 i，把给定违约下的损失设定为 LGD。其次，不失一般性，系统的总规模正规化为一个单位，$\sum_{i=1}^{n} s_i = 1$。

在以上系统风险度量方法中，要计算系统风险，需要的输入因子包括银行规模，银行的违约概率（PG），在每一种情况下的违约损失（LGD），以及联合违约可能性的估计。联合违约的可能性可以从银行资产回报率的相关性推导出来，后者又可以经由股票和债券价格估计出来（例如，通过穆迪评级公司 GCorr 模型的 KMV 估计出来）。然而，来自金融危机的证据表明，在危机期间（at a time of stress），银行系统的关联性程度，主要取决于资产负债表的负债方特征。因此，这一做法有可能在未来发生变化。尽管如此，与违约相关性估计有关的任何具体的数据，都可以从监管评估信息中得到补充说明。

与银行 i 相联系的损失 L_i，我们把它定义为该银行的直接非银行债权人遭受的信贷损失。L_i 的定义排除了银行间市场上其他银行，或者银行 i 的股票持有者遭受的损失。

从公共政策的角度看，从 L_i 的定义中排除股票持有者是理所当然的，因为股票的核心功能就是吸收损失。这意味着，我们只考虑银行违约时的非银行债权人的损失，而不考虑这样一种情况：股票持有者损失了他们投资的一部分，而银行的持续经营不受影响。显然，从银行自己的风险管理的角度来说，后一种情形也是重要的。

既然我们采用了系统性的方法，我们就要抽象掉银行间风险暴露的损失。一个银行的同业资产（interbank assets），同时是另一家银行的同业负债（interbank liabilities），因此，银行的同业头寸（interbank positions）只是简单地在系统中传导冲击，而没有产生损失。结果，从整个系统的层面来看，在 L_i 的定义中考虑同业损失会导致重复计算。

在我们给出的损失定义下，一个银行的规模就是它对非银行部门的债务总量；系统的规模就是所有银行对非银行部门的债务总水平。

（三）参与法

当系统风险通过期望损失度量时，关联性银行的夏普利值可以对应于不同的特征方程。这些特征方程对尾部事件的处理不同，其对应的非银行债权人的损失概率分布也不同。因此，它们实际上暗含了不同的系统重要性概念，最终导致对同样的系统风险的分解不一样。我们考虑的第一个特征方程是参与法（PA）。在参与法下，夏普利值估计的是个体银行在系统性事件中的参与程度。参与法下的夏普利值，是在所有非银行债权人的总损失高到足以成为一个系统性事件的条件下，一个银行的非银行债权人的期望损失。

假定与银行 i 相联系的损失 L_i 由两个因素决定，其一是外生风险因素，其二是此银行对系统其他银行的敞口头寸引致的损失。支撑参与法的特征方程 ϑ^{PA}，以 $\{L_i\}_{i=1}^n$ 和一系列固定的尾部事件，即系统性事件 $e(N)$ 为基础。

$$\vartheta^{PA}(N^{sub}) \equiv E(\sum_{i \in N^{sub}} L_i e(N)),\text{对任何 } N^{sub} \subseteq N$$

一般地，$\vartheta^{PA}(N^{sub}) \neq ES(N^{sub})$，$N^{sub} \subset N$，但有，$\vartheta^{PA}(N) = ES(N)$。注意到 $\vartheta^{PA}(N^{sub}) - \vartheta^{PA}(N^{sub} - \{i\}) = E(L_i | e(N))$，且有

$$ShV_i(N) = \frac{1}{n}\sum_{n_s=1}^n \frac{1}{c(n_s)}\sum_{\substack{N^{sub} \supset i \\ |N^{sub}|=n_s}}(\vartheta(N^{sub}) - \vartheta(N^{sub} - \{i\}))$$

因此，银行 i 的夏普利值，就是在发生系统性事件的情况下，该银行带给其直接非银行债权人的损失。

$$ShV_i(N^{sub}, \vartheta^{PA}) = ShV_i(N; \vartheta^{PA}) = E(L_i | e(N)),$$
$$\text{对所有 } i \in N^{sub} \text{ 和所有 } N^{sub} \subseteq N \tag{3.7}$$

可见，参与法夏普利值包含了这样的思想：银行的系统重要性，等于它在系统性事件中的参与度。方程（3.7）也意味着，对参与法来说，当整个系统，即整个网络，满足条件时，仅考虑损失就够了。

（四）贡献法

正如塔拉舍夫等（Tarashev et al.，2010）、德拉曼和塔拉舍夫（Drehmann & Tarashev，2011）所说的那样，一个银行在系统性事件中的参与程度，与它对事件的贡献程度是大相径庭的。比如，可能有这样一个银行，它对非银行部门的债务很少，但在同业市场上有大量的头寸。如果该银行在系统性事件中破产，它对非银行部门造成的损失很小，因此，我们可以说它对系统性事件的参与度很低。但是，通过在系统中把经营困顿（distress）从一个银行传导到另一个银行，这个银行可能对系统性事件有重大影响。这种情况，可以用第二种自上而下法，即贡献法（CA）来描述。贡献法明确说明，一个银行，可以通过对外生冲击的风险暴露，通过在系统中传导冲击，还可以通过自身对可传导冲击的脆弱性来对系统性风险产生影响。也就是说，贡献法

91

估计单个银行对系统风险的贡献。在贡献法下，夏普利值包含一个银行单独产生的期望损失，以及该银行对系统中其他银行的每一个子系统期望损失的贡献。

贡献法的方法论基础依然是夏普利值。这一方法背后的逻辑是很简单的。我们可以用个体银行在孤立状态下产生的风险水平来度量系统重要性。但那样一种方法会遗漏银行对其他银行风险的贡献。类似地，只考虑单一银行的边际风险贡献是不够的。理由在于，该方法忽视了双边关系的复杂性。特别地，当银行间风险暴露能够在系统中通过市场参与者形成的链条传导冲击时，双边关系的复杂性就表现得非常明显。通过给个体银行赋予它对每一个可能的子系统的边际贡献的加权平均值，夏普利法充分说明了银行间的相互影响。

同业网络（interbank network）的存在对参与法无甚影响，但对贡献法影响重大。理由在于，与前者不同的是，后者考虑了所有可能的子系统，以及不同子系统中的同业网络的差别。也就是说，该方法不考虑一个银行参与的同业网络的情况如何，总假设该银行的非银行债权人的风险保持不变。这等于用一个具有同样信贷风险的假设的证券组合中的投资替换交易对手的头寸，而该交易对手不是某一特定子系统的参与者。由于这是在存在同业网络的情况下，对贡献法的机械的应用，我们称之为机械贡献法（MCA）。

与参与法一样，假定与银行 i 相联系的损失 L_i 由两个因素决定。支撑机械贡献法的特征方程 ϑ^{CA-HS} 可以这样定义：

$$\vartheta^{MCA}(N^{sub}) \equiv E\left(\sum_{i \in N^{sub}} L_i \mid e(N^{sub})\right) = ES(N^{sub}), \text{对任何} N^{sub} \subseteq N$$

给定 $\{L_i\}_{i=1}^{n}$ 的定义，$\vartheta^{MCA}(N^{sub})$ 的值可以解读为，当用一个在虚拟的证券组合中的具有同样信贷风险的投资，替代每一个银行 $i \in N^{sub}$ 对银行 $j \notin N^{sub}$ 的敞口头寸时，子系统 N^{sub} 的期望损失。

放松约束条件，可以得到更一般化的广义贡献法（GCA）。与机械贡献法不同，广义贡献法反映了这样一个事实：一个银行的非银行债权人所面临的风险，依赖于该银行对系统中其他银行的风险暴露。也就是说，一个银行对系统风险的贡献，不仅取决于它强加给它自己的非银行债权人的风险，而且取决于它强加给其他银行的非银行债权人的风险。为体现这一思想，广义贡献法假设，子系统中的银行用无风险资产替换它们在子系统以外的银行的风险暴露。在债务方，我们做类似的假设：任何给定子系统中的银行，用来自系统以外的债务，替代它们对子系统以外的其他银行的债务。因此，从一个系统（或子系统）中排除一家银行，等价于去除该银行在这个系统（子系统）中产生的所有风险。

对子系统 N^{sub}，假定与每一个银行 $i \in N^{sub}$ 相联系的损失取决于两个因素，即外生的风险因素，以及该银行对银行 $j \in N^{sub}$ 的敞口头寸。此外，假定用一个无风险资产替代每一个银行 $i \in N^{sub}$ 对任何银行 $k \notin N^{sub}$ 的敞口头寸。我们把非银行债权人的损失记为 $\{L_i^{N^{sub}}\}_{i \in N^{sub}}$。

我们用与定义 ϑ^{MCA} 类似的方法来定义特征方程 ϑ^{GCA}，但包含子系统中的每个银行给非银行债权人带来的详细损失状况。

$$\vartheta^{GCA}(N^{sub}) = E(\sum_{i \in N^{sub}} L_i^{N^{sub}} \mid e(N^{sub})) = ES(N^{sub})$$

不存在银行网络时，$\{L_i\}_{i=1}^{n} = \{L_i^{N^{sub}}\}_{i \in N^{sub}}$，故，$\vartheta^{MCA}(N^{sub}) = \vartheta^{GCA}(N^{sub})$。

四、两类定量评估方法的关系及其对监管实践的意义

一个紧迫的政策目标是健全和实施适用于系统重要性银行的监管框架。要达到这一目标，就要度量系统重要性。最近的学术文献已经提出了很多基于复杂的经济和统计技术的度量方法。尽管在理论上，这些度量方法很有吸引力，它们对监管实践构成了严重的挑战。因为它们对数据要求颇高，需要较高频率的计算，而且难以与一般公众进行交流。此外，度量需要详细的系统层面的信息，个体银行无法直接使用它们来对自己的系统重要性进行评估和管理。这就提出了一个问题，是否存在简单、容易获得的指标，可以作为复杂度量方法的可靠的代理变量？

德拉曼和塔拉舍夫（Drehmann & Tarashev，2011）通过实证考察了这个问题。通过 20 个国际活跃大银行的数据，他们检验了基于模型的复杂的三个系统重要性度量方法与三个简单指标间的关系。由于系统重要性具有多方面的性质，他们既考虑自上而下的度量方法，也考虑自下而上的度量方法。自上而下的度量方法先算出系统风险，然后配置给个体银行。他们考察了两种自上而下的度量方法，它们对系统重要性的定义不一样，配置系统风险的方法也不一样。自下而上的度量方法则首先假设特定银行出现了经营困顿，然后估计与该事件相联系的系统风险水平。之后，他们把上述的每一种度量方

法与简单指标进行比较。这些简单指标包括规模、总同业贷款和总同业借款，它们极易获得，容易理解。

他们发现，简单指标在近似基于模型的系统重要性度量方法方面表现良好。德拉曼和塔拉舍夫（Drehmann & Tarashev，2011）的研究为监管当局的监管实践提供了一个可行而有效的思路。即，监管当局利用复杂的基于模型的方法，先行度量出各个银行机构的系统重要性程度。然后，在日常监管实践中，用简单有效的指标法代替对应的复杂的模型法。当然，监管当局在选择指标法时，要权衡评估准确性与透明度和交流的容易性。

德拉曼和塔拉舍夫（Drehmann & Tarashev，2011）的研究还可以推论出另一种监管思路，即：由于基于模型的系统重要性度量方法涉及较多系统层面的信息，而指标法简单易行，那么，可以要求系统重要性程度高的，同时拥有较多系统层面信息的银行机构，采用基于模型的度量方法评估和管理它们的系统重要性；对于系统重要性不高的银行机构，允许它们采用简单指标法评估和管理它们的系统风险。也就是说，可以根据银行机构的系统重要性，对它们实行区别监管。

第三节 中国商业银行系统重要性的评估

由前面的论述可知，对商业银行系统重要性的评估，有两大类方法，其一是定性评估，其二是定量评估。定性评估法适应性强，可在各种条件下使用，并可考虑更多的因素；定量评估法相对比较准确、客观，但对数据及统计技术要求较高。在定量评估法下，又可分为基于指标的定量评估和基于模型的定量评估。基于指标的评估方法对数据要求不高，简单易行；基于模型的评估方法更为准确，但数据要求也更高，需要较高频率的计算，也不利于交流。针对中国银行系统的具体情况，这里主要采用基于指标的评估方法，对中国商业银行的系统重要性进行评估。这里先行考察全国性商业银行在中国金融机构中的系统重要性；然后，进一步考察其中各个个体银行的系统重要性，以增强基于系统重要性的银行监管的针对性。

一、中国银行业现状

自 1978 年以来，经过一系列的改革和开放，中国银行业已经从只有中国人民银行一家银行的高度集中体制，发展为以中国人民银行和中国银行业监督管理委员会（2018 年 4 月以后是中国银行保险监督管理委员会）为核心，以商业银行为主体，包括政策性银行、外资银行、邮政储蓄银行和各类非银行金融机构的多种金融机构共同发展的，与社会主义市场经济体制基本相适应的既分散又有一定集中度的现代银行体制。中国加入世界贸易组织（WTO）后，在 WTO 协议的有力促进下，中国银行业的改革开放事业加速发展，银行业规模急剧扩大（如表 3.6 所示），各类金融机构也得到极大发展（如表 3.7 所示）。

表 3.6　　　　　　　　中国银行业金融机构总资产情况　　　　　　单位：亿元

机构类型	2010 年	2011 年	2012 年	2013 年	2014 年	2015 年	2016 年
银行业金融机构	953053	1132873	1336224	1513547	1723355	1993454	2322532
政策性银行	76521	93133	112174	125278	156140	192847	229935
大型商业银行	468943	536336	600401	656005	710141	781630	865982
股份制商业银行	149037	183794	235271	269361	313801	369880	434732
城市商业银行	78526	99845	123469	151778	180842	226802	282378
农村商业银行	27670	42527	62751	85218	115273	152342	202680
农村合作银行	15002	14025	12835	12322	9570	7625	4359
农村信用社	63911	72047	79535	85951	88312	86541	79496
非银行金融机构	20896	26067	32209	39681	50123	64883	79311
外资银行	17423	21535	23804	25628	27921	26808	29286
邮政储蓄银行	35101	43536	53511	62110	70981	83024	95072

注：邮政储蓄银行包括新型农村金融机构和邮政储蓄银行。
资料来源：中国银行业监督管理委员会 2016 年报。

表3.7　　　　　　　　银行业金融机构法人机构和从业人员情况

机构类型	从业人员数（人）	法人机构数（家）
银行业金融机构合计	4090226	4398
政策性银行	63700	3
大型商业银行	1676601	5
股份制银行	435354	12
城市商业银行	401003	134
民营银行	2424	8
农村信用社	297083	1125
农村商业银行	558172	1114
农村合作银行	13561	40
企业集团财务公司	11644	236
信托公司	19236	68
金融租赁公司	4954	56
汽车金融公司	8046	25
货币经纪公司	857	5
消费金融公司	57758	18
资产管理公司	7883	4
外资金融机构	45613	39
其他机构	486337	1506

注：其他机构包括新型农村金融机构、中德住房储蓄银行和邮政储蓄银行。统计截止时间2016年年底。

资料来源：中国银行业监督管理委员会2016年报。

总的来说，将近四十年来，中国银行业的改革开放过程，具有如下特点：

1. 中国银行业改革开放的过程，也是一个放松管制的过程

自从中国加入世界贸易组织后，一系列新规则开始生效，一些现存的法律和规章，例如，1995年《人民银行法》和《商业银行法》（中国银监会，2011a），也得到修订，以便与WTO协议相适应。按照承诺，中国银行业有更多的利率自由化，市场参与者的税率更加公平，对接管和并购的所有制限制更少，经营管理的业务范围和地理范围更大。例如，从2002年开始，外资银行可以对中国居民和企业提供外币服务；从2004年2月开始，中国开放人民币市

场，允许外资银行在指定的城市和地区向中国企业提供人民币服务；零售市场也从 2006 年 12 月起向外资银行开放；2007 年 4 月，经中国监管部门批准，花旗、汇丰、渣打和东亚这四家外资银行开始接受中国居民的人民币存款。

中国政府改善银行业监管的主要措施之一是于 2003 年成立中国银行业监督管理委员会。也是在 2003 年，国务院启动"国有银行试点改革计划"，向中国银行和中国建设银行拨款 450 亿美元增加资本，而不是冲销坏账。新的外部和内部监管体系也开始运作。2003 年，中国银监会发布了新的鼓励外资参股中资银行的指引：经监管机构批准，外资机构最多可以拥有国内银行25% 的股份，而单一投资者可以拥有国内银行 5% ~20% 的股份。2018 年 4月 8 日，新成立的中国银行保险监督管理委员会正式挂牌。2018 年 8 月 23日，该委员会公布《中国银保监会关于废止和修改部分规章的决定》，废止《境外金融机构投资入股中资金融机构管理办法》，遵循国民待遇原则，不对外资入股中资金融机构作单独规定，取消中资银行和金融资产管理公司外资持股比例限制，实施内外资一致的股权投资比例规则。

中国银行监管当局成立后，其改善银行管理的一个战略举措是鼓励银行上市，以接受较为充分的外部监管。受此影响，中国商业银行出现了一波上市潮。交通银行是第一个实施此路线图的银行，2005 年 6 月，它在中国香港地区首次公开发行股票，筹资 20 亿美元。2005 年 10 月，中国建设银行在香港地区首次公开发行股票，筹资 622.5 亿港元；2006 年 6 月，中国银行在香港地区首次公开发行股票，筹资 860 亿港元，随后又在上海 A 股市场筹资200 亿元人民币；2006 年 10 月，中国工商银行同时在上海和香港首次公开发行股票，共筹资 219 亿美元。到 2010 年，随着中国农业银行成功 IPO，四大银行全部上市，成为四大国有控股银行。到了 2016 年，中国 A 股又兴起了一股银行上市潮，一批城市商业银行纷纷上市。截至 2018 年 9 月，在中国 A 股上市的银行已经达到 28 家，其中，大型商业银行 5 家，股份制商业银行 8家，城市商业银行 15 家。

2. 出现了一批业务多元化的大型复杂金融机构

过去，中国的商业银行在产品多样化方面没有太多选择。政策制定者经常要求它们将贷款投向特定行业或特定顾客。以四大银行（中国工商银行、中国农业银行、中国银行和中国建设银行）为例，中国农业银行被要求将其贷款的主要部分投向农业部门,特别是农村地区的农业部门;中国建设银行被要求将其贷款的主要部分投向地产和建材行业;中国工商银行被要求将其大量贷款投向制造业和商业;中国银行则被要求专注于外汇或者外币业务。直到 20 世纪 90 年代后期,这些限制才逐渐取消。

此外,中国监管当局过去坚持对银行、证券、保险和信托业实行分业经营,分业监管的原则,认为不同金融服务间的严格的防火墙能够阻止金融危机的传染。但是,这些严格限制已经开始逐渐放松。例如,商业银行与保险公司间的合作得到了监管者的鼓励。同时,中国银监会于 2008 年 12 月颁布的《银行与信托公司经营合作指引》表明,中国监管当局在非传统银行业务的合作方面,态度更为开放了(中国银监会,2011b)。

过去,中国商业银行主要依赖净利息收入,收费业务很不发达。根据袁(2006),中国的大多数银行在现金管理和国债业务方面非常不成熟,平均来说,收费收入仅占它们总收入的 10% 左右。然而,中国许多银行开始努力调整它们的业务结构,发展收费业务,现金管理和财富管理等新兴业务也表现出强劲的增长势头。

同时,中国的商业银行也开始介入信托业务,以寻求更大的发展。2007年,交通银行以 12.2 亿元人民币的对价取得了湖北国际信托投资公司 85% 的股权;民生银行也已经提出,要以 23.4 亿元人民币的对价收购陕西国际信托25% 的股权。这一趋势并不令人感到意外,因为中国在 21 世纪初对其信托业进行了大改组,关闭了 200 多家通过大量借款投资于无利可图项目的信托公司。自那以来,中国监管当局就希望通过允许信托公司引进战略投资者来加快该行业的发展。中国的商业银行还通过介入基金管理、私人资本以及保险业来加快业务扩张,减轻其对信贷增长的依赖。到了 2018 年 2 月,在银行、证券、保险、信托、期货、基金和租赁这七张主要金融牌照中,拥有其中大部分甚至全部牌照的金融控股集团,已经出现了好几家。具体如表 3.8 所示。

表 3.8　　　　截至 2018 年 2 月中国金融控股集团金融牌照情况

机构名称	银行	证券	保险	信托	期货	基金	租赁
工商银行	√	√	√	×	×	√	√
建设银行	√	√	√	√	√	√	√

续表

机构名称	银行	证券	保险	信托	期货	基金	租赁
农业银行	√	√	√	×	×	√	√
中国银行	√	√	√	√	√	√	×
中信集团	√	√	√	√	√	√	×
光大集团	√	√	√	√	√	√	√
平安集团	√	√	√	√	√	×	×

注：√表示拥有相应金融牌照，×表示不拥有相应金融牌照。
资料来源：笔者自行整理。

为了与 WTO 协议相协调，中国实施了一系列新的法规，放松了对在华外资银行的地理限制，对中资银行的地理限制也大为放松。例如，除了城市商业银行，所有的国内银行都可以在中国各地开设分支机构从事存款和贷款业务。地理多样化程度最高的是四大国有控股银行，以及交通银行（这五个银行也被称为大型商业银行），每个银行的分支机构都遍及中国城市和农村的每个角落。然而，中国各地区在经济和地理条件上的复杂多样，也阻碍了信息共享的顺利实现。例如，大约拥有 22000 家分支机构的中国银行，在关闭金融账户六个星期后，才仅仅知道到底有多少个分支机构。根据来自参与该银行技术大更新的公司的消息，进行数据技术升级后，情况也不能马上有根本性的改变，因为在西藏的戈壁地区等一些偏远地方，数据的传送还依赖骆驼等原始交通工具（Robinson，2007）。

关于中国银行机构的发展，其中一个令人感兴趣而又尚未得到充分研究的领域是其向海外市场的扩张。2007 年 7 月，中国国家开发银行收购了巴克莱银行的一小部分股份，为英国金融集团投标德国银行 ABN AMRO 提供金融支持。这是中国的银行首次持有欧美银行股份。对于中国的银行在海外的大额投资或接管行为，中国监管当局的态度十分谨慎，这也许是由于中国的商业银行与发达国家的商业银行在风险管理方面存在巨大差异的缘故。

总的来说，中国商业银行的经营环境正在由极少弹性向更多弹性转变，银行可以在专业化和多样化之间进行选择。

3. 中国商业银行所有权多样化改革取得实质进展

1978 年以前，中国只有中国人民银行一家银行，它既履行中央银行职能，又拥有商业银行职能。从 1979～1984 年，中国农业银行、中国建设银行、中国银行以及中国工商银行，先后从中国人民银行独立出来，而中国人民银行保留了中央银行职能。这四家银行被称为专业银行，因为它们有自己被指定的业务领域，例如，中国工商银行的业务重心在城市，而中国农业银行的业务重心在农村。从 1984～1993 年，中国的银行系统经历了一系列改革，目标是把银行办成真正的企业，允许四大行在指定的领域之外开展业务。1994 年，在三家政策性银行接管了四大行的政策性贷款后，这四家银行由专业银行转变为商业银行，按照市场规律自主经营。国有银行也进行了管理和经营机制上的改革。例如，为了增加风险管理的责任，其重要性得到大大加强，由此，银行的贷款行为也变得更加谨慎。但直到 2004 年，四大行还是国有独资银行，只有中国政府一个所有者。不过，从 2005 年开始，它们通过引进战略投资者和上市，逐渐改变了单一所有者的局面，四大国有独资银行也转变为四大国有控股银行。

为了增加银行部门的竞争性，中国政府建立了 13 家股份制银行。到 2010 年年底，这 13 家股份制银行中的 9 家已经在股票交易所上市。然而，尽管是股份制企业，这些银行的大多数还是被政府直接控制着，因为其最大股东常常是国有企业。例如，2003 年以前，深圳市政府就通过深圳市国资委控制着深圳发展银行。在中国，在很长的一段时间里，真正由私人股东完全拥有的银行，只有民生银行一家（Jia, C. , 2009）。

尽管股份制银行的大部分大股东也是国有企业，四大行和股份制银行这两种类型的银行之间的差异还是很明显的。首先，管理者的提名是非常不同的。国有银行的管理者由中共中央委员会提名，而股份制银行的管理者由董事会提名。其次，国有银行中的工作十分稳定，而股份制银行中的工作非常不稳定。

二、全国性商业银行在中国银行业金融机构中的系统重要性

自中国加入 WTO 和中国银行业监督管理委员会成立以来，中国银行业发展迅猛，组织体系不断完善。到 2016 年年底，各类法人金融机构数已达到 4398 家。要对如此多的金融机构进行系统重要性评估，一个可行的办法是：

先对各类金融机构的系统重要性进行评估，然后再对最重要的类别进行个体系统重要性评估。这里先对各类金融机构的系统重要性进行评估。

借鉴个体银行系统重要性的评估方法，兼顾数据的可得性，对各类金融机构系统重要性的评估，也从规模、关联性、可替代性这三个维度进行。借鉴德拉曼和塔拉舍夫（Drehmann & Tarashev，2011）的研究，这里以总资产和从业人数作为规模的代理变量；以银行业同业拆借作为关联性的代理变量；以行内人民币支付业务量和结算账户数量为可替代性的代理变量。

（一）规模指标

从表 3.9 可知，从 2010～2016 年，商业银行总资产在整个银行业中的份额基本稳定，都保持在 78% 左右，远高于其他类型银行业机构的份额。而在此期间，全国性商业银行总资产占整个商业银行体系的份额，也都保持在 70% 以上，远高于其他类型商业银行的资产份额（如表 3.10 所示）。因此，从资产规模来说，全国性商业银行在商业银行乃至整个银行业中，都有及其重要的地位，具有代表性。

表 3.9 银行业金融机构总资产情况 单位：%

机构类型	2010 年	2011 年	2012 年	2013 年	2014 年	2015 年	2016 年
银行业金融机构	100	100	100	100	100	100	100
商业银行	77.81	78.03	78.26	78.49	78.22	78.13	78.15
政策性银行	8.03	8.22	8.39	8.28	9.06	9.67	9.90
邮政储蓄银行	3.68	3.84	4.00	4.10	4.12	4.16	4.09
农村信用社	6.71	6.36	5.95	5.68	5.12	4.34	3.42
非银行金融机构	2.19	2.30	2.41	2.62	2.91	3.25	3.41
农村合作银行	1.57	1.24	0.96	0.81	0.56	0.38	0.19

注：邮政储蓄银行包括新型农村金融机构和邮政储蓄银行。
资料来源：中国银行业监督管理委员会 2016 年报。

表 3.10 中国商业银行总资产情况 单位:%

机构类型	2010 年	2011 年	2012 年	2013 年	2014 年	2015 年	2016 年
商业银行	100	100	100	100	100	100	100
全国性商业银行	83.33	81.46	79.91	77.89	75.96	73.93	71.66
城市商业银行	10.59	11.29	11.81	12.78	13.42	14.56	15.56
农村商业银行	3.73	4.81	6.00	7.17	8.55	9.78	11.17
外资银行	2.35	2.44	2.28	2.16	2.07	1.72	1.61

资料来源:中国银行业监督管理委员会 2016 年报。

另外,从中国银行业从业人员和法人机构数来看,全国性商业银行以 0.39%的法人机构数份额,雇用了银行业 51.63%的从业人员,说明与其他类金融机构相比,全国性商业银行的平均规模比较大。农村商业银行和其他类银行业机构也雇用了较多的从业人员,但其在法人机构数方面占据了 25.33%和 34.24%的份额(如表 3.11 所示),是全国性商业银行的 64.95 倍和 87.79 倍,所以,其平均规模要小得多。

表 3.11 银行业金融机构法人机构和从业人员情况 (2016 年年底) 单位:%

机构类型	从业人员数	法人机构数
银行业金融机构合计	100	100
全国性商业银行	51.63	0.39
农村商业银行	13.65	25.33
其他机构	11.89	34.24
城市商业银行	9.80	3.05
农村信用社	7.26	25.58
政策性银行	1.56	0.07
消费金融公司	1.41	0.41
外资金融机构	1.12	0.89

续表

机构类型	从业人员数	法人机构数
信托公司	0.47	1.55
农村合作银行	0.33	0.91
企业集团财务公司	0.28	5.37
汽车金融公司	0.20	0.57
资产管理公司	0.19	0.09
金融租赁公司	0.12	1.27
民营银行	0.06	0.18
货币经纪公司	0.02	0.11

注：其他机构包括新型农村金融机构、中德住房储蓄银行和邮政储蓄银行。统计截止时间2016年年底。

资料来源：中国银行业监督管理委员会2016年报。

（二）关联性指标

关联性指标主要考察各类金融机构在金融网络中的相互影响，各类金融机构间的相互影响越大，单个系统性事件对整个金融系统的影响就越大，其系统重要性就越高。根据数据的可得性，这里主要从银行间拆借市场分析各类金融机构的系统重要性。

在银行间同业拆借市场中，全国性商业银行成交金额占整个市场的56.12%，远高于其他类型金融机构的份额，这说明全国性商业银行在银行间同业拆借市场中，占有非常重要的地位，他们与其他金融机构有最高的关联性（如表3.12所示）。

表 3.12　　　　中国银行间同业拆借市场交易情况

机构类型	成交笔数（笔）	成交金额（亿元）	金额份额（%）
全国性商业银行	13101	171352.48	56.12
城市商业银行	6924	56489.35	18.50

机构类型	成交笔数（笔）	成交金额（亿元）	金额份额（%）
农村商业银行和合作银行	4996	20483.25	6.71
证券公司	4510	22023.21	7.21
其他	8565	34962.3	11.45
合计	38096	305310.58	100

注：统计时间为 2018 年 8 月。
资料来源：全国银行间同业拆借中心网站。

（三）可替代性

1. 行内人民币支付业务量

支付系统是基础性金融设施，对维持一国金融系统的正常运转起举足轻重的作用。金融机构通过支付系统提供的金融服务量，是其系统性重要性的标志性指标之一（IMF，BIS & FSB，2009）。2014 年，中国各类支付系统共处理支付业务 3740405 万笔，金额 3391.30 万亿元。人民银行大额支付系统和银行业金融机构行内支付系统资金交易规模占据主导地位，分别居第 1 位和第 2 位，紧随其后的是同城票据交换系统、中国银联银行卡跨行交易清算系统、中国人民银行小额支付系统、网上支付跨行清算系统、农信银支付清算系统、全国支票影像交换系统和城市商业银行资金清算中心支付清算系统，分别居第 3 位到第 9 位。不过，它们的份额都在 2% 以下，微不足道。具体如表 3.13 所示。

表3.13　　　　　　　　　2014 年中国支付系统人民币业务统计

系统类别	业务量		业务量占比（%）	
	笔数（万笔）	金额（万亿元）	笔数	金额
中国人民银行大额支付系统	71256	2346.89	1.91	69.20
银行业金融机构行内支付系统	1431810	896.28	38.28	26.43
同城票据交换系统	38400	63.22	1.03	1.86
中国银联银行卡跨行交易清算系统	1867400	41.11	49.93	1.21

续表

系统类别	业务量		业务量占比（%）	
	笔数（万笔）	金额（万亿元）	笔数	金额
中国人民银行小额支付系统	143580	22.08	3.84	0.65
网上支付跨行清算系统	163900	17.79	4.38	0.52
农信银支付清算系统	22872	3.09	0.61	0.09
全国支票影像交换系统	1047	0.53	0.03	0.02
城市商业银行资金清算中心支付清算系统	140	0.32	0.00	0.01

资料来源：中国人民银行. 中国支付体系发展报告（2014）[M]. 北京：中国金融出版社，2015。

就银行业金融机构行内支付系统来说，全国性商业银行在行内支付系统支付业务中占主体地位，笔数和金额均居第1位，分别占据了84.51%和80.52%的份额，远高于其他类金融机构的份额。城市商业银行以9.53%的业务金额居第2位。农村商业银行、农村信用社、外资银行和邮政储蓄银行以4.41%和2.74%、1.48%和1.20%的业务金额份额居第3位到第6位。政策性银行业务金额占比不足1%，居末位。具体如表3.14所示。

表3.14 2014年中国银行业金融机构行内支付系统业务情况

银行类别	业务量		业务量占比（%）	
	笔数（万笔）	金额（亿元）	笔数	金额
全国性商业银行	1210040.52	7217179.67	84.51	80.52
城市商业银行	46005.81	854484.52	3.21	9.53
农村商业银行	56856.15	395469.90	3.97	4.41
农村信用社	40439.28	245554.00	2.82	2.74
外资银行	137.19	132285.66	0.01	1.48
邮政储蓄银行	78271.60	107893.76	5.47	1.20
政策性银行	63.24	9930.05	0	0.11

资料来源：中国人民银行. 中国支付体系发展报告（2014）[M]. 北京：中国金融出版社，2015。

从发展趋势看，2009 年，全国性商业银行行内支付系统共处理支付业务金额 242.68 万亿元，占银行业金融机构行内支付系统业务金额的 77.1%，到 2014 年，这两个指标变为 721.72 万亿元和 80.52%，业务金额份额增长 3.42 个百分点，显然，银行业金融机构行内支付系统业务在向全国性银行集中。

2. 结算账户数量

根据中国人民银行于 2003 年 4 月颁布实施的《人民币银行结算账户管理办法》，银行结算账户是指银行为存款人开立的办理资金收付结算的人民币活期存款账户。一个银行的结算账户越多，说明通过该银行进行资金收付结算的客户越多，银行与各经济主体的联系就越广泛和深入，它在支付系统中的重要性也越高。

从 2014 年年末的数据来看（如图 3.1 所示），全国性商业银行占了银行结算账户 71.32% 的份额，比位居第 2 位的邮政储蓄银行高出 60.39 个百分点。农村信用社、城市商业银行、农村商业银行分别居第 3 位到第 5 位。其他机构、外资银行和政策性银行结算账户占比不到 1%，居后三位。

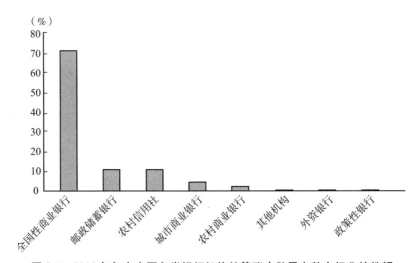

图 3.1　2014 年年末中国各类银行机构结算账户数量占整个行业的份额

资料来源：中国人民银行. 中国支付体系发展报告（2014）［M］. 北京：中国金融出版社，2015。

（四）全国性商业银行在中国银行业金融机构中系统重要性的综合判断

由上面的论述可知，在不同指标下，有可能出现同一类金融机构的系统重要性差别比较大的情况。例如，在资产规模指标下，城市商业银行居第 2 位，而在从业人员数量下，它仅居第 4 位。但是，在所有指标下，全国性商业银行排名都是第 1 位，而且指标值远超紧随其后的其他类金融机构（如表 3. 15 所示）。例如，在结算账户数量这一指标中，全国性商业银行就是紧随其后的邮政储蓄银行的 6. 53 倍。

显然，全国性商业银行是中国系统重要性最高的一类银行业金融机构，深入研究其中各个商业银行的系统重要性，具有极其重要的意义。

表 3. 15　　　　**全国性商业银行在各个系统重要性指标上的排名**

一级指标	二级指标	全国性商业银行排名	与第 2 名指标值之比
规模	总资产	1	4. 61
	从业人员	1	3. 78
关联性	银行间同业拆借	1	3. 03
可替代性	行内人民币支付业务量	1	8. 45
	结算账户数量	1	6. 53

三、基于指标的全国性商业银行系统重要性评估

之前对各类银行业金融机构的分析表明，全国性商业银行是系统重要性程度最高的一类银行业金融机构。但在全国性商业银行内部，各家银行之间的差别比较大（如表 3. 16 所示）。例如，从总资产规模来看，大型商业银行的平均规模是其余 12 家银行平均规模的 4. 92 倍，最大的工商银行更是最小的渤海银行的 28. 19 倍。因此，在全国性商业银行中，各家银行的系统重要性程度差别应该是很大的。为了增加银行资本监管的针对性，有必要对全国性商业银行做进一步的分析，以确定每一家银行的系统重要性程度。

表 3.16 **2016 年年末中国 17 家全国性商业银行概况** 单位：亿元

银行名称	总资产	股东权益	营业收入	净利润
工商银行	241372.65	19811.63	6758.91	2782.49
建设银行	209637.05	15896.54	6050.90	2314.60
农业银行	195700.61	13215.91	5060.16	1839.41
中国银行	181488.89	14870.92	4836.30	1645.78
交通银行	84031.66	6324.07	1931.29	672.10
兴业银行	60858.95	3544.10	1570.60	538.50
招商银行	59423.11	4033.62	2090.25	620.81
中信银行	59310.50	3844.96	1537.81	416.29
民生银行	58958.77	3520.27	1552.11	478.43
浦发银行	58572.63	3729.34	1607.92	530.99
光大银行	40200.42	2510.68	940.37	303.29
平安银行	29534.34	2021.71	1077.15	225.99
华夏银行	23562.35	1529.73	640.25	196.77
广发银行	20475.92	1059.74	553.18	95.04
浙商银行	13548.55	674.75	335.02	101.53
恒丰银行	12085.19	633.43	313.85	91.17
渤海银行	8561.20	414.63	218.65	64.73

资料来源：Wind 数据库。

（一）指标选择

巴塞尔委员会（BCBS，2012）建立了对国内系统重要性银行（D – SIBs）的评估框架。与全球系统重要性银行的评估框架相比，国内系统重要性银行评估框架主要考虑它对国内金融系统和国内经济的影响（Skořepa & Seidler，2013）。此外，两者之间的区别还表现在以下几个方面：第一，国内系统重要性银行评估框架中，由于国际协调并非必须，没有给出计算系统重要性得分的具体办法。第二，国内系统重要性得分的计算不考虑全球活跃性。它主要考虑规模、关联性、可替代性和复杂性。第三，允许一国监管者采用其他的指标来计算银行的国内系统重要性。

根据巴塞尔委员会的国内系统重要性银行评估框架，并结合中国的具体情况，中国银监会颁布了《中国银行业实施新监管标准的指导意见》。在文件中，中国银监会指出，中国系统重要性银行的评估主要考虑规模、关联性、可替代性和复杂性等指标，不考虑全球系统重要性银行（G-SIBs）评估方法中的全球活跃性指标。这里参考巴曙松和高江健（2012）的方法，建立起适应中国情况的银行系统重要性评估体系。具体一级指标和二级指标如表 3.17 所示。

表 3.17　　　　　　　中国全国性商业银行系统重要性评估指标

一级指标	二级指标	指标代码
规模	表内总资产	ASSET
关联性	金融系统内资产	ASSETIN
	金融系统内负债	LIABIN
可替代性	发放贷款及垫款	LOAN
复杂性	交易性金融资产	TFA
	可供出售金融资产	SFA

1. 规模

规模是银行系统重要性的重要特征之一。规模越大，银行倒闭时引起的潜在损失越高，对银行业的负面影响越大。在全球系统重要性银行的规模类指标中，只包含总风险暴露，即表内资产与表外资产之和。在这里，考虑到表外资产转化为表内资产时，会受到风险转换因子的干扰，影响评估的准确性，故选择表内总资产作为代理变量。

2. 关联性

关联性是指商业银行通过同业拆借、彼此代理对方业务等关系，形成一个彼此联系、密不可分的银行网络。当一个银行处于困境之中时，会产生溢出效应，可能使与之联系密切、关联性高的银行也陷入困境。也就是说，银行间的关联性会导致风险传染，影响银行体系的稳定。在 2011 年 11 月出台的《全球系统重要性银行：评估方法和额外损失吸收要求》中，巴塞尔银行监管委员会（BCBS）提出的关联性指标包括三个二级指标：金融系统内资产、金融系统内负债和批发融资比例。2013 年 7 月，巴塞尔银行监管委员会发布《更新后的全球系统重要性银行评估方法及额外损失吸收能力要求》，对关联性指标进行修改，将二级指标"批发融资比例"更改为"发行证券余额"（outstanding securities）（王浔和王聿孜，2013）。根据中国的实际情况，这里选取金融系统内资产和金融系统内负债作为关联性二级指标。其中，金融系统内资产包括银行资产负债表上的存放同业及其他金融机构款项、拆出资金和买入返售金融资产，金融系统内负债则包括同业及其他金融机构存放款项、拆入资金和卖出回购金融资产这三项。

3. 可替代性

可替代性是指当单个银行陷入困境时，其他银行能否提供相同或者相近的金融服务。在现实中，一些银行为客户持续提供重要的专业服务，其作用在短期内难以替代。巴塞尔银行监管委员会认为，银行金融服务的可替代性与其系统重要性之间，呈负相关关系。全球系统重要性银行可替代性指标包括托管资产、结算清算和承销交易三项。但是，在中国，直接融资比重不高，企业融资主要依赖银行信贷。因此，信贷服务是中国银行提供的关键性金融服务。据此，这里选取发放贷款及垫款作为可替代性的代理变量。银行发放贷款及垫款越多，其可替代性越低，系统重要性越大。

4. 复杂性

复杂性是指银行业务结构和其所从事的衍生产品等的复杂程度。复杂程度越高，银行陷入困境后，处置成本就更高，时间也越长。全球系统重要性银行的复杂性指标包括场外衍生品名义价值、三级（LEVEL3）资产、交易性资产与可供出售资产。上述三个指标中，中国商业银行的衍生品名义价值规模较小，2016 年年末，17 家全国性银行衍生金融资产占全部资产比例的平均值仅为 0.34%，其中最高值为广发银行的 1.14%，最低为恒丰银行的 0%（没有衍生金融资产）；中国商业银行的财务报表中没有三级资产数据。因此，剔除这两个指标，以交易性资产与可供出售资产作为复杂性代理变量，并根据中国银行资产负债表的实际情况，将它分解为交易性金融资产和可供出售金融资产两个指标。

（二）指标权重的确定

指标权重的确定方法，主要两大类，一是主观赋权法，包括等权重法、模糊集理论和层次分析法等；二是客观赋权法，包括主成分分析法、熵值法、离差及均方差法等。主观赋权法由研究者根据其主观价值判断来指定各指标权重，能很好地反映主观意愿，但缺乏科学性和稳定性，不同研究者对相同指标给出的权重，其差别可能很大。客观赋权法则利用数理统计的方法将各指标经过分析处理后得出权重。它根据样本指标本身的特点来进行赋权，具有较好的规范性。

为兼顾主观赋权法和客观赋权法的特点，并比较不同赋权法下银行系统重要性的情况，这里在两大类赋权法中各选用一种赋权方法进行赋权。在主观赋权法中，主要考虑简单易用，采用等权重法；在客观赋权法中，则主要考虑样本指标之间可能的复杂联系，采用熵值法。具体如下：

1. 等权重法

四大一级指标的权重相等，都是 25%。一级指标之下的二级指标，如果只有一个，其权重与一级指标相同；如果有两个，则平分一级指标权重。具体如表 3.18 所示。

表 3.18　　　等权重法下中国全国性银行系统重要性评估指标及权重

一级指标	权重（%）	二级指标	指标代码	权重（%）
规模	25	表内总资产	ASSET	25
关联性	25	金融系统内资产	ASSETIN	12.5
		金融系统内负债	LIABIN	12.5
可替代性	25	发放贷款及垫款	LOAN	25
复杂性	25	交易性金融资产	TFA	12.5
		可供出售金融资产	SFA	12.5

2. 熵值法

熵值法最早由米斯特鲁利（Mistrulli，2010）应用于银行系统重要性测度。由于这里使用的原始数据都是正数，而且熵值法计算中采用的是全国性银行某一个指标占该指标值总和的比重，无量纲影响，因此，可以忽略数据的非负化处理和无量纲化处理。

设有 n 家银行（$n=17$），m 个指标（$m=6$），样本期间为 2006 ~ 2016 年，即 $t \in [2006, 2016]$。为求得第 j 个指标在 t 期的权重，需要如下几个步骤：

（1）第 i 个银行的第 j 个指标在 t 期占所有银行该指标值之和的比重 $p_{i,j,t}$ 为：

$$p_{i,j,t} = \frac{x_{i,j,t}}{\sum_{i=1}^{n} x_{i,j,t}} \quad (i \in [1, n], j \in [1, m]) \tag{3.8}$$

（2）j 指标在 t 期的熵值 $e_{j,t}$ 为：

$$e_{j,t} = -\frac{\sum_{i=1}^{n} p_{i,j,t} \ln p_{i,j,t}}{\ln(n)} \quad (e_{j,t} \geqslant 0, j \in [1, m]) \tag{3.9}$$

（3）设第 j 个指标在 t 期的差异性系数为 $g_{j,t} = 1 - e_{j,t}$，则该指标的权重为：

$$w_{j,t} = \frac{g_{j,t}}{\sum_{j=1}^{m} g_{j,t}} \quad (j \in [1, m]) \tag{3.10}$$

（三）模型的构建

1. 等权重法

$$EWSCORE_{n,t} = \frac{ASSET_{n,t}}{\sum_{n=1}^{17} ASSET_{n,t}} \times 25\% + \frac{1}{2}\left(\frac{ASSETIN_{n,t}}{\sum_{n=1}^{17} ASSETIN_{n,t}} + \frac{LIABIN_{n,t}}{\sum_{n=1}^{17} LIABIN_{n,t}}\right) \times 25\%$$

$$+ \frac{LOAN_{n,t}}{\sum_{n=1}^{17} LOAN_{n,t}} \times 25\% + \frac{1}{2}\left(\frac{TFA_{n,t}}{\sum_{n=1}^{17} TFA_{n,t}} + \frac{SFA_{n,t}}{\sum_{n=1}^{17} SFA_{n,t}}\right) \times 25\%$$

$$\tag{3.11}$$

2. 熵值法

$$EVSCORE_{i,t} = \sum_{j=1}^{m} w_{j,t} p_{i,j,t} \quad (i \in [1, n]) \tag{3.12}$$

（四）实证结果

1. 等权重法结果

由表 3.19 可知，按照系统重要性的大小，17 家全国性银行可以分为三组，第一组是四家国有控股银行，其系统重要性都在 10% 以上；第二组是交通银行、兴业银行、浦发银行、中信银行、招商银行、民生银行、光大银行这七家股份制银行，其系统重要性为 3% ~ 7%；第三组是余下的平安银行、广发银行、华夏银行、浙商银行、恒丰银行、渤海银行这六家银行，其系统重要性都在 3% 以下。

表 3.19　　　　　　　中国全国性银行等权重法系统重要性得分　　　　单位：%

银行名称	2006 年	2007 年	2008 年	2009 年	2010 年	2011 年	2012 年	2013 年	2014 年	2015 年	2016 年
工商银行	19.53	19.75	17.60	18.22	16.95	20.35	19.62	18.73	18.46	18.42	17.40
建设银行	12.28	15.31	15.43	15.13	13.53	13.37	13.02	15.43	15.10	14.56	15.02
农业银行	15.40	12.79	14.74	17.63	14.91	13.85	15.09	14.98	15.65	15.85	13.97
中国银行	23.50	21.54	19.27	17.01	18.76	15.75	13.94	13.46	13.04	12.75	12.24
交通银行	6.52	6.11	7.49	6.62	7.56	6.75	6.12	6.08	6.11	6.27	6.42
兴业银行	2.90	3.40	3.35	2.99	4.04	4.48	5.05	5.12	5.33	5.19	5.69
浦发银行	4.38	2.63	3.47	2.88	3.83	4.19	3.96	4.03	3.86	4.16	5.14
中信银行	2.21	2.98	2.85	3.55	3.25	4.31	3.49	3.73	3.65	4.16	4.59
招商银行	3.54	4.83	4.55	4.72	4.70	4.13	4.40	4.50	4.57	4.71	4.42
民生银行	2.22	2.65	2.50	2.47	2.93	3.36	4.63	3.66	4.34	4.07	4.37
光大银行	2.02	2.36	2.66	2.90	3.45	3.00	3.12	2.59	2.66	2.61	3.14

续表

银行名称	2006 年	2007 年	2008 年	2009 年	2010 年	2011 年	2012 年	2013 年	2014 年	2015 年	2016 年
平安银行	0.81	1.03	1.28	1.12	1.14	1.56	2.04	1.95	1.91	1.77	2.02
广发银行	2.21	1.74	1.58	1.30	1.42	1.18	1.47	1.74	1.73	1.63	1.80
华夏银行	1.46	1.93	2.24	1.88	1.85	1.83	1.94	1.93	1.64	1.76	1.64
浙商银行	0.28	0.29	0.25	0.34	0.39	0.44	0.49	0.59	0.67	0.85	0.93
恒丰银行	0.67	0.56	0.55	1.08	0.65	0.91	0.90	0.84	0.66	0.72	0.73
渤海银行	0.08	0.10	0.19	0.18	0.64	0.54	0.71	0.64	0.60	0.53	0.48

从变化趋势来说，第一组银行的系统重要性有下降趋势，第二组和第三组则有上升趋势（如图 3.2 所示）。第一组四家国有控股银行的系统重要性均值从 2006 年的 17.68%，逐步下降到 2016 年的 14.66%。其中，下降趋势最明显的是中国银行，从 2006 年的 23.5% 下降到 2016 年的 12.24%，下降幅度高达 47.91%，排名也从 2006～2008 年的连续三年第一下降到 2013～2016 年的连续四年第四（如图 3.3 所示）。

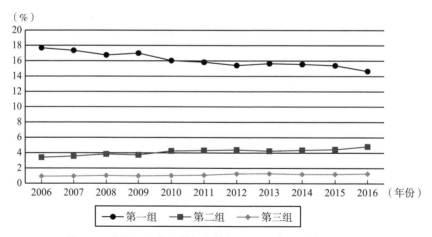

图 3.2　中国三组全国性银行等权重法系统重要性变化趋势

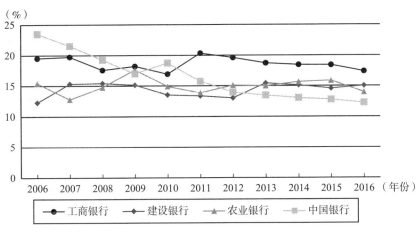

图3.3 中国第一组全国性银行等权重法系统重要性变化趋势

第二组的系统重要性均值从2006年的3.4%上升到2016年的4.82%，增加幅度是41.76%。2006年，系统重要性超过4%的只有两家银行，而到了2016年，系统重要性低于4%的只剩下一家银行——光大银行。其中，系统重要性上升幅度达到一倍左右的银行有三家，分别是兴业银行、中信银行和民生银行。尤其是兴业银行，自2011年以来，其系统重要性上升到第二组的第二位，且越来越接近位居第一的交通银行。具体如图3.4所示。

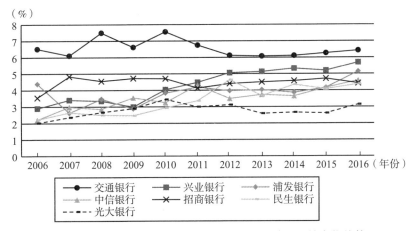

图3.4 中国第二组全国性银行等权重法系统重要性变化趋势

同期内，第三组银行的系统重要性从 0.92% 上升到 1.27% ，上升幅度为 39.13% 。其中，系统重要性翻倍的银行有三家，分别是平安银行、浙商银行和渤海银行，上升幅度分别为 149.38% 、232.14% 和 500% ，涨幅巨大。具体如图 3.5 所示。

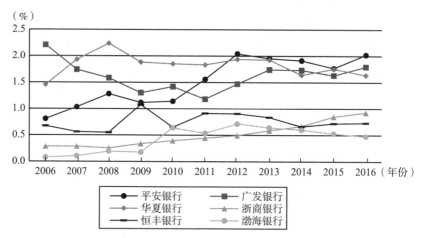

图 3.5　中国第三组全国性银行等权重法系统重要性变化趋势

2. 熵值法结果

显然，与等权重法相同，按照系统重要性的大小（如表 3.20 所示），中国全国性银行可以分为三组，第一组是四家国有控股银行，系统重要性都在 10% 以上，第二组是七家股份制银行，系统重要性基本上为 3% ~7% ，第三组是余下的六家股份制银行，系统重要性都在 3% 以下。

表 3.20　　　　　　中国全国性银行熵值法系统重要性得分　　　　　单位：%

银行名称	2006 年	2007 年	2008 年	2009 年	2010 年	2011 年	2012 年	2013 年	2014 年	2015 年	2016 年
工商银行	17.99	18.52	16.52	17.24	16.22	22.60	21.96	21.33	19.63	18.96	17.52
建设银行	10.01	14.50	15.52	13.97	13.19	12.49	11.72	18.52	16.61	14.73	15.33
农业银行	13.98	12.19	15.54	20.53	15.59	14.27	17.16	17.44	18.19	17.85	14.49

续表

银行名称	2006 年	2007 年	2008 年	2009 年	2010 年	2011 年	2012 年	2013 年	2014 年	2015 年	2016 年
中国银行	27.14	25.44	20.81	17.46	20.32	15.68	13.42	11.66	11.77	11.94	11.58
兴业银行	3.13	3.32	3.18	2.78	3.77	3.97	4.47	4.52	5.03	5.62	6.53
交通银行	6.71	6.09	7.23	6.69	8.37	6.99	6.02	5.43	5.94	6.31	6.29
浦发银行	6.09	2.46	3.24	2.78	3.53	3.67	3.60	3.40	3.47	4.00	5.39
中信银行	2.07	2.74	2.78	3.15	2.90	3.79	3.25	2.98	3.24	3.80	4.45
招商银行	3.59	4.84	4.80	5.02	5.12	4.33	4.45	3.96	4.21	4.49	4.17
民生银行	2.01	2.36	2.28	2.18	2.53	3.33	4.15	2.94	3.67	3.61	4.14
光大银行	1.88	2.38	2.74	2.87	3.91	3.13	3.16	2.10	2.15	2.31	2.93
平安银行	0.70	0.92	1.18	1.00	1.08	1.47	1.74	1.37	1.64	1.51	1.92
广发银行	2.23	1.65	1.50	1.17	1.16	1.02	1.32	1.41	1.62	1.48	1.86
华夏银行	1.37	1.68	2.02	1.52	1.36	1.54	1.74	1.50	1.36	1.55	1.45
浙商银行	0.32	0.31	0.27	0.31	0.35	0.39	0.40	0.41	0.56	0.79	0.88
恒丰银行	0.71	0.52	0.50	1.54	0.69	0.89	0.85	0.61	0.45	0.64	0.68
渤海银行	0.08	0.09	0.20	0.16	0.50	0.43	0.59	0.41	0.47	0.42	0.38

从发展趋势来看，与等权重法下的情况一样，第一组的系统重要性趋于下降，而第二组、第三组趋于上升（如图 3.6 所示）。在第一组中，系统重要性变化最大的也是中国银行，由连续三年第一变为连续四年第四，但其系统重要性下降幅度更大，从 2006 年的 27.14% 下降到 2016 年的 11.58%，下降幅度达 57.33%（如图 3.7 所示）。

第二组的系统重要性从 2006 年的 3.64% 上升到 2016 年的 4.84%，上升幅度为 33%。2006 年时，系统重要性高于 4% 的只有两家银行，到了 2016 年系统重要性低于 4% 就只剩下光大银行一家了。其中，系统重要性提升幅度超过一倍的有兴业银行、中信银行和民生银行，并且兴业银行的系统重要性的提升也是最显著的，2006 年时，只居第四，自 2012 年起，上升到第二，并在 2016 年超过交通银行，居第二组第一位（如图 3.8 所示）。

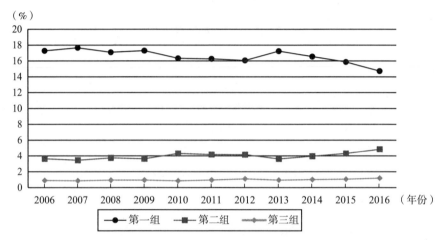

图 3.6　中国三组全国性银行熵值法系统重要性变化趋势

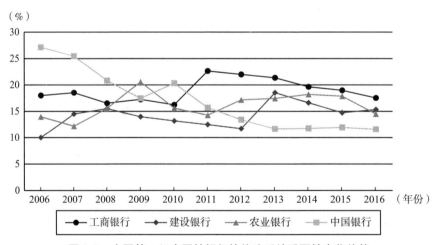

图 3.7　中国第一组全国性银行熵值法系统重要性变化趋势

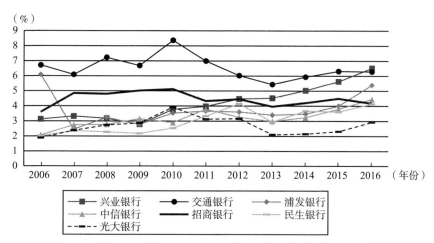

图3.8 中国第二组全国性银行熵值法系统重要性变化趋势

第三组系统重要性的上升幅度与第二组大体相当。其中，系统重要性明显下降的只有广发银行，而系统重要性翻倍的银行则有平安银行、浙商银行和渤海银行三家，上升幅度分别达到174.29%、175%和375%（如图3.9所示）。

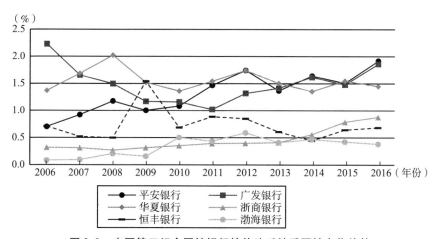

图3.9 中国第三组全国性银行熵值法系统重要性变化趋势

第四节 本 章 小 结

本章的分析显示：

（1）影响商业银行系统重要性的因素包括个体银行因素、行业因素、宏观经济因素和国际因素。

（2）评估商业银行的系统重要性，既可以采用定性分析方法，也可以采用定量分析方法，但如果把这两种方法结合起来，可以获得更好的效果。

（3）在评估商业银行系统重要性的定量方法中，基于指标的方法简单易行，可以看作基于模型的估计方法的近似。

（4）在中国的银行系统中，全国性商业银行的系统重要性明显高于其他类型的银行机构。

（5）两种权重确定方法下的结果基本一致。不管是等权重法还是熵值法，按照系统重要性的大小，都可以把中国的全国性商业银行分为三组。第一组是四大国有控股银行，第二组是七家股份制银行，包括交通银行、兴业银行、浦发银行、中信银行、招商银行、民生银行、光大银行，第三组是余下的平安银行、广发银行、华夏银行、浙商银行、恒丰银行、渤海银行这六家银行。第一组银行的系统重要性比其他银行高得多，是理所当然的系统重要银行机构，构成了一个特殊的群组。

（6）应该实施动态的差别资本监管。其一，三组银行的系统重要性随时间而变化。第一组的系统重要性趋于下降，第二组和第三组银行的系统重要性则趋于上升。其二，有些个体银行系统重要性的变化幅度很大。第一组之中，变化最大的中国银行，在 2006 ~ 2016 年，其系统重要性几近腰斩，排名也从第一位下降到第四位。第二组中，变化最大的是兴业银行，其系统重要性稳步上升，在 2016 年甚至超过了交通银行，居第二组第一位。第三组中，系统重要性上升幅度超多一倍的有平安银行、浙商银行和渤海银行三家。因此，在确定一家银行的监管资本要求时，不仅需要考虑其所处组别，还要考虑其系统重要性的变化情况，实施动态的差别资本监管。

|第四章|
系统重要性和资本监管对银行行为的影响

由第二章的理论分析可知，系统重要性对银行体系系统风险有重大影响。而银行资本监管的主要目的，是防止银行破产，维持银行系统的安全稳定和公众对银行系统的信心，以减少存款人和其他债权人的风险（BCBS，1997）。因此，分析资本监管下银行的资本调整效应和风险调整效应，需要结合银行的系统重要性来进行。

在第三章对银行系统重要性进行量化度量的基础上，本章主要分析系统重要性和资本监管对银行资本调整和风险调整的影响。首先，介绍面板数据联立方程模型下的模型设定与检验，以及相关估计方法的选择。然后，利用上述面板数据技术，对中国 17 家全国性商业银行进行实证研究，具体分析系统重要性和资本监管对银行行为的影响，为第五章构建基于系统重要性的银行资本监管体系奠定基础。

第一节　研　究　设　计

施里夫斯和达尔（Shrieves & Dahl，1992）构建的研究商业银行资本与风险调整行为的联立方程模型，可以用于分析银行资本调整与风险调整之间的关系，以及监管压力对银行资本调整和风险调整的影响。笔者发展了这一模型，把系统重要性的代理变量镶嵌于联立方程模型中，使该模型可以分析系统重要性对银行资本监管有效性的影响。

一、模型变量

1. 银行的资本水平

传统上，银行的资本水平主要指其资本总额，一个银行的资本总额越高，实力越雄厚，抵御各种风险的能力也越强。后来，人们发现，银行的资本绝对额高，并不能表明银行的总体健康情况就好，必须把银行的资本额与其所支撑的资产总额联系起来，才能较好地度量出其抵御风险的能力。所以，这里所说的资本水平，是指银行的资本与资产的比率，即：

$$CAP_{i,t} = \frac{银行\ i\ 在\ t\ 期期末的资本}{银行\ i\ 在\ t\ 期期末的资产}$$

具体而言，衡量资本水平的代理变量主要有两个，一是传统资本比率，二是巴塞尔资本比率，这里采用巴塞尔资本比率，即资本充足率。

$$CAPR_{i,t} = 第\ i\ 家银行第\ t\ 期期末巴塞尔资本比率$$

2. 银行的风险水平

银行的风险水平衡量的是银行在经营管理过程中所承担的风险的高低，以银行承担的风险额与其资产额的比率表示，即：

$$RISK_{i,t} = \frac{银行\ i\ 在\ t\ 期期末的风险额}{银行\ i\ 在\ t\ 期期末的资产额}$$

在有关银行风险水平的实证研究中，银行的风险水平的代理变量有多种，这里以银行的风险加权资产额与总资产的比率为代理变量。风险加权资产额是银行的各项资产经加权之后的和，即：

$$银行的加权风险额\ = \sum_{s=1}^{n} ASSET_s \times W_s$$

于是，有：

$$RISKRA_{i,t} = \frac{第\ i\ 家银行第\ t\ 期期末风险加权资产额}{第\ i\ 家银行第\ t\ 期期末表内总资产}$$

3. 银行的系统重要性

根据第三章的研究结果，采用指标法对全国性商业银行的系统重要性进行评估，并分别采用等权重法和熵值法确定各指标权重，得到各银行的系统

重要性 $SCORE_{i,t}$ 如下：

（1）等权重法。

$$EWSCORE_{i,t} = \frac{ASSET_{i,t}}{\sum\limits_{i=1}^{17} ASSET_{i,t}} \times 25\% + \frac{1}{2}\left(\frac{ASSETIN_{i,t}}{\sum\limits_{i=1}^{17} ASSETIN_{i,t}} + \frac{LIABIN_{i,t}}{\sum\limits_{i=1}^{17} LIABIN_{i,t}}\right) \times 25\%$$

$$+ \frac{LOAN_{i,t}}{\sum\limits_{i=1}^{17} LOAN_{i,t}} \times 25\% + \frac{1}{2}\left(\frac{TFA_{i,t}}{\sum\limits_{i=1}^{17} TFA_{i,t}} + \frac{SFA_{i,t}}{\sum\limits_{i=1}^{17} SFA_{i,t}}\right) \times 25\%$$

（2）熵值法。

$$EVSCORE_{i,t} = \sum_{j=1}^{m} w_{j,t} p_{i,j,t} \qquad (i \in [1, 17])$$

4. 银行的资产收益率

以银行的净利润与银行表内总资产的比率为代理变量，有：

$$ROAA_{i,t} = \frac{\text{第 } i \text{ 家银行第 } t \text{ 期净利润}}{\text{第 } i \text{ 家银行第 } t \text{ 期期末表内总资产}}$$

5. 银行资产的流动性

以流动性资产与表内总资产的比率 $LIQA_{i,t}$ 作为流动性的代理变量（李志辉，2007），有：

$$LIQA_{i,t} = \frac{\text{第 } i \text{ 家银行第 } t \text{ 期期末流动资产}}{\text{第 } i \text{ 家银行第 } t \text{ 期期末表内总资产}}$$

6. 监管压力

施里夫斯和达尔（Shrieves & Dahl, 1992）以一个虚拟变量来说明银行是否受到资本约束，银行资本比率低于最低监管资本要求时，虚拟变量取值1，否则取值0。雅克和尼格罗（Jacques & Nigro, 1997）对此作了改进，以银行资本比率与最低监管资本要求之差衡量银行所受到的监管压力的大小。他们认为，在不同情况下，监管压力对银行的影响是不同的。当银行资本比率低于监管资本最低要求时，监管者对银行的要求是明确无误的，就是要提高资本比率；当银行资本比率已经超过监管资本最低要求时，银行有了自主选择权，可以根据自己的风险偏好，进一步对资本比率做出调整。此外，也有学者认为，可以用概率法（probabilistic approach）度量监管压力，若绝对差值与资本比率标准差的比率下降至某一水平，银行面临监管压力（江曙霞和任婕茹，2009）。这里采用雅克和尼格罗（Jacques & Nigro，1997）的方法，利用 *CAPRLOW* 和 *CAPRHIGH* 两个变量分别度量监管压力对商业银行行为的影响。

$$CAPRLOW_{i,t} = \begin{cases} \dfrac{1}{CAPR_{i,t}} - \dfrac{1}{CAPR_{\min}}, & CAPR_{i,t} < CAPR_{\min} \\ 0, & CAPR_{i,t} \geqslant CAPR_{\min} \end{cases}$$

$$CAPRHIGH_{i,t} = \begin{cases} 0, & CAPR_{i,t} < CAPR_{\min} \\ \dfrac{1}{CAPR_{\min}} - \dfrac{1}{CAPR_{i,t}}, & CAPR_{i,t} \geqslant CAPR_{\min} \end{cases}$$

7. 宏观经济因素

由于商业周期的存在，一国经济常常呈现出周期性的变化，繁荣、衰退、萧条和复苏相继出现，循环往复。宏观经济的周期性波动，不可避免地影响到各微观经济主体的平稳运行。这里用工业生产指数作为宏观经济因素的代理变量[①]。

$$MACRO_t = IPI_t = 我国第\ t\ 期工业生产指数$$

二、模型构建

（一）基础模型

施里夫斯和达尔（Shrieves & Dahl，1992）构建的研究商业银行资本与风险调整行为的联立方程模型，在后来的实证研究中得到了广泛的应用。他们认为研究银行资本与风险行为，应该分析银行资本调整与风险调整之间的关系，而不是分析资本水平与风险水平之间的关系。

假设 $\Delta CAPR_{i,t}$ 和 $\Delta RISKRA_{i,t}$ 为银行 i 在第 t 期资本和风险的调整，即

$$\Delta CAPR_{i,t} = CAPR_{i,t} - CAPR_{i,t-1} \tag{4.1}$$

$$\Delta RISKRA_{i,t} = RISKRA_{i,t} - RISKRA_{i,t-1} \tag{4.2}$$

---

① 工业生产指数（industrial production index）是衡量制造业、矿业与公共事业实质产出的重要的经济指标，是反映一个国家经济周期变化的主要指标。

银行资本和风险的调整都由意愿调整和随机变动两部分构成：

$$\Delta CAPR_{i,t} = \Delta^d CAPR_{i,t} + \tilde{E}_{i,t} \tag{4.3}$$

$$\Delta RISKRA_{i,t} = \Delta^d RISKRA_{i,t} + \tilde{S}_{i,t} \tag{4.4}$$

其中，$\Delta^d CAPR_{i,t}$ 和 $\Delta^d RISKRA_{i,t}$ 是银行的意愿调整，$\tilde{E}_{i,t}$ 和 $\tilde{S}_{i,t}$ 是由外部因素引起的随机变动。银行资本的意愿调整是银行资本目标水平和上一期水平之间差额的一部分，风险的意愿调整是银行风险目标水平和上一期水平之间差额的一部分。

$$\Delta^d CAPR_{i,t} = \alpha(CAPR_{i,t}^* - CAPR_{i,t-1}) \tag{4.5}$$

$$\Delta^d RISKRA_{i,t} = \beta(RISKRA_{i,t}^* - RISKRA_{i,t-1}) \tag{4.6}$$

$CAPR_{i,t}^*$ 和 $RISKRA_{i,t}^*$ 分别为银行 i 在第 t 期资本和风险的目标水平。将式（4.5）、式（4.6）分别代入式（4.3）、式（4.4），可以得到：

$$\Delta CAPR_{i,t} = \alpha(CAPR_{i,t}^* - CAPR_{i,t-1}) + \tilde{E}_{i,t} \tag{4.7}$$

$$\Delta RISKRA_{i,t} = \beta(RISKRA_{i,t}^* - RISKRA_{i,t-1}) + \tilde{S}_{i,t} \tag{4.8}$$

可见，商业银行资本和风险的调整分别是当期资本和风险的目标水平、滞后一期的资本和风险水平，以及外部因素的函数。资本和风险的目标水平不能直接观察到，但可以分别表示为银行系统重要性、盈利水平、监管压力、资产质量等变量的函数。由于资本调整与风险调整之间存在相关关系，联立方程中内生变量 $\Delta CAPR_{i,t}$ 与 $\Delta RISKRA_{i,t}$ 互为解释变量。由此，建立基础联立方程模型，即：

$$\Delta CAPR_{i,t} = \alpha_0 + \alpha_1 \Delta RISKRA_{i,t} + \alpha_2 SCORE_{i,t} + \alpha_3 ROAA_{i,t-1} + \alpha_4 CAPRLOW_{i,t}$$
$$+ \alpha_5 CAPRHIGH_{i,t} + \alpha_6 CAPR_{i,t-1} + \alpha_7 IPI_t + u_{i,t} \tag{4.9}$$

$$\Delta RISKRA_{i,t} = \beta_0 + \beta_1 \Delta CAPR_{i,t} + \beta_2 SCORE_{i,t} + \beta_3 LIQA_{i,t} + \beta_4 CAPRLOW_{i,t}$$
$$+ \beta_5 CAPRHIGH_{i,t} + \beta_6 RISKRA_{i,t-1} + \beta_7 IPI_t + v_{i,t} \tag{4.10}$$

其中：

$\Delta CAPR_{i,t}$ 是银行 i 在 t 期的资本水平调整；

$\Delta RISKRA_{i,t}$ 是银行 i 在 t 期的资产风险调整；

$SCORE_{i,t}$ 是银行 i 在 t 期的系统重要性；

$ROAA_{i,t-1}$ 是银行 i 在（$t-1$）期的平均资产收益率；

$LIQA_{i,t}$ 是银行 i 在 t 期的流动性；

$CAPRLOW_{i,t}$ 是银行 i 在 t 期所面临的监管压力；

$CAPRHIGH_{i,t}$是银行 i 在 t 期所面临的监管压力；

$CAPR_{i,t-1}$是银行 i 在（$t-1$）期的资本水平；

$RISKRA_{i,t-1}$是银行 i 在（$t-1$）期的风险水平；

IPI_t是中国 t 期的工业生产指数。

在联立方程模型中，各变量系数的预期符号如表4.1所示。

表4.1 　　　　　　　**基础联立方程模型各变量系数的预期符号**

变量	资本方程预期符号	风险方程预期符号
$\Delta CAPR_{i,t}$		$+/-$
$\Delta RISKRA_{i,t}$	$+/-$	
$SCORE_{i,t}$	$-$	$+$
$ROAA_{i,t-1}$	$+$	
$LIQA_{i,t}$		$-$
$CAPRLOW_{i,t}$	$+$	
$CAPRHIGH_{i,t}$	$+/-$	$+/-$
$CAPR_{i,t-1}$	$-$	
$RISKRA_{i,t-1}$		$-$
IPI_t	$+$	$-$

（二）实证回归模型

系统重要性和资本监管对银行资本调整和风险调整的影响，既有直接影响，也有间接影响。所以，这里从基础模型出发，分两步进行实证检验，分别建立实证回归模型检验直接影响和间接影响。

第一步，通过联立方程模型组合一、组合二检验系统重要性和资本监管对银行资本调整和风险调整的直接影响。

1. 联立方程模型组合一

以等权重法计算银行的系统重要性，得到式（4.11）和式（4.12），即联立方程模型组合一：

$$\Delta CAPR_{i,t} = \dot{\alpha_0} + \alpha_1 \Delta RISKRA_{i,t} + \alpha_2 EWSCORE_{i,t} + \alpha_3 ROAA_{i,t-1} + \alpha_4 CAPRLOW_{i,t}$$
$$+ \alpha_5 CAPRHIGH_{i,t} + \alpha_6 CAPR_{i,t-1} + \alpha_7 IPI_t + u_{i,t} \tag{4.11}$$

$$\Delta RISKRA_{i,t} = \beta_0 + \beta_1 \Delta CAPR_{i,t} + \beta_2 EWSCORE_{i,t} + \beta_3 LIQA_{i,t} + \beta_4 CAPRLOW_{i,t}$$
$$+ \beta_5 CAPRHIGH_{i,t} + \beta_6 RISKRA_{i,t-1} + \beta_7 IPI_t + v_{i,t} \tag{4.12}$$

2. 联立方程模型组合二

以熵值法计算银行的系统重要性,得到联立方程模型组合二:

$$\Delta CAPR_{i,t} = \delta_0 + \delta_1 \Delta RISKRA_{i,t} + \delta_2 EVSCORE_{i,t} + \delta_3 ROAA_{i,t-1} + \delta_4 CAPRLOW_{i,t}$$
$$+ \delta_5 CAPRHIGH_{i,t} + \delta_6 CAPR_{i,t-1} + \delta_7 IPI_t + \kappa_{i,t} \tag{4.13}$$

$$\Delta RISKRA_{i,t} = \gamma_0 + \gamma_1 \Delta CAPR_{i,t} + \gamma_2 EVSCORE_{i,t} + \gamma_3 LIQA_{i,t} + \gamma_4 CAPRLOW_{i,t}$$
$$+ \gamma_5 CAPRHIGH_{i,t} + \gamma_6 RISKRA_{i,t-1} + \gamma_7 IPI_t + \lambda_{i,t} \tag{4.14}$$

第二步,通过联立方程模型组合三、组合四检验系统重要性和资本监管对银行资本调整和风险调整的间接影响,即交互影响。也就是系统重要性和资本监管相互影响,并通过对方影响银行的资本调整和风险调整。

3. 联立方程模型组合三

在式(4.11)中分别加上等权重法系统重要性 *EWSCORE* 与监管压力 *CAPRLOW* 和 *CAPRHIGH* 的交互项,得到式(4.15),同理得到式(4.16),两者联立,就得到联立方程模型组合三:

$$\Delta CAPR_{i,t} = \alpha_0 + \alpha_1 \Delta RISKRA_{i,t} + \alpha_2 EWSCORE_{i,t} + \alpha_3 ROAA_{i,t-1} + \alpha_4 CAPRLOW_{i,t}$$
$$+ \alpha_5 CAPRHIGH_{i,t} + \alpha_6 EWSCORE_{i,t} \times CAPRLOW_{i,t}$$
$$+ \alpha_7 EWSCORE_{i,t} \times CAPRLOW_{i,t} + \alpha_8 CAPR_{i,t-1} + \alpha_9 IPI_t + u_{i,t}$$
$$\tag{4.15}$$

$$\Delta RISKRA_{i,t} = \beta_0 + \beta_1 \Delta CAPR_{i,t} + \beta_2 EWSCORE_{i,t} + \beta_3 LIQA_{i,t} + \beta_4 CAPRLOW_{i,t}$$
$$+ \beta_5 CAPRHIGH_{i,t} + \beta_6 EWSCORE_{i,t} \times CAPRLOW_{i,t}$$
$$+ \beta_7 EWSCORE_{i,t} \times CAPRLOW_{i,t} + \beta_8 RISKRA_{i,t-1} + \beta_9 IPI_t + v_{i,t}$$
$$\tag{4.16}$$

4. 联立方程模型组合四

同理,可以得到熵值法系统重要性下的联立方程模型组合四:

$$\Delta CAPR_{i,t} = \delta_0 + \delta_1 \Delta RISKRA_{i,t} + \delta_2 EVSCORE_{i,t} + \delta_3 ROAA_{i,t-1} + \delta_4 CAPRLOW_{i,t}$$
$$+ \delta_5 CAPRHIGH_{i,t} + \delta_6 EVSCORE_{i,t} \times CAPRLOW_{i,t}$$

$$+\delta_7 EVSCORE_{i,t} \times CAPRLOW_{i,t} + \delta_8 CAPR_{i,t-1} + \delta_9 IPI_t + \kappa_{i,t}$$

$$(4.17)$$

$$\Delta RISKRA_{i,t} = \gamma_0 + \gamma_1 \Delta CAPR_{i,t} + \gamma_2 EVSCORE_{i,t} + \gamma_3 LIQA_{i,t} + \gamma_4 CAPRLOW_{i,t}$$
$$+ \gamma_5 CAPRHIGH_{i,t} + \gamma_6 EVSCORE_{i,t} \times CAPRLOW_{i,t}$$
$$+ \gamma_7 EVSCORE_{i,t} \times CAPRLOW_{i,t} + \gamma_8 RISKRA_{i,t-1} + \gamma_9 IPI_t + \lambda_{i,t}$$

$$(4.18)$$

第二节 估 计 方 法

时间序列数据是变量按时间得到的数据，截面数据是变量在固定时间的一组数据，它们都是一维数据。同时在时间和截面上取得的数据，我们称之为二维数据①。二维数据中，当截面观测值个数相对较少，而依时间序列的观测值较多时，称为时间序列与截面混合数据（pooled time series，cross-section data）；与此相对照，当截面包含很多观测值，但依时间序列的观测值相对很少时，则称面板数据（panel data）（IHS，2017）。

与一维数据相比，二维数据同时含有截面信息和时间序列信息，具有诸多优势。利用二维数据进行分析，可以控制个体异质性，可以识别、测量单纯使用横截面或时间序列数据无法估计的影响，还可以构建并检验更复杂的行为模式，等等（Baltagi，2010）。

在 EViews 10 中，二维数据模型估计主要包括三个方面的内容：一是估计模组选择，二是模型设定与检验，三是估计方法选择。

一、估计模组选择

在 EViews 10 中，对于处理和分析二维数据模型，可以通过两种途径，分别使用不同的软件模组来实现。既可以使用含有合并对象（pool object）的

---

① 在现有文献中，并不严格区分时间序列与截面混合数据和面板数据，面板数据既指代所有同时在时间和截面上取得的数据，又指代截面成员较多而时期较少的数据。为避免歧义，笔者用二维数据一词概括时间序列与截面混合数据和面板数据。

工作文件，也可以使用一种特殊的工作文件——面板结构的工作文件（panel workfile）（IHS，2017）。前者侧重分析截面成员较少而时期较长的数据，即侧重时间序列分析，可以实现对各种变截距、变系数时间序列与截面合成数据（pooled time series and cross-section data）模型的估计；后者侧重分析截面成员较多而时期较少的数据，即侧重截面分析，可以实现对变截距面板数据模型和动态面板数据模型的估计（易丹辉，2008）。

在合并对象中，可以直接对二维数据模型进行最小二乘估计（LS）和两阶段最小二乘估计（2SLS）。如果要应对比较复杂的对象，仅依靠 Pool 对象的内置工具进行估计有一定的难度。此时，可以通过在 Pool 对象中建立一个系统对象，利用系统估计中可以获得的技术，进行三阶段最小二乘（3SLS）等较为高级的估计。

与含有合并对象的工作文件相比，在面板结构的工作文件中，数据是以堆积的形式存放的，故也称其为堆积面板数据。工作文件中每一个序列的各期观测值都具有二维信息，即每个序列的观测值标签都由两部分构成，一部分反映观测值的截面个体信息，另一部分反映观测值的时期信息（高铁梅，2009）。

在处理能力方面，在面板结构的工作文件中，除了可以直接对面板数据模型进行最小二乘估计和两阶段最小二乘估计外，还可以进行广义矩估计。如果建立系统，在两种途径中，都可以应用多达 10 种的估计方法。但对面板数据模型而言，在合并对象中建立的系统，堆积型工具变量只支持两阶段最小二乘法和三阶段最小二乘法（IHS，2017）；而在面板结构的工作文件中建立的系统中，除了两阶段最小二乘法和三阶段最小二乘法外，堆积型工具变量还支持完全信息极大似然法和广义矩法（如表 4.2 所示）。

表 4.2　　　　　　EViews 10 处理二维数据模型的两种模组比较

类别	含有合并对象的工作文件	面板结构的工作文件
侧重分析的数据类型	截面成员较少，时期较长	截面成员较多，时期较短
可以直接使用的方法	LS 2SLS	LS 2SLS GMM

类别	含有合并对象的工作文件	面板结构的工作文件
建立系统后对面板数据可以使用的方法	OLS WLS 2LS W2SLS 3SLS	OLS WLS 2LS W2SLS 3SLS FIML GMM（White cov.）GMM（HAC）
建立系统后可以使用的估计方法	OLS WLS 2LS W2SLS 3SLS FIML GMM（White cov.）GMM（HAC）ARCH	OLS WLS 2LS W2SLS 3SLS FIML GMM（White cov.）GMM（HAC）ARCH

资料来源：笔者自行整理。

综上所述，这里采用面板结构的工作文件来处理面板数据模型。

二、回归模型的设定与检验

（一）二维数据模型分类

二维数据模型的基本假设可称作参数齐性假设，即经济变量 y 由某一参数的概率分布函数 $P(y \mid \boldsymbol{\theta})$ 产生。其中，$\boldsymbol{\theta}$ 是 m 维实向量，在所有时刻对所有个体均相等。

一般的线性合成数据模型可以表示为：

$$y_{it} = \alpha_{it} + \boldsymbol{x}_{it}' \boldsymbol{\beta}_{it} + u_{it} \quad (i = 1, 2, \cdots, N; \ t = 1, 2, \cdots, T) \quad (4.19)$$

其中：

y_{it} 为被解释变量；

α_{it} 为截距项；

$\boldsymbol{x}_{it} = (x_{1it}, x_{2it}, \cdots, x_{Kit})'$ 为 $K \times 1$ 阶解释变量列向量；

$\boldsymbol{\beta}_{it} = (\beta_{1it}, \beta_{2it}, \cdots, \beta_{Kit})'$ 为 $K \times 1$ 阶回归系数列向量；

u_{it} 为随机误差项；

N 为截面单位总数；

T 为时期总数；

K 为解释变量个数。

在式（4.19）中，如果 $\alpha_{it} = \alpha$，$\boldsymbol{\beta}_{it} = \boldsymbol{\beta}$，即在截面成员上既无个体影响，也无结构变化，称为混合模型；如果 $\boldsymbol{\beta}_{it} = \boldsymbol{\beta}$，但 α_{it} 随截面成员或时期而变，

则称之为变截距模型；如果 $\alpha_{it}=\alpha_i$，$\boldsymbol{\beta}_{it}=\boldsymbol{\beta}_i$，即截距项和回归系数列向量都依各截面成员而变化，在截面成员上既存在个体影响，又存在结构变化，则称之为变系数模型。这里主要涉及混合模型和变截距模型。

变截距模型可以分为固定效应模型和随机效应模型，这两者又都可以依据个体和时间效应，进一步分为三种类型，具体介绍如下：

1. 个体固定效应模型

在式（4.19）中，如果 $\alpha_{it}=\alpha_i$，$\boldsymbol{\beta}_{it}=\boldsymbol{\beta}$，即截距项随截面成员而变化，但回归系数列变量不变，则称此模型为个体固定效应模型。个体固定效应模型可以表示为：

$$y_{it}=\alpha_i+\boldsymbol{x}'_{it}\boldsymbol{\beta}+u_{it} \quad (i=1,\ 2,\ \cdots,\ N;\quad t=1,\ 2,\ \cdots,\ T) \quad (4.20)$$

个体固定效应模型暗含的一个强假设是，在给定每个个体的条件下，随机误差项 u_{it} 的期望为零，即：

$$E(u_{it}\mid\alpha_i,\ \boldsymbol{x}_{it})=0 \quad (i=1,\ 2,\ \cdots,\ N) \quad (4.21)$$

2. 时间固定效应模型

在式（4.19）中，如果 $\alpha_{it}=\gamma_t$，$\boldsymbol{\beta}_{it}=\boldsymbol{\beta}$，即截距项随时期而变化，但回归系数列向量不变，则称此模型为时间固定效应模型。时间固定效应模型可以表示为：

$$y_{it}=\gamma_t+\boldsymbol{x}'_{it}\boldsymbol{\beta}+u_{it} \quad (i=1,\ 2,\ \cdots,\ N) \quad (4.22)$$

3. 个体时间固定效应模型

在式（4.19）中，如果 $\alpha_{it}=\alpha_i+\gamma_t$，$\boldsymbol{\beta}_{it}=\boldsymbol{\beta}$，即截距项既随截面成员而变化，也随时期而变化，但回归系数列向量不变，则称此模型为个体时间固定效应模型。个体时间固定效应模型可以表示为：

$$y_{it}=\alpha_i+\gamma_t+\boldsymbol{x}'_{it}\boldsymbol{\beta}+u_{it} \quad (i=1,\ 2,\ \cdots,\ N;\ t=1,\ 2,\ \cdots,\ T) \quad (4.23)$$

4. 个体随机效应模型

在式（4.20）中，如果 α_i 分布与 $\boldsymbol{x}_{it}$ 无关，并且

$$\alpha_i\sim iid \quad (\alpha,\ \sigma_\alpha^2)$$
$$u_{it}\sim iid \quad (0,\ \sigma_u^2)$$

则这种模型称为个体随机效应模型。

同理，可定义时间随机效应模型和个体时间随机效应模型。

综上所述，混合模型和变截距模型下的六种类型间的区别和联系，如表4.3所示。

表4.3 混合模型和六种变截距模型的截距项情况

模型类型		截距项形式	截距项分布与 x_{it} 关系	不同截面个体的截距项	不同时期的截距项
混合模型		α	—	相同	相同
固定效应模型	个体	α_i	相关	不同	—
	时间	γ_t	相关	—	不同
	个体时间	$\alpha_i + \gamma_t$	相关	不同	不同
随机效应模型	个体	α_i	无关	不同	—
	时间	γ_t	无关	—	不同
	个体时间	$\alpha_i + \gamma_t$	无关	不同	不同

资料来源：笔者自行整理。

（二）回归模型的设定与检验

由表4.3可知，二维数据模型的具体类型有多种，不同的二维数据类型，其估计方法和估计结果都有所不同，因此，在进行具体估计之前，必须设定适当的二维数据模型类型。

要设定适当的二维数据模型类型，主要通过F检验和H检验来实现。F统计量用于检验应该设定混合模型还是个体固定效应模型；H统计量则用于检验应该设定随机效应模型还是个体固定效应模型。

1. F检验

F统计量的定义式为：

$$F = \frac{(RSS_r - RSS_u)/m}{RSS_u/(T-K)}$$

其中：

RSS_r 为估计约束模型的残差平方和；

RSS_u 为估计非约束模型的残差平方和；

m 为约束条件个数；

T 为样本容量；

K 为非约束模型中被估参数个数。

在原假设"约束条件成立"的条件下，F 统计量服从自由度为 $(m,\ T-K)$ 的 F 分布，即 $F \sim F(m,\ T-K)$。

用 F 统计量检验应该设定混合模型还是个体固定效应模型时，混合模型是约束模型，个体固定效应模型是非约束模型。建立假设：

H_0：$\alpha_i = \alpha_j$，其中，$1 \leq i \leq N$；$1 \leq j \leq N$。

H_1：$\alpha_i \neq \alpha_j$，其中，$1 \leq i \leq N$；$1 \leq j \leq N$；$i \neq j$。

于是，F 统计量的定义式可以表示为：

$$F = \frac{(RSS_r - RSS_u)/[(NT-K-1)-(NT-N-K)]}{RSS_u/(NT-N-K)}$$

$$= \frac{(RSS_r - RSS_u)/(N-1)}{RSS_u/(NT-N-K)} \tag{4.24}$$

其中：

RSS_r 为约束模型，即混合模型的残差平方和；

RSS_u 为非约束模型，即个体固定效应模型的残差平方和；

$(N-1)$ 为约束条件个数；

T 为样本容量；

K 为混合模型中被估参数个数。

在 H_0 成立条件下，F 统计量服从自由度为 $(N-1,\ NT-N-K)$ 的 F 分布。如果用样本计算的 $F \leq F_\alpha(N,\ NT-N-K)$，则接受原假设，建立混合模型；如果用样本计算的 $F > F_\alpha(N,\ NT-N-K)$，则拒绝原假设，建立个体固定效应模型。

2. H 检验

对一个参数的两种估计量差异的显著性检验称作 H 检验。假定用两种方法得到 m 个回归系数的两组估计量 $\hat{\boldsymbol{\theta}}$ 和 $\tilde{\boldsymbol{\theta}}$（$m \times 1$ 阶），则 H 检验的零假设和备择假设是：

H_0：$plim(\hat{\boldsymbol{\theta}} - \tilde{\boldsymbol{\theta}}) = 0$。

H_1：$plim(\hat{\boldsymbol{\theta}} - \tilde{\boldsymbol{\theta}}) \neq 0$。

假定相应两个估计量的差作为一个统计量也具有一致性，在 H_0 成立的条件下，统计量 $\sqrt{N}(\hat{\boldsymbol{\theta}} - \tilde{\boldsymbol{\theta}})$ 渐近服从多元正态分布。

$$\sqrt{N}(\hat{\boldsymbol{\theta}} - \tilde{\boldsymbol{\theta}}) \xrightarrow{d} N(0, V_H)$$

其中，V_H 是 $\sqrt{N}(\hat{\boldsymbol{\theta}} - \tilde{\boldsymbol{\theta}})$ 的极限分布方差协方差矩阵。则 H 统计量可定义为：

$$H = (\hat{\boldsymbol{\theta}} - \tilde{\boldsymbol{\theta}})'(N^{-1}\hat{V}_H)^{-1}(\hat{\boldsymbol{\theta}} - \tilde{\boldsymbol{\theta}}) \rightarrow \chi^2(m) \tag{4.25}$$

式中 $N^{-1}\hat{V}_H$ 是 $(\hat{\boldsymbol{\theta}} - \tilde{\boldsymbol{\theta}})$ 的估计的方差协方差矩阵。在 H_0 成立的条件下，H 统计量渐近服从 $\chi^2(m)$ 分布。其中，m 是 H_0 假设中的约束条件个数。

假定二维数据模型的误差项满足通常的假定条件，那么，可利用 H 统计量检验应该建立个体固定效应模型还是个体随机效应模型，其原理如表4.4所示。

表4.4　两类不同模型离差最小二乘估计量与可行广义最小二乘估计量性质比较

模型	$\hat{\boldsymbol{\beta}}_W$	$\hat{\boldsymbol{\beta}}_{RE}$	$\mid\hat{\boldsymbol{\beta}}_W - \hat{\boldsymbol{\beta}}_{RE}\mid$
个体随机效应模型	具有一致性	具有一致性	小
个体固定效应模型	具有一致性	不具有一致性	大

注：$\hat{\boldsymbol{\beta}}_W$ 为离差变换最小二乘估计量；$\hat{\boldsymbol{\beta}}_{RE}$ 为可行广义最小二乘估计量。

原假设与备择假设分别是：

H_0：个体效应 α_i 与解释变量 $\boldsymbol{x}_{it}$ 无关。

H_1：个体效应 α_i 与解释变量 $\boldsymbol{x}_{it}$ 相关。

判别规则是：

如果用样本计算的 $H \leqslant \chi_\alpha^2(m)$，则接受原假设；

如果用样本计算的 $H > \chi_\alpha^2(m)$，则拒绝原假设。

其中，α 为检验水平，m 为被检验模型的回归参数个数。

三、回归模型的估计方法及选择

计量经济模型的估计方法有多种，每种方法都有自己的适用范围（如表4.5所示）。这里研究的是二维数据联立方程模型，方程右边有内生变量，解释变量与误差项之间存在相关性，不能使用普通最小二乘法、加权最小二乘法和似不相关回归法；同时，二维数据可能存在异方差和序列相关，使用广义最小二乘法、二阶段最小二乘法或者加权二阶段最小二乘法也非最佳选择。另外，完全信息极大似然法需要知道同期误差项的联合分布，条件太强，这里也不准备采用。适合本研究使用的估计方法是三阶段最小二乘法（3SLS）和广义矩估计法（GMM）。GMM 不需要知道误差项的具体信息，允许存在异方差和序列相关，是一个稳健估计量，也更符合实际，其他估计方法都是它的特例，故这里采用 GMM 进行估计（高铁梅，2009）。

表 4.5 计量经济模型常用估计方法的适用范围

估计方法	适用范围
普通最小二乘法（OLS）	$u_t \sim N(0,\ \sigma^2)$；$\mathrm{Cov}(u_i,\ u_j)=0$；$\mathrm{Cov}(u_t,\ x_t)=0$
加权最小二乘法（WLS）	$\mathrm{Var}(u_i)\neq\mathrm{Var}(u_j)$，$i\neq j$
似不相关回归法（SUR）	$\mathrm{Var}(u_i)\neq\mathrm{Var}(u_j)$，$i\neq j$；$E(u_{it},\ u_{jt})=\sigma_{ij}$
广义最小二乘法（GLS）	$\mathrm{Var}(u_i)\neq\mathrm{Var}(u_j)$，$i\neq j$；$\mathrm{Cov}(u_i,\ u_j)\neq0$，$i\neq j$
二阶段最小二乘法（2SLS）	$\mathrm{Cov}(u_t,\ x_t)\neq0$
加权二阶段最小二乘法（W2SLS）	$\mathrm{Var}(u_i)\neq\mathrm{Var}(u_j)$，$i\neq j$；$\mathrm{Cov}(u_t,\ x_t)\neq0$
三阶段最小二乘法（3SLS）	$\mathrm{Var}(u_i)\neq\mathrm{Var}(u_j)$，$i\neq j$；$\mathrm{Cov}(u_t,\ x_t)\neq0$；$E(u_{it},\ u_{jt})=\sigma_{ij}$
完全信息极大似然法（FIML）	同期误差项具有联合正态分布
广义矩估计法（GMM）*	不知道误差项的具体信息

注：其他估计方法都是 GMM 的特例，故 GMM 适用范围覆盖了其他所有方法。
资料来源：Quantitative Micro Software. EViews 10 User's Guide，2017。

1. 广义矩估计法概述

广义矩估计法是由汉森（Hanson，1982）发展起来的，这里只介绍其主要思想。

令 w_t 为一个 t 期观察到的（$h\times1$）变量向量，令 $\boldsymbol{\theta}$ 为未知（$a\times1$）系数向量，令 $\boldsymbol{h}(\boldsymbol{\theta},\ \boldsymbol{w}_t)$ 为（$r\times1$）向量值函数，$\boldsymbol{h}$：$(\mathbb{R}^a\times\mathbb{R}^h)\rightarrow\mathbb{R}^r$。因为 w_t 是一个随机变量，所以 $\boldsymbol{h}(\boldsymbol{\theta},\ \boldsymbol{w}_t)$ 也是随机变量。令 $\boldsymbol{\theta}_0$ 表示 $\boldsymbol{\theta}$ 的真实值，假定这一真实值由性质

$$E\{h(\boldsymbol{\theta}_0, \boldsymbol{w}_t)\} = \boldsymbol{0} \tag{4.26}$$

表示，则向量方程（4.26）的 r 行有时被称作正交性条件。令 $\Im_T \equiv (\boldsymbol{w}_T',$ $\boldsymbol{w}_{T-1}', \cdots, \boldsymbol{w}_1')$ 为包含容量为 T 的样本中全部观察值的 $(Th \times 1)$ 向量，令 $(r \times 1)$ 向量值函数 $\boldsymbol{g}(\boldsymbol{\theta}; \Im_T)$ 表示 $\boldsymbol{h}(\boldsymbol{\theta}, \boldsymbol{w}_t)$ 的样本均值：

$$\boldsymbol{g}(\boldsymbol{\theta}; \Im_T) \equiv (1/T) \sum_{t=1}^{T} \boldsymbol{h}(\boldsymbol{\theta}, \boldsymbol{w}_t) \tag{4.27}$$

注意到 $\boldsymbol{g}: \mathbb{R}^a \to \mathbb{R}^r$。在 GMM 背后的思想是选取 $\boldsymbol{\theta}$，使样本矩 $\boldsymbol{g}(\boldsymbol{\theta}; \Im_T)$ 尽可能接近于零总体矩，即 GMM 估计量 $\hat{\boldsymbol{\theta}}_T$ 是使

$$Q(\boldsymbol{\theta}; \Im_T) = [\boldsymbol{g}(\boldsymbol{\theta}; \Im_T)]' \boldsymbol{W}_T [\boldsymbol{g}(\boldsymbol{\theta}; \Im_T)] \tag{4.28}$$

最小的 $\boldsymbol{\theta}$ 值，其中，$\{\boldsymbol{W}_T\}_{T=1}^{\infty}$ 是一个 $(r \times r)$ 正定权重矩阵序列，$\boldsymbol{W}_T$ 可以是 $\Im_T$ 的函数。

如果要估计的参数个数 a 与正交性条件个数 r 相同，则一般地，令

$$\boldsymbol{g}(\hat{\boldsymbol{\theta}}_T; \Im_T) = 0 \tag{4.29}$$

可使目标函数式（4.28）最小化。即，如果 $a = r$，则 GMM 估计量是满足这 r 个方程的 $\hat{\boldsymbol{\theta}}_T$ 值；如果 $r > a$，则式（4.25）并不恰好成立。$\boldsymbol{g}(\hat{\boldsymbol{\theta}}_T; \Im_T)$ 的第 i 个元素接近于零的程度取决于权重矩阵 $\boldsymbol{W}_T$ 赋予第 i 个正交性条件多大的权重。

对于任意的 $\boldsymbol{\theta}$ 值，$(r \times 1)$ 阶向量 $\boldsymbol{g}(\boldsymbol{\theta}; \Im_T)$ 的值都是 $(r \times 1)$ 阶随机向量 $\boldsymbol{h}(\boldsymbol{\theta}, \boldsymbol{w}_t)$ 的 T 个实现的样本平均。如果 $\boldsymbol{w}_t$ 是严格平稳的，且 $\boldsymbol{h}(*)$ 是连续的，则预期大数定理成立是合适的：

$$\boldsymbol{g}(\boldsymbol{\theta}; \Im_T) \xrightarrow{p} E\{\boldsymbol{h}(\boldsymbol{\theta}, \boldsymbol{w}_t)\} \tag{4.30}$$

其中，$E\{\boldsymbol{h}(\boldsymbol{\theta}, \boldsymbol{w}_t)\}$ 表示的是取决于 $\boldsymbol{\theta}$ 值和 $\boldsymbol{w}_t$ 的概率规律的总体值。假定这一函数是关于 $\boldsymbol{\theta}$ 连续的，且 $\boldsymbol{\theta}_0$ 是唯一一个使 $\boldsymbol{\theta}$ 满足式（4.26）的值，则，在相当一般的平稳性、连续性以及矩条件下，使式（4.28）最小化的 $\hat{\boldsymbol{\theta}}_T$ 值是 $\boldsymbol{\theta}_0$ 的一个一致估计。

2. 最优权重矩阵

假定在真实值 $\boldsymbol{\theta}_0$ 处，过程 $\{\boldsymbol{h}(\boldsymbol{\theta}_0, \boldsymbol{w}_t)\}_{t=-\infty}^{\infty}$ 是严格平稳的，其均值为零，且 v 阶自协方差矩阵为

$$\boldsymbol{\Gamma}_v = \{[\boldsymbol{h}(\boldsymbol{\theta}_0, \boldsymbol{w}_t)][\boldsymbol{h}(\boldsymbol{\theta}_0, \boldsymbol{w}_{t-v})]'\} \tag{4.31}$$

假定这些自协方差是绝对可加的，定义

$$S \equiv \sum_{v=-\infty}^{\infty} \boldsymbol{\Gamma}_v \tag{4.32}$$

它是 $\boldsymbol{h}(\boldsymbol{\theta}_0, \ \boldsymbol{w}_t)$ 的样本均值的渐近方差：

$$S = \lim_{T \to \infty} T \times E\{[\boldsymbol{g}(\boldsymbol{\theta}_0, \ \mathfrak{I}_T)][\boldsymbol{g}(\boldsymbol{\theta}_0, \ \mathfrak{I}_T)]'\} \tag{4.33}$$

式（4.28）中的权重矩阵的最大值为 S^{-1}，即渐近方差矩阵的逆。即，当选取 $\hat{\boldsymbol{\theta}}_T$，使

$$Q(\boldsymbol{\theta}; \ \mathfrak{I}_T) = [\boldsymbol{g}(\boldsymbol{\theta}; \ \mathfrak{I}_T)]'S^{-1}[\boldsymbol{g}(\boldsymbol{\theta}; \ \mathfrak{I}_T)] \tag{4.34}$$

最小化时，就得到 GMM 估计量 $\hat{\boldsymbol{\theta}}_T$ 的最小渐近方差。

如果向量过程 $\{\boldsymbol{h}(\boldsymbol{\theta}_0, \ \boldsymbol{w}_t)\}_{t=-\infty}^{\infty}$ 序列不相关，由矩阵 S 可得一致估计：

$$S_T^* = (1/T) \sum_{t=1}^{T} [\boldsymbol{h}(\boldsymbol{\theta}_0, \ \boldsymbol{w}_t)][\boldsymbol{h}(\boldsymbol{\theta}_0, \ \boldsymbol{w}_t)]' \tag{4.35}$$

计算这个值需要知道 $\boldsymbol{\theta}_0$ 的知识，通常

$$\hat{S}_T = (1/T) \sum_{t=1}^{T} [\boldsymbol{h}(\hat{\boldsymbol{\theta}}_T, \boldsymbol{w}_t)][\boldsymbol{h}(\hat{\boldsymbol{\theta}}_T, \boldsymbol{w}_t)]' \xrightarrow{p} S \tag{4.36}$$

此时，$\hat{\boldsymbol{\theta}}_T$ 是 $\boldsymbol{\theta}_0$ 的任意一致估计，这里假定 $\boldsymbol{h}(\boldsymbol{\theta}_0, \ \boldsymbol{w}_t)$ 序列不相关。在实际应用中，是通过迭代获得 $\hat{\boldsymbol{\theta}}_T$ 的。

另外，如果向量过程 $\{\boldsymbol{h}(\boldsymbol{\theta}_0, \ \boldsymbol{w}_t)\}_{t=-\infty}^{\infty}$ 序列相关，则可使用 S 的纽韦-韦斯特（1987）估计：

$$\hat{S}_T = \hat{\boldsymbol{\Gamma}}_{0,T} + \sum_{v=1}^{q} \{1 - [v/(q+1)]\}(\hat{\boldsymbol{\Gamma}}_{v,T} + \hat{\boldsymbol{\Gamma}}'_{v,T}) \tag{4.37}$$

其中

$$\hat{\boldsymbol{\Gamma}}_{v,T} = (1/T) \sum_{t=v+1}^{T} [\boldsymbol{h}(\hat{\boldsymbol{\theta}}, \ \boldsymbol{w}_t)][\boldsymbol{h}(\hat{\boldsymbol{\theta}}, \ \boldsymbol{w}_{t-v})]' \tag{4.38}$$

而 $\hat{\boldsymbol{\theta}}$ 是 $\boldsymbol{\theta}_0$ 的一个初始一致估计。

3. GMM 估计的渐近分布

令 $\hat{\boldsymbol{\theta}}_T$ 为使

$$[\boldsymbol{g}(\boldsymbol{\theta}; \ \mathfrak{I}_T)]'\hat{S}_T^{-1}[\boldsymbol{g}(\boldsymbol{\theta}; \ \mathfrak{I}_T)] \tag{4.39}$$

最小化的值，其中 $\hat{S}_T$ 视为关于 $\boldsymbol{\theta}$ 为固定的值，$\hat{S}_T \xrightarrow{p} S$。假定存在一个内部最优点，则令式（4.35）关于 $\boldsymbol{\theta}$ 的导数为零，可得到要求的最小值。因而，一般地，GMM 估计为下面的非线性方程系统的解：

$$\underbrace{\left\{\left.\frac{\partial g(\boldsymbol{\theta};\mathfrak{I}_T)}{\partial \boldsymbol{\theta}'}\right|_{\theta=\hat{\theta}_T}\right\}'}_{(a\times r)}\times \underbrace{\hat{\boldsymbol{S}}_T^{-1}}_{r\times r}\times \underbrace{\left\{g(\hat{\boldsymbol{\theta}}_T;\mathfrak{I}_T)\right\}}_{r\times 1}=\underset{a\times 1}{\boldsymbol{0}} \tag{4.40}$$

这里 $\left[\partial g(\boldsymbol{\theta};\mathfrak{I}_T)/\partial\boldsymbol{\theta}'\right]_{\theta=\hat{\theta}_T}$ 为函数 $g(\boldsymbol{\theta};\mathfrak{I}_T)$ 的 $(r\times a)$ 导数矩阵，这些导数在 GMM 估计 $\hat{\boldsymbol{\theta}}_T$ 处计算。

因为 $g(\boldsymbol{\theta}_0;\mathfrak{I}_T)$ 是总体均值为零的过程的样本均值，给定条件如 w_t 的严格平稳性，$h(\boldsymbol{\theta},w_t)$ 的连续性以及关于高阶矩的限制，$g(\cdot)$ 应满足中心极限定理。因此，通常有

$$\sqrt{T}\times g(\boldsymbol{\theta}_0;\mathfrak{I}_T)\xrightarrow{L}N(\boldsymbol{0},\boldsymbol{S})$$

由此可见，GMM 估计量 $\hat{\boldsymbol{\theta}}_T$ 是渐近高斯的，进而可以计算其渐近方差。

综上所述，有如下定理：

定理 4.1：令 $g(\boldsymbol{\theta};\mathfrak{I}_T)$ 对所有的 $\mathfrak{I}_T$ 关于 $\boldsymbol{\theta}$ 可微，令 $\hat{\boldsymbol{\theta}}_T$ 为满足式 (4.36) 的 GMM 估计量，有 $r\geq a$。令 $\{\hat{\boldsymbol{S}}_T\}_{T=1}^{\infty}$ 为正定 $(r\times r)$ 矩阵序列，使得 $\hat{\boldsymbol{S}}_T\xrightarrow{P}\boldsymbol{S}$，$\boldsymbol{S}$ 是正定的。进一步意味着下面各式成立：

(1) $\hat{\boldsymbol{\theta}}_T\xrightarrow{p}\boldsymbol{\theta}_0$；

(2) $\sqrt{T}\times g(\boldsymbol{\theta}_0;\mathfrak{I}_T)\xrightarrow{L}N(\boldsymbol{0},\boldsymbol{S})$；

(3) 对于任意序列 $\{\boldsymbol{\theta}_T^*\}_{T=1}^{\infty}$，满足 $\boldsymbol{\theta}_T^*\xrightarrow{P}\boldsymbol{\theta}_0$，它即为情形

$$p\lim\left\{\left.\frac{\partial g(\boldsymbol{\theta};\mathfrak{I}_T)}{\partial\boldsymbol{\theta}'}\right|_{\theta=\theta_T^*}\right\}=p\lim\left\{\left.\frac{\partial g(\boldsymbol{\theta};\mathfrak{I}_T)}{\partial\boldsymbol{\theta}'}\right|_{\theta=\theta_0}\right\}\underset{(r\times a)}{\equiv}\boldsymbol{D}' \tag{4.41}$$

且 $\boldsymbol{D}'$ 各列线性独立。

由此

$$\sqrt{T}(\hat{\boldsymbol{\theta}}_T-\boldsymbol{\theta}_0)\xrightarrow{L}N(\boldsymbol{0},\boldsymbol{V}) \tag{4.42}$$

其中

$$\boldsymbol{V}=\{\boldsymbol{DS}^{-1}\boldsymbol{D}'\}^{-1}$$

定理 4.1 表明，我们可将 $\hat{\boldsymbol{\theta}}_T$ 近似地看作

$$\hat{\boldsymbol{\theta}}_T\approx N(\boldsymbol{\theta}_0,\hat{\boldsymbol{V}}_T/\boldsymbol{T}) \tag{4.43}$$

其中

$$\hat{\boldsymbol{V}}_T=\{\hat{\boldsymbol{D}}_T\hat{\boldsymbol{S}}_T^{-1}\hat{\boldsymbol{D}}'\}^{-1}$$

估计 $\hat{\boldsymbol{S}}_T$ 可由式 (4.40) 或式 (4.41) 构造而来，而

$$\hat{D}'_{T \atop (r \times a)} = \frac{\partial g(\boldsymbol{\theta} ; \ \mathfrak{I}_T)}{\partial \boldsymbol{\theta}'} \Bigg|_{\theta = \hat{\theta}_T}$$

四、考虑联立方程系统时的估计方法选择

在很多情况下，经济现象是非常复杂的，其中的经济变量之间相互依存、互为因果，并且多个变量的行为是同时决定的，这些经济现象被称为经济系统。要对经济系统进行量化研究，只有使用联立方程模型，才能将其描述清楚。在联立方程模型中，描述经济系统中变量之间行为关系的行为方程都含有一个随机的扰动项，它们组成了联立方程系统。联立方程系统的一般形式是：

$$f(y_t, \ z_t, \ \Delta) = u_t \quad (t = 1, \ 2, \ \cdots, \ T) \tag{4.44}$$

其中，y_t 是内生变量向量，z_t 是外生变量向量，Δ 是参数向量，u_t 是扰动项向量，T 是样本容量。

联立方程系统的估计方法一般可以分为单方程估计法和系统估计法。单方程估计法每次只对系统中的一个方程进行估计，如果没有不同方程系数之间的约束，它和单独估计每个方程得到的结果相同。该方法只利用了包含在所估计的方程中的关于变量的样本数据信息，而对于方程之间的关系信息，则没有完全利用，所以单方程估计法也称有限信息法。常用的单方程估计法有：普通最小二乘法、加权最小二乘法和二阶段最小二乘法。

系统估计法是同时顾及全部方程，同时得到所有方程的参数估计量。显然，该方法利用了系统的全部信息，故也称完全信息法。常用的系统估计法包括似不相关回归法、三阶段最小二乘法和广义矩估计法。当然，这些估计方法也可以用于估计单个方程。

从系统估计的性质来看，由于其参数估计量具有良好的统计特性，系统估计法优于单方程估计法。但是，在系统估计法下，被错误设定的方程的参数估计，会影响到其他方程；将导致在高度非线性的情况下确定问题的解，这常常是很困难的；计算量太大。因此，这种方法并不常用（张晓峒，2009）。

综上所述，这里采用广义矩估计法进行单方程估计。

第三节　实证结果与分析

本节根据第二节的研究结果，在 EViews 10 中利用面板结构的工作文件，采用 GMM 估计法，对前面建立的联立方程模型组合进行估计，并对回归结果进行详细分析。

一、研究资料说明

承接第三章的分析结果，本章的实证分析以中国全国性商业银行为研究对象，包括 13 家上市银行，即工商银行、建设银行、中国银行、农业银行、交通银行、招商银行、浦发银行、中信银行、兴业银行、民生银行、光大银行、华夏银行和平安银行，以及四家非上市银行，即广发银行、恒丰银行、渤海银行和浙商银行。由于渤海银行 2006 年才开始正式对外营业，另外，恒丰银行 2017 年年报尚未披露，所以，分析的样本期间定为 2006～2016 年。

1996 年 12 月 12 日，中国人民银行颁布《商业银行资产负债比例管理监控、监测指标和考核办法》，根据国内商业银行的实际情况和当时的财务会计制度，参酌 1988 年巴塞尔协议，明确规定了资本充足率计算方法，并于1997 年 1 月 1 日生效。这是中国首次正式采用国际资本充足率监管指标，把外币业务、表外项目纳入考核体系，以期真实、完整地反映商业银行所面临的经营风险。《商业银行资本充足率管理办法》要求，中国商业银行的资本充足率最低要求是 8%。2007 年发布的《中国银行业实施新资本协议指导意见》提出分类实施原则。依据这一原则，中国银监会 2008 年要求大型银行资本充足率最低要求为 11%，其他中小银行为 10%（王兆星，2009）。根据2012 年中国银监会《商业银行资本管理办法（试行）》（于 2013 年 1 月 1 日开始实施），要求系统重要性银行的资本充足率不低于 11.5%，非系统重要性银行的资本充足率不低于 10.5%。由前面的研究可知，工商银行、建设银行、农业银行、中国银行和交通银行五家大型银行都是国内系统重要性银行。因此，如表 4.6 所示，2013～2016 年，大型银行的最低资本要求取值

11.5%，其他全国性银行取值 10.5%。

表 4.6　　　　　　2006～2016 年中国商业银行最低资本要求

项目	2006～2007 年	2008～2012 年		2013～2016 年	
银行	所有银行	大型银行	其他银行	大型银行	其他银行
最低资本要求（%）	8	11	10	11.5	10.5

本章所涉及的数据，主要来自 Wind 数据库、Bankscope 全球银行与金融机构分析数据库、各国宏观经济指标宝典（EIU CountryData），以及中国人民银行、中国银行业监督管理委员会和商业银行银行各年年报。

二、描述性统计分析

在 11 个研究变量中，$\Delta CAPR$、$\Delta RISKRA$、$ROAA_{i,t-1}$、$CAPR_{i,t-1}$、$RISKRA_{i,t-1}$ 等 5 个变量因为是差分或者滞后值，只有 170 个观测值，其余 6 个变量都是 187 个观测值（如表 4.7 所示）。

表 4.7　　　　　　　主要研究变量的描述性统计

变量	观测值	平均值	中位数	最大值	最小值	标准差
$\Delta CAPR$	170	−0.01	0.36	5.86	−35.01	3.21
$\Delta RISKRA$	170	0.34	0.47	12.36	−56.41	6.45
$EWSCORE$	187	5.88	3.47	23.50	0.08	6.05
$EVSCORE$	187	5.89	3.24	27.14	0.08	6.43
$ROAA_{i,t-1}$	170	0.88	0.94	1.40	−1.38	0.34
$LIQA$	187	19.67	17.86	49.96	5.34	8.36
$CAPRLOW$	187	0.25	0.00	14.45	0.00	1.23
$CAPRHIGH$	187	1.30	1.00	10.89	0.00	1.47

变量	观测值	平均值	中位数	最大值	最小值	标准差
$CAPR_{i,t-1}$	170	11.71	11.36	62.04	3.71	4.50
$RISKRA_{i,t-1}$	170	59.53	59.95	104.83	38.14	8.55
IPI	187	11.63	10.94	18.05	6.05	3.89

三、系统重要性和资本监管对银行行为的直接影响

依照其前面的分析，首先实证检验系统重要性和资本监管对银行行为的直接影响，然后再检验两者的交互效应对银行行为的影响。

在面板结构的工作文件中，如果建立系统，可以利用更多的信息，估计方法也多些。不过，在系统中，无法对模型形式进行选择，实际上只能进行混合模型分析，无法考察固定效应和随机效应，容易出现模型设定误差。因此，这里不建立系统，直接进行估计。另外，由于全国性商业银行在商业银行体系，乃至整个银行业体系中占有重要地位，并非银行业总体的随机抽样，因此，这里使用固定效应模型。

（一）对银行资本调整的影响

要考察系统重要性和资本监管对银行资本调整的影响，需要对组合一和组合二下的资本方程进行估计和分析。回归结果如表4.8所示。

表4.8　　　　　　　　组合一、组合二之资本方程回归结果

变量	组合一			组合二		
	系数	t值	显著性	系数	t值	显著性
C	11.32	18.60	***	11.14	17.62	***
$\Delta RISKRA$	0.01	0.16	IND	0.01	0.26	IND
$EWSCORE$	-0.07	-2.10	**			
$EVSCORE$				-0.03	-2.06	**
$ROAA_{i,t-1}$	0.06	0.19	IND	0.04	0.15	IND

续表

变量	组合一			组合二		
	系数	t 值	显著性	系数	t 值	显著性
$CAPRLOW$	0.93	20.53	***	0.94	19.47	***
$CAPRHIGH$	1.46	23.36	***	1.46	22.85	***
$CAPR_{i,t-1}$	−0.86	−26.76	***	−0.87	−26.81	***
IPI	−0.24	−7.38	***	−0.24	−7.23	***

注：***、**、*分别表示在1%、5%、10%置信度水平下显著，IND表示不显著。

1. 银行的风险调整与资本调整不存在显著的相关关系

无论是采用等权重法系统重要性 $EWSCORE$ 的组合一，还是采用熵值法系统重要性 $EVSCORE$ 的组合二，风险调整 $\Delta RISKRA$ 与资本调整 $\Delta CAPR$ 都不存在显著的相关关系。

2. 银行的系统重要性与资本调整显著负相关

在两个组合中，系统重要性与资本调整都在5%的水平上显著负相关。这说明，系统重要性对银行的资本调整具有负面作用。系统重要性越高的银行，其资本水平向下调整的幅度越大。

3. 银行滞后一期的资产收益率与资本调整无显著相关关系

理论上，资产收益率高的银行，可以将更多的利润转化为资本，因此滞后一期的资产收益率与资本调整之间应该存在正相关关系。在组合一和组合二的资本方程中，滞后一期的资产收益率 $ROAA_{i,t-1}$ 的系数为正，但不显著，说明 $ROAA_{i,t-1}$ 对资本充足率没有明显的影响。这反映了中国商业银行盈利能力不足，无法依赖自身积累提高资本水平的现实情况。同时，中国商业银行利润主要来自贷款资产等生息资产，资产收益率越高，贷款资产发展越快，占用资本越多，资本充足率难以提高。

4. 监管压力有利于银行的正向资本调整

监管压力与银行的资本调整之间存在显著的相关关系。当银行的资本充足率低于最低要求时，监管压力 $CAPRLOW$ 与银行的资本调整之间呈正相关关系。这说明，资本监管对于资本充足率低于最低要求的银行是有效的，能够促使银行提高资本充足率。同时，当银行的资本充足率高于最低要求时，监管压力 *CAPRHIGH* 与银行的资本调整之间也呈正相关关系。即资本充足率达标的银行选择了继续提高资本充足率，继续扩大其资本缓冲带。这与中国资本监管日渐严格的事实相符。2004 年，中国银监会要求中国银行的资本充足率不能低于 8%；2007 年，提出分类管理原则，要求大型银行资本充足率不能低于 11%，其他银行不低于 10%；2012 年，对系统重要性银行和其他银行的最低资本要求进一步提高到 11.5% 和 10.5%。可以预见，在防范系统性金融风险的大背景下，中国资本监管趋严的势头将会持续下去。因此，资本充足率达标的银行，也需要重视资本充足率管理，并逐渐提高，才能始终保证符合监管机构的资本要求。另外，在资本监管日益深入人心的情况下，具有资本调整能力的银行为了向市场显示其资本实力和安全性，也会继续向上调整其资本水平。

5. 银行滞后一期的资本水平对当期资本调整有显著的负向作用

银行滞后一期的资本水平 $CAPR_{i,t-1}$ 与其本期的资本调整之间都呈显著的负相关关系，显示银行滞后一期的资本水平对本期的资本调整有负向影响。其水平越高，银行在本期向下调整其资本水平的幅度就越大；反过来，水平越低，银行在本期向上调整资本水平的幅度也越大。这或许反映了中国商业银行在筹集资本金方面的困境，它们筹集来的资本，总是被随后而来的资产扩张所消耗，而后又不得不努力提高资本充足率。

6. 宏观经济因素与银行资本调整显著负相关

一般而言，经济繁荣时，银行经营顺利，利润高、筹集资本也较为容易，贷款也容易收回，因此，工业生产指数与资本调整应该是正相关关系。但是，在这里，工业生产指数 *IPI* 与资本调整之间呈显著的负相关关系。这反映了中国的特殊情况，中国经济增长依赖投资较为严重，而投资又严重依赖银行信贷支撑。工业生产指数上升时，经济增长加快，信贷增速更快，对银行资本充足率反而有负面影响。

（二）对银行风险调整的影响

这里通过组合一和组合二下的风险方程来考察系统重要性和资本监管对银行风险调整的影响。回归结果如表 4.9 所示。

表4.9   组合一、组合二之风险方程回归结果

变量	组合一			组合二		
	系数	t 值	显著性	系数	t 值	显著性
C	52.42	5.70	***	57.36	8.67	***
$\Delta CAPR$	1.18	1.25	IND	0.62	1.59	IND
EWSCORE	0.42	1.91	*			
EVSCORE				0.12	0.40	IND
LIQA	−0.29	−3.38	***	−0.32	−4.26	***
CAPRLOW	−2.99	−2.93	***	−2.82	−4.95	***
CAPRHIGH	−0.61	−1.04	IND	0.54	0.97	IND
$RISKRA_{i,t-1}$	−0.76	−5.56	***	−0.83	−8.80	***
IPI	−0.24	−1.21	IND	−0.26	−1.85	*

注：***、**、*分别表示在1%、5%、10%置信度水平下显著，IND 表示不显著。

1. 银行的资本调整与风险调整没有显著的相关关系

与资本方程的结果一致，资本调整 $\Delta CAPR$ 与风险调整 $\Delta RISKRA$ 之间也没有显著的相关关系。

2. 银行的系统重要性与风险调整的相关关系不稳健

在等权重法下，银行的系统重要性与风险调整存在正相关关系，并在10%的水平上显著；但在熵值法下，系统重要性与风险调整之间不存在显著的相关关系。这说明两者之间的相关关系不够稳健。

3. 银行的流动性与风险调整显著负相关

银行的流动性与其风险调整之间存在显著的负相关关系，显示流动性对风险调整具有积极影响，流动性越高的银行，其风险水平向下调整的幅度越大。因此，银行的流动性越高，越安全，其风险越低。

4. 监管压力对不同资本水平的银行的风险调整影响不一样

当银行的资本水平低于最低要求时，监管压力 CAPRLOW 与风险调整之间存在显著的负相关关系，显示监管压力对银行风险调整有积极影响。而且，在组合一和组合二中 CAPELOW 的系数分别为 −2.99 和 −2.82，绝对值远高

于其他影响因素系数，其对风险调整的影响很大。而当银行的资本水平高于最低要求时，监管压力 *CAPRHIGH* 与银行的风险调整不存在显著的相关关系。

5. 滞后一期的风险水平与银行本期的风险调整显著负相关

银行滞后一期的风险水平 $RISKRA_{i,t-1}$ 与其风险调整都呈显著的负相关关系，显示银行滞后一期的风险水平对其本期的风险调整具有积极影响，银行会根据上一期的风险水平，在本期适当向下或向上调整，以保持较为理想的水平，银行风险存在内生的稳定趋势。

6. 宏观经济因素对银行风险调整的影响不稳健

在两种情况下，工业生产指数 *IPI* 的系数都为为负，显示宏观经济因素与银行的风险调整之间存在负相关关系，但这种关系在等权重法风险方程中并不显著，在熵值法方程中，也只在10%的水平上显著。这说明，宏观经济因素对银行风险调整的影响并不稳健。

四、系统重要性和资本监管对银行行为的交互影响

这里实证检验银行系统重要性和资本监管的交互作用对银行资本调整和风险调整的影响。

1. 对银行资本调整的交互影响

从表4.10可知，系统重要性与监管压力的交互项与银行的资本调整存在显著的相关关系。当银行的资本充足率低于最低要求时，系统重要性与监管压力 *CAPRLOW* 的交互项系数显著为正，表明系统重要性对银行资本调整的负面影响与资本监管情况有关。最低监管资本比率越高，*CAPRLOW* 越大，其抵消系统重要性影响对银行资本调整负面影响的能力越强。

表4.10　　　　　　　　组合三、组合四之资本方程回归结果

变量	组合三			组合四		
	系数	t 值	显著性	系数	t 值	显著性
C	10.80	22.02	***	9.24	10.60	***
$\Delta RISKRA$	0.02	0.45	IND	0.04	0.89	IND

续表

变量	组合三			组合四		
	系数	t 值	显著性	系数	t 值	显著性
$EWSCORE$	− 0.05	− 1.56	IND			
$EVSCORE$				− 0.01	− 0.55	IND
$ROAA_{i,t-1}$	0.31	1.40	IND	1.25	3.30	***
$CAPRLOW$	0.88	21.10	***	0.90	17.67	***
$CAPRHIGH$	1.31	32.96	***	1.19	12.38	***
$EWSCORE \times CAPRLOW$	0.02	5.38	***			
$EWSCORE \times CAPRHIGH$	− 0.03	− 5.21	***			
$EVSCORE \times CAPRLOW$				0.03	6.03	***
$EVSCORE \times CAPRHIGH$				− 0.04	− 8.31	***
$CAPR_{i,t-1}$	− 0.86	− 33.09	***	− 0.86	− 21.09	***
IPI	− 0.20	− 9.40	***	− 0.15	− 5.34	***

注：***、**、* 分别表示在 1%、5%、10% 置信度水平下显著，IND 表示不显著。

另外，当银行的资本充足率高于最低要求时，系统重要性与资本监管压力 $CAPRHIGH$ 的交互项系数显著为负，表明系统重要性对银行资本调整的影响与资本监管情况有关。$CAPRHIGH$ 越小，银行资本充足率超过最低监管资本比率的程度越低，承受的监管压力就越大，向下调整资本比率的力度就越小。

2. 对银行风险调整的交互影响

从表 4.11 可知，系统重要性与监管压力的交互项与银行的风险调整存在显著的相关关系。当银行的资本充足率低于最低要求时，系统重要性与资本监管压力 $CAPRLOW$ 的交互项系数在 5% 的水平上显著为负，表明系统重要性对银行风险调整的负面影响与资本监管情况有关。最低监管资本比率越高，$CAPRLOW$ 越大，其抵消系统重要性对银行风险调整负面影响的能力越强。

另外，当银行的资本充足率高于最低要求时，系统重要性与资本监管压力 $CAPRHIGH$ 的交互项系数不显著异于零，这表明他们之间不存在交互效应。

表 4.11 　　　　　　　　　　组合三、组合四之风险方程回归结果

变量	组合三			组合四		
	系数	t 值	显著性	系数	t 值	显著性
C	56.89	4.67	***	55.51	7.78	***
$\Delta CAPR$	2.36	1.53	IND	1.02	1.73	*
$EWSCORE$	0.98	2.53	**			
$EVSCORE$				0.53	1.35	IND
$LIQA$	−0.30	−3.17	***	−0.32	−3.74	***
$CAPRLOW$	−4.02	−2.57	**	−3.08	−4.10	***
$CAPRHIGH$	−0.15	−0.23	IND	1.01	1.38	IND
$EWSCORE \times CAPRLOW$	−0.15	−2.11	**			
$EWSCORE \times CAPRHIGH$	−0.05	−0.65	IND			
$EVSCORE \times CAPRLOW$				−0.08	−2.22	**
$EVSCORE \times CAPRHIGH$				−0.14	−1.50	IND
$RISKRA_{i,t-1}$	−0.87	−4.60	***	−0.83	−7.75	***
IPI	−0.44	−1.79	*	−0.36	−2.14	**

注：***、**、* 分别表示在 1%、5%、10% 置信度水平下显著，IND 表示不显著。

五、结论

综上所述，可以得出如下结论：

（1）系统重要性对银行的资本调整有显著的负面影响，资本监管则有利于抵消这种负面影响。

首先，在系统重要性和资本监管对银行资本调整的直接影响中，其结果如表 4.12 所示。第一，当银行的资本充足率小于最低资本要求时，监管压力 $CAPRLOW$ 对银行的资本调整有积极影响，促使银行向上调整资本充足率；第二，当银行的资本充足率大于最低资本要求时，它也会根据自己的情况，继续适当向上调整资本水平，以便在监管压力日渐加大的情况下，始终符合监管要求；第三，系统重要性会促使银行向下调整资本，对银行资本调整有消极影响。

表 4.12　　　　　系统重要性和资本监管对银行资本调整的直接影响

变量	组合一			组合二		
	系数	t 值	显著性	系数	t 值	显著性
EWSCORE	− 0.07	− 2.10	**			
EVSCORE				− 0.03	− 2.06	**
CAPRLOW	0.93	20.53	***	0.94	19.47	***
CAPRHIGH	1.46	23.36	***	1.46	22.85	***

注：***、**、*分别表示在1%、5%、10%置信度水平下显著，IND 表示不显著。

其次，在系统重要性和资本监管对银行资本调整的交互影响中其结果如表 4.13 所示，较大的监管压力有利于抵消系统重要性对银行资本调整的负面影响。

表 4.13　　　　　系统重要性和资本监管对银行资本调整的交互影响

变量	组合三			组合四		
	系数	t 值	显著性	系数	t 值	显著性
EWSCORE × CAPRLOW	0.02	5.38	***			
EWSCORE × CAPRHIGH	− 0.03	− 5.21	***			
EVSCORE × CAPRLOW				0.03	6.03	***
EVSCORE × CAPRHIGH				− 0.04	− 8.31	***

注：***、**、*分别表示在1%、5%、10%置信度水平下显著，IND 表示不显著。

（2）系统重要性对银行的风险调整有负面影响，资本监管则有利于抵消这种负面影响。

首先，在系统重要性和资本监管对银行风险调整的直接影响中，其结果如表 4.14 所示。第一，系统重要性不利于银行风险调整，尽管其影响不够稳健；第二，当银行的资本充足率小于最低要求时，监管压力 *CAPRLOW* 对银行的风险调整有积极影响，促使银行向下调整其风险水平；第三，当银行的资本充足率大于最低要求时，监管压力 *CAPRHIGH* 与银行的风险调整之间没有显著的相关关系。

表4.14　　　　　系统重要性和资本监管对银行风险调整的直接影响

变量	组合一			组合二		
	系数	t 值	显著性	系数	t 值	显著性
EWSCORE	0.42	1.91	*			
EVSCORE				0.12	0.40	IND
CAPRLOW	−2.99	−2.93	***	−2.82	−4.95	***
CAPRHIGH	−0.61	−1.04	IND	0.54	0.97	IND *

注：***、**、* 分别表示在1%、5%、10%置信度水平下显著，IND 表示不显著。

其次，在系统重要性和资本监管对银行风险调整的交互影响中其结果如表4.15所示，当银行的资本充足率低于最低资本要求时，较大的监管压力有利于抵消系统重要性对银行风险调整的负面影响。

表4.15　　　　　系统重要性和资本监管对银行风险调整的交互影响

变量	组合三			组合四		
	系数	t 值	显著性	系数	t 值	显著性
EWSCORE × CAPRLOW	−0.15	−2.11	**			
EWSCORE × CAPRHIGH	−0.05	−0.65	IND			
EVSCORE × CAPRLOW				−0.08	−2.22	**
EVSCORE × CAPRHIGH				−0.14	−1.50	IND

注：***、**、* 分别表示在1%、5%、10%置信度水平下显著，IND 表示不显著。

第四节　本章小结

本章发展了施里夫斯和达尔（Shrieves & Dahl, 1992）构建的用于研究商业银行资本与风险调整行为的联立方程模型，把系统重要性的代理变量镶嵌于模型之中，使之可用于分析系统重要性和资本监管对银行资本调整和风险调整的影响。结果表明：系统重要性对银行的资本调整和风险调整有负面影响，而且系统重要性程度越高，这种负面影响越大，资本监管则有利于抵消这种负面影响。

  很显然，资本监管是应对银行系统重要性消极影响的重要举措。而且，在银行资本监管实践中，有必要区分不同银行的系统重要性，实施动态的差别监管。

| 第五章 |
基于系统重要性的商业银行资本监管框架

第二章和第四章的分析表明，系统重要性对系统风险、银行资本监管的有效性都有重要影响。本章先建立一个基于系统重要性的银行资本监管政策体系，揭示银行监管资本比率、系统重要性和系统风险这三者之间的内在联系。然后，以此为基础，构建一个基于系统重要性，把微观审慎监管和宏观审慎监管有机结合起来的银行监管资本比率确定框架。最后，较为详细地阐述系统重要性银行机构宏观审慎监管中的几个主要问题。

第一节　银行资本监管政策体系的构建

银行资本监管政策，是一国金融政策的有机组成部分（黄达，2003）。与金融政策中的货币政策一样，银行资本监管政策也包括操作工具、政策工具、中介目标和政策目标。

一、银行资本监管政策的目标

监管目标的确定是对商业银行进行有效监管的首要问题。由于银行机构的特殊性，与其他类型的公司相比，其自有资本比例较小，如果经营失败，没有参与经营，也没有剩余索取权的存款人所遭受的损失很大，因此，银行监管的核心是消费者主权理论，强调对存款人的保护。朗和维塔斯（Long &

Vittas，1991）把银行监管的核心目标概括为：维持系统稳定、维护金融机构稳健运行和保护消费者。基和斯科特（Key & Scott，1991）发展了一个"银行矩阵"，列出了监管的四个政策目标：促进市场竞争、确保安全和健康、防止系统风险和提供消费者保护。巴塞尔委员会（BCBS，1997）则认为，银行监管的目标是保持银行体系的稳定性和公众的信心，以减少存款人和其他债权人的风险。

银行监管目标与一国的银行业发展水平密切相关。银行业的发展水平越高，其在经济发展中的作用就越重要，银行业的风险度和风险因素也越多。这要求银行监管职能相应加强和扩大，推动目标的多元化。在 1929 年世界经济大危机之前，银行监管的主要目标是提供一个稳定和具有弹性的货币供给，并防止银行挤兑的发生。世界经济大危机之后，深刻的经验教训使各国的银行监管目标普遍开始转变为治理与维持一个安全稳定的银行体系，以防止银行体系的崩溃给宏观经济带来严重冲击。20 世纪 70 年代，过于严格的银行监管造成银行机构效率下降和发展困难，使各国开始重新注重效率问题，并将之列为银行监管的目标之一。1997 年东南亚金融危机和 1998 年俄罗斯债务危机之后，特别是 2007 年国际金融危机之后，各国普遍开始认识到，在银行监管中，应当坚持效率与安全并重，并应由微观审慎监管发展到宏观审慎监管。

不过，由于各国的历史、经济、文化背景，以及具体发展状况互有差异，各国政府制定的具体监管目标不完全一致。目前，世界各国的银行监管目标主要有三种类型：以英国为代表的单一目标型、以日本为代表的双重目标型和以美国为代表的多目标型（如表 5.1 所示）。

中国《银行业监督管理法》第三条规定："银行业监督管理的目标是促进银行业的合法、稳健运行，维护公众对银行业的信心。"可见，中国的银行业监管属于单一目标型（中国银监会，2011）。

现在，资本监管是银行监管的核心（祁敬宇，2007），其目标与银行监管的目标一致，也是维持银行体系的稳定和公众的信心，以减少存款人和其他债权人的风险。

表 5.1　　　　　　　　　　　各国的银行监管目标类型

类型	国别	监管目标
单一目标	英国	保护存款人利益
	法国	确保银行体系正常运作
	德国	保证银行资产安全和业务运营正常
	加拿大	规范货币与信用，促进经济与金融发展
	新西兰	保持金融体系效率及健全
	中国	维护银行业的合法、稳健运行
双重目标	日本	维护信用、确保存款人利益；谋求金融活动顺利进行，经济健康发展
	韩国	增进银行体系正常运作；促进经济发展，有效利用资源
多重目标	美国	维护公众对银行体系的信心；为建立有效率、有竞争的银行系统服务；保护消费者；允许银行随经济变化而变化

资料来源：李杨，王松奇. 中国金融理论前沿 II ［M］. 北京：社会科学文献出版社，2001：172。

二、银行资本监管政策的工具

一般而言，政策工具的可控性是很重要的，因为在某些时候，政策当局需要不断地对政策工具的代理变量做出微小调整，以达到精确控制中介目标，乃至政策目标的目的。

巴塞尔风险加权资本比率具有诸多良好性质，是公认的银行资本监管工具，是巴塞尔协议的核心。通过它，监管者能够有效控制银行的个体风险。但 2007～2009 年的国际金融危机表明，巴塞尔风险加权资本比率存在重大缺陷，不能有效应对系统风险。针对巴塞尔风险加权资本比率的缺陷，学者们提出了很多有价值的建议，其中一些建议已经为巴塞尔委员会所接受，并在《巴塞尔协议III》中得到反映。

也有相当多的学者认为，单一的风险加权资本标准无法应对所有的问题。根据丁伯根法则，有多少个政策目标，就需要多少个政策工具，而银行资本监管起码有个体银行和银行系统这两个不同维度的目标。因此，他们建议在巴塞尔协议中引入杠杆率，以弥补风险加权资本的不足。杠杆率已经在《巴塞尔协议III》中有所体现。不过，也有学者反对使用杠杆率指标，认为它的副作用不小。具体如何，尚待时间的检验。

另外，《巴塞尔协议Ⅲ》还引入了流动性标准，并且与资本标准并列。但是，流动性标准的实际地位远不如资本标准。也许，人们需要时间来深化对流动性标准重要性的认识。

三、银行资本监管政策的中介目标

应当注意的是，监管机构并不能直接控制银行体系的稳定性，公众的心理状态更是复杂多变，难以预测。此外，到目前为止，对于银行体系的稳定性，尚无公认而又切实可靠的衡量标准。因此，监管机构需要一些中介目标，作为反映监管政策实施效果的指针，以决定监管政策的调整。

中介目标需要满足相关性、可控性和可测性这三个方面的要求。相关性是指中介目标必须与监管政策的最终目标有密切的联动关系，监管机构通过对中间指标的控制和调节，能够促进监管政策最终目标的实现。可控性是指监管机构通过各种政策工具，能够对中介目标进行有效的控制和调节，较准确地控制其变动状况及其变动趋势。可测性是指中介目标的概念应明确而清晰，监管机构能迅速而准确地收集到有关指标的数据资料，并且便于进行定量分析。

由第二章的分析可知，银行的系统重要性对系统风险有重大影响，满足相关性要求。第三章的研究表明，目前，虽然基于模型的系统重要性度量方法还不成熟，难以广泛应用，但是，基于指标的度量方法可以近似替代基于模型的度量方法。并且，在基于指标的系统重要性度量方法中，所需数据都来自银行的资产负债表，满足可测性要求。此外，第四章的实证研究显示，资本监管对银行的风险调整，从而对银行的系统重要性有显著影响，反过来，银行的系统重要性也对资本监管有重要影响，因而，它们之间是相互影响的双向关系。完全可以通过恰当的制度设计，使资本监管通过改变银行的资本调整和风险调整，进而改变银行的系统重要性，最终对银行系统的稳定和健康状况产生影响。因此，银行的系统重要性也满足可控性要求。

综上所述，这里选取银行的系统重要性作为银行资本监管政策的中介目标。

四、银行资本监管政策的操作工具

在实践中，银行监管机构不是直接增加商业银行的资本，而是通过各种具体的操作手段和工具，促使银行自己进行资本和风险调整，从而改变资本比率，满足资本监管标准。

银行监管机构必须掌握的操作工具包括：第一，事先检查筛选。即银行机构建立之前的严格审查和注册登记。第二，定期报告和信息披露制度。指要求银行机构按照要求，定期或不定期地报告其自身的财务变化、经营状况等信息和资料，并向社会公开或公告。第三，现场检查。派出检查小组，到监管对象经营场所实地检查，主要检查资本比率、资产质量、内部管理、收入和盈利状况、清偿能力等，以做出全面评价。第四，自我监督管理。是指银行机构根据法律自我约束、自我管理。第五，内、外部稽核结合。即把监管机构与银行机构自身对银行经营活动的审查与核对结合起来。第六，纠正措施。当银行机构的业务经营活动违反金融法律法规时，监管当局及时采取相应的措施，督促银行机构纠正偏差。

巴塞尔委员会（BCBS，1997）认为，监管机构应该掌握现场和非现场监管、并表监管和纠正措施等工具。其中的纠正措施包括撤销银行执照或建议撤销其执照。

这样，操作工具、政策工具、中介目标和政策目标一起，就构成了监管政策的完整体系，具体如图5.1所示。

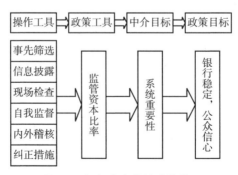

图5.1　银行资本监管政策体系

第二节　基于系统重要性的银行监管资本比率

在上一节构建的银行资本监管体系中，监管资本比率的确定非常重要。在《巴塞尔协议Ⅱ》中，银行的最低资本要求统一规定为8%。在监管实践中，大家逐渐认识到，这是一种微观审慎的监管理念，出发点是保护个体金融机构的安全。其背后的逻辑是，保持个体银行机构的安全，就能保证整个银行系统的安全。然而，一些学者和监管者已经注意到，孤立地考虑个体银行机构的安全，会导致在系统层面的风险被忽视（Kahou & Lehar，2017）。2007~2009年的国际金融危机也充分证明，这种微观审慎的监管框架无法保证整个银行系统的安全。因此，需要对整个监管框架进行调整，增加宏观审慎理念，把这两者结合起来，使得个体银行安全与整个银行系统的安全同时得到兼顾。

系统重要性是微观审慎与宏观审慎结合的关键。根据个体银行的系统重要性，确定不同的监管资本比率要求，可以达到同时兼顾个体银行安全和整个银行系统安全的目的。

一、微观审慎监管

金融监管机构往往有多个目标，例如，审慎监管、充分的信息披露，"公平"对待所有消费者，把资源导向经济的优先产业，等等。这些目标可能互相冲突，例如，鼓励信贷资金流向优先产业的政策可能会增加某些银行的风险。霍维茨（Horvitz，1983）认为，金融监管系统的结构对解决这些冲突有重要作用。

目前，在微观审慎监管中，关于系统风险的监管，蕴含着这样一个假设：通过确保个体银行安全，可以达到整个系统安全的目的。这听起来似乎有道理，但在实践中却证明是个谬误。银行和其他金融机构为增强自身安全而采取的措施，却侵蚀了整个系统安全的基础。对单个银行来说，当价格风险上升时，出售资产是一个审慎的策略。但如果许多银行同时这样做，资产价格就会崩溃，使银行不得不采取进一步措施以扭转局面。可以这么说，正是银行应对压力的行为导致了资产价格的普遍下降，增加了资产市场的关联性和波动性。

二、宏观审慎监管

（一）宏观审慎监管的定义

克莱门特（Clement，2010）指出，"宏观审慎"这一术语最早出现在1979年英格兰银行为库克委员会准备的一份内部文件中，主要指与宏观经济相关的系统导向的监管（Borio，2009b）。1986年，巴塞尔委员会在讨论旨在维持整个金融系统和支付机制安全与健康的政策时，第一次公开使用该术语。巴塞尔委员会的第一任主席乔治·布伦登（George Blunden）在一次讲话中强调，从系统的观点来看，需要约束某些个体银行角度的审慎行为（Blunden，1987）。21世纪初，通过安德鲁·克罗基特（Andrew Crockett）的一次有影响的讲话，宏观审慎监管方法有了新动力（Crockett，2000）。

在金融危机期间，宏观审慎这一术语的使用频繁起来。很多关于危机教训的谈话都涉及宏观审慎政策（Shirakawa，2009；Nijathaworn，2009；Tumpel-Gugerell，2009；Bini-Smaghi，2009；Kohn，2009；Brouwer，2010）。关于宏观审慎政策的研究也开始出现，公开发表的论文也开始逐渐增加。

自从出现以来，这一术语总是与金融系统的稳定，以及金融系统与宏观经济的联系相关。但在不同时期，它的含义的侧重点是不同的，经历了从对发展中国家的过度放贷，金融创新和资本市场发展的影响，监管对金融系统顺周期性的影响，到系统重要性金融机构失败的影响，等等。

在关于监管框架改革的讨论中，对"宏观审慎"一词的关注开始热烈起来。不过，不同的使用者对它的定义并不相同。在这里，笔者采用金融稳定委员会、国际货币基金组织和巴塞尔委员会（FSB，IMF & BCBS，2011）的定义：使用审慎工具限制系统性的金融风险，从而降低关键金融服务中断的概率。其中有两个要点，第一，阻止金融不平衡的积累，缓解随之而来的过急反转和下滑，以及对宏观经济的影响；第二，识别和应对共同风险暴露，风险集中和互相关联，从而预防传染和溢出风险损害整个金融系统。在这个定义下，独立的单个银行有可能是不稳定的。

（二）宏观审慎监管的时间维度和横截面维度

宏观审慎监管主要涉及系统风险的时间和横截面两个维度，即它随时间而发生的演化和特定时点上在金融系统的分布。

在时间维度上，宏观审慎监管的主要目标是缓解系统风险的顺周期性。在经济上升期，信贷资源很容易获得，资产价格上涨迅速，杠杆率升高，期限错配显现，导致金融系统可能积累过多的系统风险敞口。如果金融系统在繁荣期未能积累足够多的缓冲手段，当经济进入衰退期，就可能诱发广泛的金融困顿，并通过去杠杆率，削减对实体经济的贷款和关键金融服务而不断放大。因此，宏观审慎监管的重点在于如何配置各种缓冲手段，以抑制系统风险的积累。

在横截面维度方面，宏观审慎监管的关键在于，降低源于金融机构的共同风险暴露和资产负债表直接关联的系统风险的集中，确保对金融机构的保护与其对系统风险的贡献和经营失败时的溢出效应匹配。

（三）宏观审慎监管的目标

相关研究尚未就宏观审慎监管的目标达成一致。一般而言，宏观审慎监管的目标是维持金融稳定，但对于什么是金融稳定，也未形成共识。关于金融稳定的定义，主要有两种观点，一是将其定义为金融系统对外生冲击的稳健性（Allen & Wood，2006；Padoa – Schioppa，2003），二是强调金融危机的内生性，因而将金融稳定定义为金融系统对内生性冲击的弹性（Schinasi，2004），或者陷入金融危机的脆弱性（Borio & Drehman，2009a）。

至于宏观审慎监管的具体目标，一般的观点都认为是限制系统性危机的风险和成本。布伦纳迈耶等（Brunnermeier et al.，2009）认为，宏观审慎监管的主要目标是作为一种平衡力量，熨平系统风险在繁荣时期下降，衰退时期上升的周期性变化。

英格兰银行（2009）则认为宏观审慎监管的目标应该是稳定金融系统向经济提供的支付服务、信贷中介服务的水平，避免最近的金融危机中那种信贷和流动性的周期性波动，而不是消除一般的经济泡沫和不平衡。兰多（Landau，2009）却认为，宏观审慎监管消除泡沫是可能的，而且也是合理合法的。

另一种观点认为宏观审慎监管政策的目标是限制导致显著宏观成本的系统性金融困顿的风险（Borio & Drehmann，2009），其中的要点是其与微观审慎监管的区别（Crockett，2000）。

国际清算银行总干事卡鲁阿纳（Caruana，2010）也持类似观点，他认为，宏观审慎监管的目标就是"通过应对金融机构之间的关联性，以及它们的共同风险暴露，降低系统风险和金融系统的顺周期性"。

佩罗蒂和苏亚雷斯（Perotti & Suarez，2009a）认为宏观审慎监管的目标是抑制个体银行可能引起系统性风险的经营策略。汉森、卡什亚普和斯坦（Hanson，Kashyap & Stein，2011）比较了微观审慎监管与宏观审慎监管的目标。他们的结论是，微观审慎监管的目标是迫使银行内部化其损失，以保护存款保险基金，并缓解道德风险。但微观审慎监管和快速纠正措施（PCA）都无法提前判断问题银行是通过增加新资本，还是收缩资产来应对冲击。与此相反，宏观审慎监管应该着眼于金融资产紧缩时的社会成本控制。他们还认为，信贷崩溃和资产减价销售是资产负债表收缩的最重要的社会成本，并且，宏观审慎监管不应该仅限于存款金融机构。

（四）宏观审慎监管工具与其他金融稳定工具

宏观审慎监管与其他宏观政策工具的关系也是重要议题之一（Borio，2009b；Blanchard et al.，2010）。表5.2给出了与金融稳定相关的宏观政策工具。卡鲁阿纳（Caruana，2010）认为，在这些政策工具中，宏观审慎监管处于核心地位，但鉴于系统风险的复杂性，仅有宏观审慎监管是不够的。

表5.2　　　　　　　　　　　　可选择的金融稳定政策

政策类型	政策目标	政策工具
微观审慎监管政策	应对个体金融机构危机	资本的质量和数量要求；杠杆率；等等
宏观审慎监管政策	应对金融系统危机	反周期的额外资本要求等

续表

政策类型	政策目标	政策工具
货币政策	稳定价格	利率、公开市场业务
	流动性管理	担保政策；准备金利率；政策走廊（policy corridors）
	应对金融不平衡	政策比率；准备金要求；外汇准备金缓冲
财政政策	管理总需求	税收；自动调节器；具有自由裁量权的反周期措施
	在繁荣时期建立财政缓冲	降低债务水平；对金融系统课税或收费；等等
资本控制	抑制系统性的货币错配	敞口外汇头寸限制；外币资产类型限制；等等

资料来源：根据 Hannoun, H. Towards a global financial stability framework ［R］. Speech at the 45th SEACEN Governors' Conference, Siem Reap province, Cambodia, 2010 整理而得。

特别地，对新兴经济体来说，宏观审慎监管还包括限制货币错配的措施，例如，限制外汇储备敞口和外国货币资产种类（Turner，2009），以消除资本流动对国内金融的影响。博里奥和沈（Borio & Shim，2007）证明，金融不平衡的积累过程往往伴随着外国货币资产份额的上升。

相反，旨在降低资本流入激励的基于市场的监管措施（Mohanty & Scatigna，2005；Ghosh et al.，2008），以及其他旨在控制可能诱发国内信贷扩张的大规模资本流入的其他工具，并不是宏观审慎监管工具，而是支撑审慎监管的必要措施（Ostry et al.，2010）。例如，对国际借贷征收的庇古税（Jeanne & Korinek，2010），就是为了迫使借款者内部化货币错配引发的成本。

（五）宏观审慎监管的具体工具

表5.3给出了宏观审慎监管具体工具的分类（BIS，2008）。相关文献分析了时间维度与横截面维度的监管工具的差别。时间维度的监管工具主要应对风险的顺周期性（BIS，2001；Borio et al.，2001；Danielsson et al.，2001；Borio & Zhu，2008；Brunnermeier et al.，2009；Brunnermeier & Pedersen，2009；Shin，2009）。

表5.3 宏观审慎监管工具

工具分类			示例
A 风险度量方法	A1	银行	基于经济周期的风险度量调整
	A2	监管者	监管比率的周期性调整；系统脆弱性的度量；系统脆弱性的官方估计与宏观压力测试结果之间的互动
B 金融报告	B1	会计标准	使用周期性效应较低的会计标准；动态准备金制度
	B2	审慎过滤器	调整会计政策；用审慎准备金补充资本；使用移动平均平滑各种指标；随时间调整准备金的最大比率要求
	B3	信息披露	披露各种风险，以及风险估计和金融报表中各种估值的不确定性
C 监管资本	C1	第一支柱	额外系统性资本要求；降低监管资本要求对经济周期时点的敏感性；引进基于周期的乘数，对时点资本要求进行补充；增加特定风险暴露的资本要求
	C2	第二支柱	监督检查与周期性相联系
D 资金流动性标准			基于周期的资金流动性要求；集中度限制；外币（FX）贷款限制；外币准备要求；货币错配限制；外币敞口头寸限制
E 抵押担保安排			随时间而变的贷款－价值比率；抵押贷款中的审慎最大贷款－价值比率和估值方法
F 风险集中度限制			对个人的风险暴露的增长限制；特定贷款的额外利率要求
G 高管薪酬制度			基于绩效的薪酬体系与事前风险度量的结合；监督检查
H 利润分配限制			在繁荣时期限制分红，为衰退时期积累缓冲资本
I 保险机制			或有资本注入；建立事前筹资型的、与银行资产过量增长情况挂钩的系统风险保险计划；建立事前筹资型的存款保险，且其费率对宏观因素和微观因素都要有敏感性
J 破产管理和解决方案			基于系统加强的退出管理；逆周期的监管干预措施触发机制

资料来源：根据 BIS. Addressing financial system procyclicality：a possible framework［R］. Note for the FSF Working Group on Market and Institutional Resilience，September，2008 整理而得。

绍里纳和特鲁查特（Saurina & Trucharte，2007）、雷普略等（Repullo et al.，2009）检验了资本要求的顺周期性。信（Shin，2010）探讨了反周期资本要求和前瞻性的准备金计划如何缓解金融系统中证券化的危害。卡什亚普和斯坦因（Kashyap & Stein，2004）的分析模型则显示，如果社会计划者的目标是在衰退期保护存款保险，并维护信贷稳定，那么，随时间而变的资本要求是最优的。汉森、卡什亚普和斯坦（Hanson，Kashyap & Stein，2011）指出了该方法的一个缺陷，即在衰退时期，对银行资本的限制可能不足以保证市场继续支持问题银行。因此，他们建议在繁荣时期实施大大超过危机时期市场资本标准的最低资本比率要求。

文献也强调了其他几个导致顺周期性的因素，并提出了相应的对策。第一个因素是抵押品估值与贷款价值比的相互影响，它可以通过最大贷款价值比来解决。博里奥等（Borio et al.，2001）深入讨论了这两者之间的相互影响，并对监管者对贷款价值比的应用情况进行了总结。

第二个影响因素是贷款损失准备金，如果对风险的估计错误，它会恶化银行的资产负债表，并放大金融系统的周期性。博里奥等（Borio et al.，2001）从会计事件的角度看，税收限制和度量风险的方法使衰退期间的准备金增加了。费尔南德斯·德利斯等（Fernandez de Lis et al.，2000）探讨了前瞻性的准备金制度如何限制 OAN 准备金制度的强顺周期性。希门尼斯和绍里纳（Jiménez & Saurina，2006）提议，前瞻性的贷款损失准备金应该考虑银行信贷风险随商业周期而变化的情况。

第三个影响因素是证券交易和柜台衍生品交易中的折扣和保证金问题。全球金融系统委员会（CGFS，2010）强调金融危机期间折扣和保证金问题的系统性影响，并探讨减轻其顺周期性的政策选择，包括反周期性地改变保证金和折扣率，以及在证券交易中实行较高但较为稳定的基于整个经济周期的折扣率。

横截面维度的宏观审慎监管主要关注特定时点下金融系统中的风险分布，特别是由于资产负债表关联，类似的敞口头寸和行为模式而引起的共同风险暴露。在这里，宏观经济状况是外生的。相关的文献涉及多方面的议题，如风险管理的系统性（Hellwig，1995），系统风险理论（Acharya，2009），市场失灵（Rabin，1998；Calomiris，2009）和风险传导渠道（Jensen，1986；Calomiris & Khan，1991），等等。

前面论及的大多数宏观审慎监管工具与银行资本监管相关。同时，相当比例的银行短期债务对银行的脆弱性有重要影响（Brunnermeier，2009；Gorton, 2009; Shin, 2009; Hanson, Kashyap & Stein, 2010)。在关于信贷链条，支付与清算关联性，以及挤兑的研究中，这些脆弱性被模型化为特殊冲击（Kiyotaki & Moore, 1997; Allen & Gale, 2000; Rochet & Tirole, 1996; Freixas & Parigi, 1998; McAndrews & Roberds, 1995; Aghion et al., 1999)。马丁等（Martin et al., 2010）扩展了戴尔蒙德 - 迪布维格（Diamond - Dybvig, 1983）的分析框架，探讨了持有短期债务和市场性资产的银行可能遭遇挤兑的情况，发现这种挤兑与"传统"的由银行存款引起的挤兑在性质上十分相似。斯坦因（Stein, 2010）构建的理论模型显示，在监管缺位的情况下，银行派生的货币可能导致负外部性，即银行持有过多短期债务，使金融系统过于脆弱，极易引发代价高昂的危机。

在上述研究中，研究者主要关注能够识别银行资产负债表期限结构的政策工具，例如，具有顺周期性的净稳定资金比率，或者流动性覆盖率（BCBS, 2009）。佩罗蒂和苏亚雷斯（Perotti & Suarez, 2009a, 2009b, 2010）提出了克服顺周期性的一个办法，即对流动性风险收费处罚短期负债行为，从而影响银行的激励。布伦纳迈耶等（Brunnermeier et al., 2009）则建议依期限错配规模增加额外的资本要求。

与货币政策的情况类似，自动稳定器等基于规则的宏观审慎工具更有吸引力（Goodhart, 2004）。贷款损失准备金，资本要求和贷款价值比率都可以设计成基于规则的政策工具。而其中一个重要的内在稳定器是内部化金融不平衡积累风险的风险管理机制（Borio & Shim, 2007）。

或有工具也可以看成依赖于特定状态的基于规则的宏观审慎监管工具。很多文献都涉及或有资本要求的设计及其作用。汉森、卡什亚普和斯坦（Hanson, Kashyap & Stein, 2011）区分了两类或有工具，即"可转换或有工具"和"资本保险工具"。前者实际上是一种可转换债券，如果发行者的监管资本低于某一固定的临界值，它可自动转换为权益资本（Flannery, 2005; French et al., 2010; Pennacchi, 2010）。后者是一种保险政策，银行先购买保险，当事先规定的状态被触发时，即进行清算（Kashyap, Rajan & Stein, 2008）。

基于规则的工具自然重要，不过，如监督检查和预警等基于自由裁量权的工具也发挥着重要的作用。经常使用的一个自由裁量工具是通过讲话或金融稳定报告发布关于风险积累的预警。预警的一个缺陷是其自我实现机制，即不利前景由于预警而实现了，从而可能导致相反的政策效果（Libertucci & Quagliariello，2010）。其他重要的自由裁量工具包括监督检查压力，或者对各种审慎工具的数量调整（Hilbers et al.，2005）。

宏观审慎监管工具还可以分为数量限制型工具和价格限制型工具。佩罗蒂和苏亚雷斯（Perotti & Suarez，2010）利用韦茨曼（Weitzman，1974）的模型对数量型和价格型监管工具进行了理论比较，结果显示，如果遵循成本存在不确定性，这两种工具具有不同的福利意义。价格型工具固定了遵循的边际成本，但导致遵循水平的不确定。与此相反，数量型工具固定了遵循水平，但边际成本具有不确定性。佩罗蒂和苏亚雷斯（Perotti & Suarez，2010）对庇古税与净资金比率进行比较后发现，当监管者无法确定个体银行特征时，银行对监管的反应依赖于具体的银行特征状况。因此，依赖于不同的具体情况，庇古税、数量型监管工具，或者两者的某种组合，都有可能达成社会最优解决方案。

在讨论以银行资本为目标的快速干预措施（PCAs）时，汉森、卡什亚普和斯坦（Hanson，Kashyap & Stein，2011）把数量型工具进一步划分为比率型工具和绝对值型工具。他们主张提高问题银行的增量资本，而不是其存量资本比率。背后的思想是，前者可以避免银行收缩资产而导致顺周期性。他们还提议，在实践中，可以依现在资产值和滞后资产值中的较大者设计资本比率要求。

一些研究还区分了工业化国家与新兴经济体的不同情况。麦考利（McCauley，2009）认为，新兴市场经济体的中央银行虽然没有提及宏观审慎监管一词，但实际上已经实行了这一政策。例如，早在2005年，印度的储备银行就提高了《巴塞尔协议Ⅰ》下的房地产抵押贷款的风险权重（RBI，2005）。博里奥和沈（Borio & Shim，2007）、全球金融系统委员会（CGFS，2010）总结了新兴市场经济体的宏观审慎监管工具。阿盖诺和席尔瓦（Agénor & Silva，2009）检验了发展中国家银行部门的资本要求的周期性效应。

（六）宏观审慎监管的效果

关于宏观审慎监管工具的有效性，有一些文献进行了检验。这些检验与分析有利于宏观审慎监管工具的进一步发展（Turner，2010）。

博里奥和沈（Borio & Shim，2007）将关于各国宏观审慎监管工具有效性评估的一些权威文献编辑成册。在西班牙，损失准备金对信贷增长只有很小的影响，但在建立反周期资本缓冲以加强银行清偿力方面很有用（Caruana，2005；Saurina，2009a）。绍里纳（Saurina，2009b）发现，在西班牙，尽管损失准备金不能保证弥补衰退期间信贷损失的需要，但它加强了个体银行和整个银行体系的弹性，非常有利于应对目前的金融危机。吉姆奈兹和绍里纳（Jiménez & Saurina，2006）的实证研究表明，在繁荣时期，无论是借款人审查，还是抵押品要求，都放松了。由此，他们建议实施前瞻性的贷款损失准备金监管制度，并将随经济周期而变的银行贷款资产组的风险状况纳入视野。菲亚和加里加（Fillat & Garriga，2010）的研究显示，如果实施西班牙那样的动态准备金制度，美国商业银行需要政府 TARP 资金资助的情况，结果发现，半数银行不需要 TRAP 支持。

纳多尔德和谢伦德（Nadauld & Sherlund，2009）关于美国次级贷款支持的证券化的分析暗示，较高的资本要求可能有助于阻止泡沫的恶化。他们的研究显示，2004 年美国证券交易委员会降低了特定经纪机构的资本要求后，与同领域的竞争者相比，五个大证券承包商不成比例地增加了他们的购买活动，并获得最高的房产价格增长实现率，但其平均信贷资产质量较低，后续的违约率也较高。

通过建立模型来研究金融系统与宏观经济之间的相互影响的文献并不多。直至现在，宏观审慎政策研究中的数量分析还很少。至于美国，洛（Lo，2009）建议，应该建立新的机构，专门负责收集金融公司和影子银行系统的表内和表外的资产和负债的市场价格，以监督银行系统的杠杆率和流动性状况，资产价值之间的关联性，以及资产组合对经济条件的敏感性。赛博特（Sibert，2010）主张，在欧元区，由一个机构收集类似的数据。但他同时指出，这些数据只能在有限范围内使用，因为这些数据只度量了金融不稳定的表现，不能揭示其原因，并且人们尚未充分了解系统风险，对数据的解释，以及对关联性和网络效应的度量，都还存在困难。为使研究者和监管者能够分析系统风险暴露情况，布伦纳迈耶等（Brunnermeier et al.，2010）提议按季度从被监管机构收集局部均衡的风险敏感性和流动性敏感性。然后，研究者就可以在模型中利用这些数据进行系统风险矫正和一般均衡效应分析。

高蒂尔等（Gauthier et al.，2010）利用加拿大银行系统的个体银行的贷款账面价值、风险暴露，以及银行间关联数据进行研究后发现，宏观审慎资本配置机制使个体银行和银行系统的违约概率下降了大约25%，暗示宏观审慎资本缓冲可以极大地改善金融系统的稳定状况。

另一个问题是外国货币的流动风险是否可以通过宏观审慎工具加以限制。艾伦和默斯纳（Allen & Moessner，2010）探讨了在2008~2009年金融危机期间，通过中央银行互换网络提供国际流动性的问题，并把它与发达经济体和新兴经济体的外国货币流动性度量联系起来。他们的结论是，美国联邦储备委员会提供大量美元流动性的意愿把好几个国家从严重的金融不稳定中挽救出来，不过，在将来，货币当局不太可能愿意再接受如此巨量的外国货币的流动性风险。

科里奈克（Korinek，2010）对风险调整的资本流动监管的福利效应进行了理论分析。在他的分析框架中，金融机构低估了危机状态下偿还借款的社会成本，在它们的事前决策中，承担了太多的系统风险。基于印度尼西亚的历史数据，科里奈克发现，最优庇古税税率的范围为外国直接投资的0到以外国货币为面值的债务的1.54%。在一个两部门DSGE小型开放经济模型中，比安基（Bianchi，2009）发现社会计划者可以缓解危机期间实际汇率的螺旋式下降，并通过事先降低债务总量改善所有消费者的状况。此外，他还发现，对债务征税可以实现限制条件下的社会最优选择，并且，税收应当在相对平稳的时候实行，以抑制杠杆率和降低金融系统的脆弱性。贝尼尼奥等（Benigno et al.，2010）研究了小型开放经济体的过度借贷问题后发现，与危机期间的干预相比，事前干预并无优越性。

三、微观审慎监管与宏观审慎监管的关系

（一）目标

宏观审慎监管的目标是抑制系统风险，降低金融危机引发的经济成本，即预防金融系统大面积瘫痪，并降低相应的成本。相反，微观审慎监管的目

标就是抑制特殊风险，限制个体银行破产的可能性，保护存款者。具体如表
5.4 所示。

表5.4　　　　　　　宏观审慎监管与微观审慎监管的比较

类别	宏观审慎	微观审慎
直接目标	抑制整个金融系统的风险	抑制单个金融机构的风险
最终目标	降低或避免与金融不稳定相关的宏观经济成本	消费者（投资者/存款者）保护
系统风险特征	内生	外生
金融机构之间的相关关系和共同风险暴露	重要	无关
审慎控制的基准	系统风险；自上而下	个体金融机构的风险；自下而上

资料来源：Borio, C. Towards a macroprudential framework for financial supervision and regulation? [R].
BIS Working Paper No. 128, Bank for International Settlements, February, 2003。

　　显然，宏观审慎监管主要关注关联破产的风险，重视规模等与金融机构
的系统重要性相关的特征，故同业分析不是它的核心议题。相反，微观审慎
监管从个体的角度考虑金融机构，不太关注其相关性，并把同业分析看作一
个自然的监督工具。

　　为区分两者间的差异，可以把金融系统看作一个证券组合。宏观审慎监
管角度是关注整个组合的总体表现；微观审慎监管则对每一个组成证券都赋
予同等而独立的权重。

（二）清偿标准

　　首先，个体金融机构的宏观审慎清偿力标准需要根据其系统重要性进行
校正，而其微观审慎清偿力标准对所有机构都是统一的。

　　其次，整体系统的宏观审慎标准主要适用自上而下法，关注的是系统性
危机的可能性和成本。这不可避免地要考虑金融机构困境的关联性。相应的
微观审慎标准主要适用自下而上法，通过应用于"代表性"金融机构的统一
清偿力标准的加总而得。

　　一个自然的推论是，在宏观审慎标准下，系统性危机发生的可接受概率

应该低于个体金融机构陷入困境的可接受概率，因为系统性危机的成本要高得多。另外，系统的资本总水平可以高一些，也可以低一些，具体情况则取决于金融机构的规模，以及其风险暴露的相关性。

（三）前提假设

关于经济机能，在宏观审慎维度下，系统产出是由个体机构的集体行为决定的，即系统产出是内生的；而在微观审慎维度下，系统产出是外生的，或者说，对个体公司来说，是给定的。显然，在微观审慎维度下，不考虑集体行动对个体机构环境的反馈。

宏观审慎监管强调，个体角度的合理行为，可能导致系统角度的不合理结果。从微观审慎监管的视角看，这在逻辑上是矛盾的。

要证明微观审慎是视角的谬误并不困难。例如，对个体银行来说，在衰退期间收紧贷款标准是很自然的，但如果所有的银行都收紧贷款标准，就会导致其信贷质量的进一步恶化。与此相反，在繁荣时期，可能存在不可持续的信贷急速增长，埋下了金融不稳定的种子。类似地，当市场价格下降时，处理风险暴露也可能使这些价格进一步下滑，导致流动性干涸和金融困境恶化。这一机制同样可以解释为什么与较长期限的资产组合相比，对交易对手的短期信贷反而使个体风险更高。

微观审慎监管的一个重要论断是"只要每个个体机构是健康的，金融稳定就有了保证"。从宏观审慎监管的角度看，微观审慎监管的这一论断有两个缺陷，即既可能导致保护过度，也可能导致供给不足。

微观审慎监管可能导致保护过度的原因在于，为了避免个体金融机构的破产，它可能提供过多的保护，结果是市场纪律和资源配置机制被弱化了。

微观审慎监管可能导致供给不足的原因在于它追求个体金融机构健康的方式。除非监管当局把金融机构的集体行为对经济产出的影响纳入视野，否则，它们可能无法有效监督风险并及时地采取恰当的纠正措施。

在微观审慎监管与宏观审慎监管之间，监管者到底处于什么位置？理论上，它们可以处于任何位置，但实际上，它们的微观审慎性还是居于主导地位。

当然，越来越多的监管者开始适应监管系统性风险的职责。它们已经普遍把破产的系统成本作为监管政策的基础。近年来，在监管金融系统潜在脆弱性和审查金融机构性质方面，监管者越来越多地考虑宏观审慎因素。

不过，它们使用的监管工具，以及其中蕴含的理念，仍然是微观审慎导向的。对于特定风险，最小资本标准并未区分各个银行在系统重要性方面的差异。而且监管者也不太可能建议蕴含放松借款标准，因为那样有可能在后续的危机中导致整个系统信贷质量的进一步恶化。

很可能，监管者的微观审慎导向反映了其保护消费者的目标。此外，由于监管工具的直接作用对象是个体金融机构，微观审慎导向与监管工具较为吻合。然而，这两个理由并不充分，因为消费者保护可以通过其他方式实现，或者由其他机构负责，而监管工具也可以是宏观审慎导向的。

（四）互补关系

宏观审慎监管是对微观审慎监管的补充，它与其他有金融稳定作用的公共政策相互作用。不管具体政策结构如何，维持金融系统的稳定是其共同的职责。很多政策影响到金融稳定和系统风险，但它们并非宏观审慎监管政策。宏观审慎监管政策可以弥补而不能取代合理的微观审慎监管政策和宏观经济政策。

所有系统重要性银行机构都应该同时适用微观审慎监管和宏观审慎监管。微观审慎监管主要在《巴塞尔协议 II》框架下检验系统重要性银行机构的个体风险特征，宏观审慎监管则主要关注其对系统风险的贡献，并可以通过基于宏观审慎风险评估的微观审慎比率调整来实施。

四、基于系统重要性的银行资本比率监管

（一）基于系统重要性的银行分类

金融机构的分类必须基于系统重要性，这对宏观审慎监管来说非常重要。宏观审慎监管应该覆盖涉及系统风险的所有金融机构，包括银行和保险公司等其他金融机构。一个金融机构是否适用宏观审慎监管，主要在于其行为和资产结构，其法律身份如银行、保险公司等，只能作为参考。

如果一个银行导致其他银行陷入困境，或者与其他银行的困境相关，其溢出风险较高，系统重要性也比较高。依据系统重要性的大小，可以把银行分为如下几类：

（1）个体系统重要性银行，包括规模大、关联性强、可替代性低、复杂性高、在全范围内具有典型性的银行。它们溢出风险较高，政府不允许其倒闭。

（2）群组系统重要性银行。就单个个体来说，这类银行规模小，也不太重要，但作为一个群组，它们的关联性的波动具有系统性。

（3）非系统重要性银行。从整个系统的角度看，这些银行规模不大，杠杆率不高。

（4）微型银行。特别地，如果这些银行杠杆率足够低，只需要对进行最低限度的商业监管。

系统重要性程度决定了一个公司是否需要宏观审慎监管，并决定其资本和流动性要求。

每年，以及在发生重要市场事件的情况下，相关的监管者应该列出系统重要性银行名单，并进行信息共享。

关于系统重要性银行名单是否应该公开，有两种意见。第一种意见是公开，以加强对监管制度纪律约束，保证其在监管实践中尽心尽责。第二种意见是应该保密，因为系统重要性这一术语本身的含义还不够明确，而且它是状态依存的，还会导致道德风险。在笔者看来，保密并不可行，因为系统重要性银行数量不多，人们根据常识就可以猜出其中的绝大部分，这使保密失去了意义。此外，秘而不宣还会导致严重的信息不对称，监管机构有可能利用自己的信息优势寻租，从而导致不正当竞争，进一步降低了市场纪律的有效性。

（二）各类银行机构的监管原则

1. 个体系统重要性银行的监管原则

政府不会允许任何一个系统重要性银行破产，这意味着微观审慎监管仍然是必要的。因此，对于这样的银行，在考虑其监管资本比率时，应该同时适用微观审慎监管和宏观审慎监管。

这并不是说目前的风险加权资产评估方法不需要改革。国际金融危机已经证明，在很大程度上，银行的流动性和资本风险源于表外风险暴露和或有负债。在如何将或有承诺纳入加权资产评估体系方面，巴塞尔委员会已经做了很多有益的工作，但尚需进一步拓展。

而且，不管是 CRAs 还是银行自身的信贷评级，都是对预期损失的度量，而不是对意外损失的度量。关于后者，需要对评级下调的可能性和由此导致的损失规模进行估计。这是一个非常困难，但并非不可能的任务。

应该对多样化问题给予更多关注，并区分特质多样化和系统向多样化。例如，对信贷资产集中于特定地区的特定一组借款者的银行来说，其战略就是特质多样化，也极易遭遇某种特定的风险。然而，与其他大部分银行不同，如果该银行破产，不太可能引发传染，或者溢出风险。对整个银行系统来说，这样的银行就不是太危险，不需要额外的宏观审慎监管。即它可以自主选择，不需要外部干预。因此，特质多样化不会导致系统性的溢出风险。

正如布伦纳迈耶等（Brunnermeier et al.，2009）所总结的那样，在现有监管系统下，为维持较低监管资本要求，银行有把资产迁移到表外的激励。

2. 群组系统重要性银行的监管原则

在确定监管资本比率时，它们应当适用一定程度的宏观审慎监管和有限的微观审慎监管。

假定系统中有 n 个银行，每个银行的资产组合都是系统资产组合的 $\frac{1}{n}$。如果一个银行破产，那么，所有的银行都很可能破产。先计算全国银行资产组合的总体溢出风险，然后计算个体银行资产组合与全国银行资产组合的相关系数。相关系数越大，银行系统的多样化程度就越低。

《巴塞尔协议 II》的问题不在于错误地计算了微观审慎风险，而是对宏观审慎风险不够重视。为了应对系统风险，应该构建更好的宏观审慎风险指标，对杠杆率期限错配、信贷风险和资产价格膨胀进行有效的度量。

关于这一群组的微观审慎监管，有两种观点。一种观点认为，这些银行应该适用微观审慎监管。按照这种观点，控制这些银行的个体风险既有必要，又有可能。如果实施微观审慎监管，它就与宏观审慎监管互相影响，相得益彰。

另一种观点认为，如果一个银行本身不是"系统性的"，在理论上，就没有必要干预它的风险选择，即不必进行微观审慎监管。所必需的，仅仅是一些简单的宏观审慎要求，例如，把核心资本要求与杠杆率和资产扩张的中介比率联系起来。

3. 非系统重要性银行的监管原则

监管资本比率只需要满足微观审慎监管要求，不适用宏观审慎监管。

4. 宏观审慎监管的国际合作

对银行和政治家来说，国内银行之间的不公平竞争，远不如国内银行与外资银行的子公司和分行之间的不公平竞争来得重要。在监管中应该坚持的一个重要原则是，在金融机构救助中承担救助成本的国家或地区，也应该负责对该机构的监管。因此，任何外资银行的分支机构一旦被东道国列入"系统性"银行名单，就应该自动地改变其身份，按独立子公司确定其资本要求。这样，就能保证系统性的外资银行分支机构与国内银行一样适用同样的资本和流动性要求标准。

结果，如果一个银行选择在外国开设一家被东道国列为"系统性"银行机构的分行或子公司，它就得按照东道国的标准，分开计算在该国的资本要求。这会降低跨国银行的协同效应。

第三节 系统重要性商业银行的宏观审慎监管

2007～2009 年的国际金融危机说明，资本监管和市场纪律都未能对系统重要性银行机构的风险承担进行有效约束（Stern，2009），也就是说《巴塞尔协议Ⅱ》的第一和第三支柱都失灵了。因此，为了有效监管系统重要性银行机构，维护银行系统的安全和稳定，国际社会对《巴塞尔协议Ⅱ》进行修订，推出了《巴塞尔协议Ⅲ》，在保留微观审慎监管资本要求的基础上，增加宏观审慎的监管资本要求，对系统重要性银行提出额外资本要求。

监管资本可以分为两大类：权益资本和或有资本。由于存在严重的利益冲突，单单依靠权益资本，会导致风险低估和资本损失认定延误。或有资本要求可以有效缓解这一问题。但是或有资本还是无法彻底根除系统重要性银行出现丧失清偿力的情况，因此，需要讨论救助及其成本问题。

既然提高资本无法根除系统重要性银行丧失清偿力的情况，或许可以考虑对银行业采取进一步措施，分拆银行业，降低系统重要性银行的系统重要性。银行机构的系统重要性源自规模、可替代性、关联性和复杂性等因素。规模、可替代性和复杂性与银行机构对系统的直接影响有关，关联性与银行机构对系统的间接影响有关。相应地，对系统重要性银行机构的资本监管措施可以从两个方面着手。一是缩小银行的规模、提高其可替代性，并降低其复杂性，进而降低银行机构对系统的直接影响；二是降低其关联性，减弱其溢出效应，从而降低其对银行系统的间接影响。

一、或有资本要求

资本要求应该关注银行机构的风险溢出效应，而不是只关注银行本身的风险。或有资本要求的主要目标在于，作为系统重要性银行资本的可信支撑，鼓励市场纪律对系统重要性银行行为的约束，并使银行需要救助的概率降到最低。

1. 或有资本的优势

已经有不少学者建议把次级债务纳入最低资本要求的范畴，或者把信贷违约互换（CDS）作为监管工具使用。但其他学者认为，虽然在涉及银行破产的议题中，次级债务可以作为缓冲手段抵消损失，但对于增加现实资本，应对日常需要并无帮助。而且，以信贷违约互换或次级债务为监管工具可能导致市场机构与系统对赌，通过买入债务或卖出信贷违约互换来影响市场价差。也有学者认为，竞争性公司可能人为提高信贷违约互换价差或者次级债券报酬率。德苏扎等（D'Souza et al. , 2009）反对使用基于市场的触发机制，因为这些机制有可能被人为操纵。他们认为，监管者使用的任何基于市场的触发机制，其基准指标都应该是价格的长期的大范围变动。

然而，一些研究发现，通过现有债务、保险合约的转换或者配股，提供某种形式的或有股权资本注入，可能产生某种潜在价值（Flannery, 2005; Kashyap et al. , 2008; D'Souza et al. , 2009; Huertas, 2009; Duffie, 2010; Hart & Zingales, 2009）。多德－弗兰克法案（Dodd－Frank Act）授权美国联

邦储备委员会研究或有资本问题，以确定其在监管资本要求中的最小份额，以及适用范围。巴塞尔委员会已经制订出将或有可转换债券（contingent convertible bonds，CoCos）列入一级资本和二级资本所必须满足的标准。欧盟委员会也已提出了债务担保标准，以避免使用公共资金。相对于传统次级债，或有可转换债券有几个优势。

（1）在银行失去清偿力前把可转换债券转换为权益资本，使之分担股权持有者的损失，可以免去一些艰难的政治决策，例如，在介入后，是否要求债务持有者承担损失等。

（2）因为次级债已经转换为权益资本，债务持有者不能撤出他们的资金。当然，他们可以在二级市场上卖出他们的股权。

（3）因为或有可转换债券肯定会留在银行，并在银行丧失清偿力时遭受损失，因此，或有可转换债券的事前价格就可以精确地反映出它们的真实风险。

（4）在转换机制被触发时，与次级债相比，或有可转换债券可以为存款者，交易对手和优先债持有者提供更好的缓冲，因为一旦转换，利息积累就停止了，这在一定程度上减轻了银行的流动性压力。

（5）也许是最重要的一点，正如德苏扎等（D'Souza et al.，2009）和胡尔塔斯（Huertas，2009）强调的那样，或有可转换债券可以促使银行自愿地发行普通股或出售某些资产和业务，提前消化触发机制，以防止转换发生后普通股被稀释。这一见解非常重要。在德苏扎等（D'Souza et al.，2009）的模拟分析中，如果2006年就实施中等水平的或有可转换债券要求，在2008~2009年间，没有一个系统重要性金融机构会失去清偿力。而且，所有逼近触发机制的金融机构，都会提前选择筹集足够的权益资本，因而避免了转换的发生。

当然，如果金融机构等得太久，它可能发现资本市场已经对它关上了大门。这也是为什么一个系统重要性金融机构在远未达到或有可转换债券转换点的时候，就发行新股或出售资产和业务。当然，它们也可能未能发行新股或以可接受的价格出售资产，从而触发转换机制。这对现有股权持有者不利，但它使系统重要性金融机构自动实现了再资本化，而承担成本的是股权持有者和或有资本持有者，而不是纳税人。

德苏扎等（D'Souza et al. , 2009）认为，从两个角度看，这是或有可转换债券的一个重要优势。第一，或有权益资本比实际转换的债券额度要大，因为银行会自愿地发行额外的权益资本，以避免转换的发生。第二，管理层避免转换的强烈激励意味着或有可转换债券很可能像固定收益工具那样进行交易，从而对倾向于低风险债务工具的机构投资者很有吸引力。此外，由于或有可转换债券的发行者极力避免转换的发生，或有可转换债券转换的概率很低，导致一种与传统次级债相似的结果。胡尔塔斯（Huertas，2009）也认为，在普通股持有者眼中，或有资本的转换意味着股权被稀释，因而他们会极力要求管理层采取必要的措施，以避免触发转换机制。

从最小化系统重要性金融机构救助的社会成本的角度来说，上述最后一点特别重要。因为解决方案代价高昂，难以进行国际合作，并有可能对金融系统有害，资本要求安排实际上是提前打包的再资本化，它极大地降低了丧失清偿力情况发生的频率和深度，因而非常值得追求。或有可转换债券安排下内在的自愿权益资本筹资或资产出售就是非常有益的事。

在设计一个有用的或有可转换债券的过程中，存在五大挑战：第一，恰当的触发机制设计。第二，根据资产负债表的其他项目决定或有可转换债券的数量。第三，设立或有可转换债券转换为权益资本的条款。第四，为或有可转换债券制定规则，或更广泛地说，为所有可能最小化资本要求顺周期性的监管资本制定规则。第五，把或有可转换债券触发机制与快速干预措施（prompt corrective action，PCA）触发机制结合起来。

正如古德哈特（Goodhart，2010）所说的那样，如果这些参数未能正确设置，或有可转换债券使情况进一步恶化。

2. 触发机制设置

德苏扎等（D'Souza et al. , 2009）指出，一个好的或有可转换债券触发机制必须精确、及时，并能对发行公司进行完全估值。此外，它的实施必须具有可预见性，以便在或有可转换债券发行时，持有者能对这一工具内含的风险进行定价。评级机构特别强调后一点，拒绝为触发条件由监管者或银行管理层决定的或有可转换债券评级。

一些关于或有资本的研究（D'Souza et al. , 2009；Hart & Zingales，2010）提议，应该以金融机构的权益资本账面价值与资产的比率作为或有资本转换的触发机制。使用账面价值作为触发机制的最核心的问题是，账面价值是一个会计概念，容易遭到人为操纵，而且是资产负债表恶化状况的滞后指标。在巴塞尔资本标准下，日本的银行失去清偿力已达十年之久，但仍然满足最低账面资本要求。实际上，引进非权益资本的首要目的，就是要把市场观点引入监管过程。使用账面资本作为触发机制不仅仅是一个管理不诚实的问题。在公众面前，监管者也一再表现出不愿对系统重要性金融机构发表负面评论的姿态。资本损失的承认问题也正是快速干预措施失灵的重要原因，它未能避免代价高昂的银行破产，辜负了公众的期望。

可以作为触发机制的指标主要有两个，一个是信用违约互换（CDS）价差，另一个是股票价格变动。对触发机制设计来说，信用违约互换市场有几个不足。第一，市场不够深化，有可能出现人为操纵。第二，风险定价随时间而变。在一系列市场条件下，在商业周期的某一时点，可观察的价差所反映的风险水平，有可能高于在其他商业条件、其他时点下的风险。

如果使用得当，权益资本价值能够提供触发机制所需的最好信息。实际上，令评级机构和监管者感到意外的已破产的一些大型公司，在破产很久之前，其权益资本的总价值就已经经历了严重而持久的下降，从而为其破产发出了信号。安然（Enron）债务的 KMV 评级是唯一正确地预测到期严重违约概率的例子。KMV 之所以能成功，是因为它以布莱克 - 斯科尔斯（Black - Scholes）方法为基础，把违约风险视为杠杆率和资产风险的函数，而其中杠杆率和资产风险的确定都基于市场数据。类似地，关于雷曼兄弟的市场信息为他的问题提供了早期预警。瓦卢卡斯（Valukas，2010）的分析显示，在它破产很久之前，从 2008 年的 6 月到 7 月，雷曼兄弟的市场价值与账面价值的比率就从 0.9 下降到 0.4。2008 年的春季和夏季，雷曼兄弟的权益资本和未清算债务的综合价值一直在下滑，并且，在 2008 年 7 月和 8 月，这一综合价值低于债务的账面价值的情况出现了好几次。如果建立了或有资本触发机制，雷曼兄弟权益资本价值巨大而持久的下滑早就引发了债务转换。

更重要的是，正如德苏扎等（D'Souza et al.，2009）所强调的，一个可信的或有可转换债券触发机制的存在，会激励所有的大型银行在到达触发点之前，自愿地、大幅度地提高权益资本。如果转换规模足够大，转换条款对或有资本持有者足够有利，即使发行新股导致股票价格下降 15%，其股权稀释效应也比债务转换要低。也就是说，只要或有可转换债券转换的股权稀释效应足够大，以最大化股权持有者价值为目标的管理者就会有强烈的激励去发行新股，或者出售资产，以阻止转换的发生。

不断下降的权益资本价值只粗略地反映了系统重要性银行的健康状况。不过，作为一个或有可转换债券的触发机制，这已经足够了。

按照预测性、及时性、完全性和精确性的标准，与准市场价值相关的基于资本市场价值的触发机制表现良好。一方面，它是对公司价值的完全度量；另一方面，系统重要性银行的股票的市场价值可以持续观察，基于权益资本估值的触发机制具有及时性和可预测性。

至于精确性，只要要求不太高，基于权益资本市场价值的触发机制都能满足。当然，股票价格并不完全可信，对于短期内的微小估值变化，它的可靠性更差。此外，还有人为操纵等问题。但要构建一个关于系统重要性银行市场价值波动的可信、可预测、完全和精确的度量指标，这是唯一具有现实可能性的方法。

3. 或有可转换债券的适度数量

因为或有可转换债券的有效性在很大程度上依赖于其对权益资本持有者的稀释效应，所以它的大量发行是很重要的。例如，对于资本要求为普通股对风险加权资产的2%的银行来说，或有可转换债券的最小数量要求应该设为该银行准市场价值的2%。当相关比率到达触发点时，所有的或有可转换债券都应该进行转换，并且转换价格要足够高，以使持有者获得的市场价值与或有可转换债券相等。

4. 或有可转换债券与经济周期

很多政策制定者和学者都主张资本标准随经济周期而调整。在上述的框架里，通过设定固定的或有可转换债券相对于准市场价值的最小比率，可以促使银行在繁荣时期提高资本水平，因为这时资本的成本最小。当然，这也会限制它的过度增长。如果银行的债务或者权益资本的市场价值出现周期性的下降，这也在某种程度上有助于降低其未清偿的或有可转换债券。

5. 或有可转换债券与快速干预措施的结合

因为或有可转换债券转换在系统重要性银行还有清偿力时就发生了，并且先于转换出发点的新股发行进一步提高了权益资本，所以，或有可转换债券要求使银行丧失清偿力的情况不太可能发生。不过，即使这样，有效的快速干预措施和紧随其后的有效的系统性解决方案还是很重要的。

银行市场价值相对于基准资产价值的比率既是触发或有可转换债券转换的最好指标，也是触发快速干预措施的最好指标。如果或有可转换债券转换的触发点是4%，那么，如果银行通过或有可转换债券转换进行再资本化以后，又一次达到这一触发点，就应启动快速干预措施触发机制。

二、救助

提高资本要求，只是降低了银行失去清偿力的概率（Iragorri & Ferrari，2010），而不可能从根本上消除。因此，如果提高资本要求后，系统重要性银行还是出现了丧失清偿力的情况，救助就是不可避免的。

（一）救助的定义

在这里，救助（bailout）的操作型定义为：一种政府协助或干预，以帮助银行应对金融危机，防止银行破产。

（二）救助的类型

按照不同的标准，可以对救助进行不同的分类。按照救助是否公开，可分为公开性救助和隐蔽型救助。按照救助的成本，可以分为有利润的救助、低成本或无成本的救助、特别基金救助、预算救助和复合救助。

1. 利润型救助

政府对问题银行的实质救助并不必然涉及公共支出。在某些情况下，政府甚至可以从救助行为中获利。例如，在20世纪80年代晚期为救助克莱斯勒（Chrysler）而建立的直接贷款交易中，美国联邦政府的绝大部分甚至全部行政成本都由利息和收费覆盖，贷款完全清偿，而且政府从许可证的出售中获利大约3亿美元。

总体而言，近年来美国联邦政府的救助活动增加了其财政赤字，但其中也不乏亮点。例如，在2009财政年度中，美国财政部金融稳定局的报告显示，在其四个救助计划中，通过利息、收费、分红和许可证回购，它获得了1950万美元的净收入或利润。

2. 低成本或无成本救助

很多政府救助行动干预只涉及少量甚至不涉及公共支出。在某些个案中，政府只是简单地促进私人市场性解决方案的实施，而不必付出任何成本。例如，在1998年，美国联邦储备银行只是通过召开会议，把借款者和投资者集中到一起，以商议出对长期资本管理公司的救助方案。在另外一些个案中，救助刚开始时，政府也许承担一定的风险，但最终都不必承担任何费用。

3. 非一般预算或专门基金救助

当然，很多救助型的干预最终会产生实际成本。不过，虽然绝大部分的政府计划都是由财政预算支持的，这些计划未必增加了一般纳税人的负担。虽然现代税收原则已经从受益原则过渡到能力原则，但在实践中，受益原则的例子还是能经常见到。

表面上看，救助似乎不能适用利益原则。让接受救助者承担成本会导致它们陷入深渊。不过，存款保险系统在某种程度上就是依照受益原则建立起来的。覆盖银行救助行为和存款者要求权的资金主要来源于事前缴纳的存款保险费，而不是一般税收收入。在这里，银行就是政府救助计划的受益者。例如，美国联邦存款保险公司就经营着一个存款保险基金，如果参与保险的银行破产，就可以用这一基金补偿存款者的损失。当专门基金数量不足时，联邦存款保险公司有权实施一个额外的"系统性风险特别评估"，并要求银行针对未来风险预先支付相关费用。此外，如有必要，联邦存款保险公司还有权向财政部借款1000亿美元或更多。当然，如果联邦存款保险公司无法履行其义务，美国国会还会提供隐性担保，授权联邦存款保险公司（FDIC）使用一般预算。在20世纪80年代的储蓄与贷款协会危机中，美国国会就提供过这样的财政支持计划。即使没有使用一般税收收入，由政府支持的救援也应该纳入救助的范畴，即专门基金救助。

金融监管改革立法应该建立一个基金，以便有序解散具有系统威胁性的破产银行。而且，要通过对超过一定标准的银行征税的办法，使基金获得必要的回报。因为大型银行是银行监管的主要受益者。

在事前保险性的救助中，有可能从未来救助中获益的系统重要性银行必须提前为保险基金做出贡献。与此相反，在事后集资型的救助中，如果保险基金出现了亏损，那么，系统重要性银行，包括那些并未接受救助的银行，就要补交金融危机恢复费。因为大型银行是政府救助的主要受益者，而且大型银行业的支付能力也最强。

4. 一般预算收入救助

可以肯定的是，救助常常涉及一般预算收入的支出。一般预算收入救助是指那些救助成本由一般纳税人承担的救助。在绝大多数情况下，救助资金来源与财政部的一般预算收入。尽管在不同情况下，会计处理和估值方法有所不同，这些支出总会反映在政府预算之中。在其他一些情况下，救助资金来源于中央银行。此时，虽然这些成本没有直接反映在政府预算支出上，但它减少了中央银行上缴财政部的资金总量，因而对政府预算有间接的影响。

5. 复合救助

救助资金也可能是专门资金和一般预算收入的组合。有时候专门基金不足以覆盖所有的救助成本，需要一般预算予以补充。例如，在2008年美国政府对花旗银行的救助方案就囊括了美国财政部的问题资产处置计划（TARP）和来自联邦存款保险公司和联邦储备银行的担保。

（三）救助与刺激

政府对经济混乱的反应，通常被笼统地称为"救助"和"刺激"。不过政府的救助性行为与刺激性行为还是有很大差别的。

1. 概念

从时间维度来说，救助通常是为了防止市场崩溃而采取的紧急措施，或者是事后挽救已经遭受经济损害的私人经济实体。而刺激是指政府为促进经济增长而采取的前瞻性措施。涉及刺激的措施有很多种。甚至在经济已经比较强劲的情况下，政府依然有可能为促进经济的进一步增长而采取刺激措施。例如，政府有可能通过加速固定资产折旧来促进投资。也就是说，刺激措施是政府为了应对未来可能的经济下滑而采取的措施。另外，也有一些刺激措施是在危机之后实施，以促使经济回到增长的道路上来。

在作用范围方面，救助比刺激要窄。例如，刺激措施有可能是通过减税来普遍地刺激整个经济的增长，而救助措施往往是针对特定商业实体的具体措施。不过，在行业水平，救助和刺激往往是重叠的。由于救助往往与公共支出相关，有时候，当一个行业需要救助时，出于政治上的考虑，政府也把救助措施称为"刺激措施"。

将救助措施与刺激措施区分开来的最重要的特征是政策目标和制度设计。救助措施往往为了向被救助对象注入政府资金，例如，直接或担保贷款，债务或权益资本工具的购买，等等。在这里，政府提供了即时的经济救援。与此相反，刺激措施常常是为了激励公司和个人从事特定的经济活动。一般而言，刺激措施的目标是促进投资，且往往涉及减税计划。

2. 成本评估的差异

由于救助涉及实时支付，救助成本比刺激成本容易衡量。不过，只通过收付发生制考察支出费用并不能准确度量救助或刺激的长期成本。尽管不可能事先知道接受政府贷款或贷款担保的公司中有多大比例会最终违约，学者们已经构建了各种各样的基于风险的模型来估计长期信贷计划成本。

在制度设计中，刺激措施主要通过特别税收减免和信贷支持计划发挥激励作用。最终，政府为实施刺激措施而承担的总成本取决于有多少纳税人选择利用这些刺激措施。由于很难事先确定纳税人在多大程度上利用了特定的激励措施，要估计这些激励措施的长期预算成本是相当困难的。对于一个给定的年度，或许可以通过税收减免额和信贷支持额的加总来度量刺激措施的预算成本。但这种估计方法并不准确。一些纳税人本来就准备从事那些刺激措施支持的业务。此时，纳税人获得了一个意外收入，政府支付了不必要的成本。为了确定刺激措施的实际预算成本和多支付的成本，需要把从事刺激措施鼓励的事业的纳税人划分为两组，其中一组本来就准备从事该事业，另一组则是在刺激措施鼓励下从事该事业。不过，到目前为止，尚无令人信服的实证研究模型可用于度量意外收入效应。

（四）救助的成本

1. 公开型救助的成本

直接贷款、贷款担保以及其他或有债务。政府有许多贷款和贷款担保计划，以及存款保险计划。政府应对金融危机的通常做法就是增强已经存在的贷款和贷款担保计划，以及存款保险计划，或者创立新的计划。

贷款和其他信贷计划中的收付发生制和权责发生制。在收付发生制下，对外支付资金时，记为支出，收到资金时，记为收入。因此，尽管政府贷款按时归还的可能性很大，它总是被记为成本。另外，即使存在非常高的违约风险，政府的贷款担保也不会以预算成本出现。结果，政府直接贷款的预算成本被高估了，而贷款担保的成本被低估了。而且，贷款担保的显而易见的低价特征导致政府偏好贷款担保。

与收付发生制不同的是，在权责发生制下，从理论上说，政府直接贷款和贷款担保的预算负担是一样的。当政府通过直接贷款支付资金时，其净现值可能是零。如果借款者归还贷款本金，并支付足够的利息，按照净现值的观点，政府并未承担任何成本。与此相类似，如果政府为同样的低风险借款者提供担保，其净现值也是零。因此，在权责发生制下，政府没有太多理由偏爱贷款担保。

2. 隐蔽型救助的成本

隐蔽型救助的成本包括：

（1）税式支出①。如果有必要，政府的救助也可能通过暂时的税收免除、税收递延、税收减让或退税额等"间接支付"手段来实施。问题银行节省的金额即为政府财政收入的放弃额，就是所谓"税式支出"。很多关于"税式支出"的文献已经证明，同样的政府救助计划，既可以通过直接的"税收－支出"模型，也可以通过税收系统来操作。现在，人们普遍认为，特别税收减让、退税额、免税和税收递延减少了政府收入，形成实质的预算成本。

税式支出引发的救助成本比直接救助成本要隐蔽得多。虽然它对预算的实际影响与"税收和支出计划"相同，但在政府预算和政府财政中，它们是不一样的。很早以前，有些国家已经要求在预算中反映税式支出的情况，但在政府的预算赤字尚未涵盖税式支出这一项目。因此，到目前为止，税式支出还没有成为一个特别有效的政策工具。

（2）政府的救助性行为也可以通过行政机构的监管或法律解释来实施。

---

① 美国哈佛大学教授、财政部部长助理斯坦利·萨里（Stanley Surrey）于1967年首先提出。按照比较一致的观点，税式支出是指：在现行税制结构不变的条件下，政府对特定范围的纳税人或其特定经济行为，实施不同的税收政策，给予税收减免等优惠待遇而导致的支出或放弃的收入。

这种更为隐蔽的救助行为引起了两方面的关注。第一，关于这种类型的政府干预，公众一无所知。第二，这种干预的成本难以度量，因而在预算和财政文件中不可能得到明确具体的反映。有明确法律依据的税式支出起码还能在某些预算文件中得到反映，而这种行政行为在预算中没有任何反映。

各国税务局的许多规定和行为都是解释性的，并不严格受到该国行政许可法的约束。因而，通过税务局的管理、规定或程序，甚至备忘录等方式实施的救助更为隐蔽，其成本也更难以观察和度量。

除了受行政许可法的约束，各行政机构还受到最高行政当局行政命令的约束。最高当局往往要求各级行政机构对各种规章制度进行成本—收益分析。不过，最高行政当局的许多命令经常只适用于行政许可法范围内的事项，那些不受行政许可法约束的行为，同样也不受最高当局的约束。

（3）其他的隐蔽性救助成本包括非税收性救助和隐性担保。前者是指在监管制度的实施过程中，给予某些银行例外待遇。后者则指，政府的一系列救助计划最终会改变公众的预期，在银行系统中产生大量的道德风险，使银行系统趋于更不稳定，进一步增加了政府在未来的救助成本。

三、公共银行业与卡西诺银行业的分离

既然提高资本要求不能彻底消除救助的可能性，那么，更为可靠的办法，或许是对银行业采取进一步的措施，实施银行业分拆，降低个体银行的系统重要性，使得社会能够承受得起丧失清偿力的银行倒闭的冲击，从而避免救助所带来的高昂成本。

（一）银行业分离方案概述

银行业分离方案可以分为三类：第一，恢复格拉斯－斯蒂格尔式的限制；第二，约翰·凯（John Kay）的极端形式——狭义银行业，零售存款只投资于无风险的政府资产；第三，美国总统奥巴马提出的"沃克方案"。尽管分离是应对"大而不倒"问题的有效而合理的方法，上述分离建议都存在严重的缺陷。

商业银行所从事的国债交易和证券化业务规模巨大，对于改善外汇和风

险管理意义重大。因此，全面恢复格拉斯－斯蒂格尔式的限制是不可能的。为了应对这一问题，约翰·凯建议拆分银行的产权交易业务，成立"狭义银行"专门吸收零售存款，并主要投资于无风险政府债券，同时提供支付和其他具有公共性的银行服务。因为只有"狭义银行"能够吸收零售存款，所以，可以适当调整对其他金融机构的管制，使之不再受微观审慎监管的约束。然而，约翰·凯的方案有很多缺陷：

（1）如同产权自营风险一样，银行对次级贷款的不当管理也是它们陷入困境的重要原因。

（2）在约翰·凯的方案中，所有可能产生资产泡沫的业务，例如，消费者贷款、抵押贷款和商业贷款，都交由几乎不受监管的银行来经营。在这种安排下，诸如"大而不倒"等可能导致全球金融危机的风险就永久保留下来了。此外，把风险性贷款交由未受监管的银行来经营也意味着，监管机构无法有效应对银行信贷繁荣与衰退相互交替的周期性问题，以及由此产生的宏观经济问题。

在2007～2009年的危机中，除了北岩银行和几个存款机构之外，美国的大部分银行不是因为挤兑而成为"大而不倒"银行，而是因为彼此间的关联性。市场纪律能否有效约束未受监管的银行，使之免受周期性、关联性和信息不对称等问题的影响，仍然是个未知数。此外，在缺乏最后贷款人机制的情况下，未受监管的银行极易产生信心缺失和挤兑问题，进而产生并放大流动性冲击。

（3）主权债市场的性质和风险问题。亚洲金融危机和欧元区主权债务危机表明，这些工具并不如人们想象的那样安全。而且，在任何一个国家中，这种工具的供给都可能不足以覆盖所有的受保险存款存量。此外，约翰·凯关于建议政府发行额外的国债，以满足"狭义银行"要求的建议，无疑意味着信贷风险的"国有化"，资本和流动性要求抵御信贷风险的机制随之消失。

"沃克方案"虽然没有其他方案那样的缺陷，但也存在几个漏洞。第一，它还很粗略，例如，它就没有关于产权交易的定义。第二，它无法有效应对证券化引起的过度脱媒问题，这意味着持有大量消费者、房地产和公共债务的市场参与者本身成为"大而不倒"者。雷曼兄弟公司破产的严重后果，就证明了这一点。而且，只要银行存在较高的证券化率，这些机构就会与银行形成密切的关系，从而维持了其"大而不倒"的地位。第三，"沃克方案"是单方面的和本土性的，而很多大型银行是国际性的，甚至是全球性的。显然，不顾欧洲国家的传统和他们国家制度的经济利益，要说服欧洲国家采纳分离方案是很难的。因此，如果国际方案是要解决"大而不倒"问题，应对大型银行对全球金融系统稳定性的影响，就需要对"沃克方案"做进一步的修改，以增加其可接受性，并最小化欧洲全能银行制度的风险。

（二）分离方案的原则

一个成功的分离方案必须能够有效地提高经济效率，维持银行机构的健康和银行系统的稳定，并以如下三个核心原则为基石。

（1）分离方案不能太僵化。在很多国家中，银行贷款非常重要，而且全能银行在它们的经济中起着举足轻重的战略作用。显然，在这些国家，两极分化的分离方案在政治上是不可接受的。设计一个可以从事一系列混合活动的中间层银行，使之在银行业务选择方面具有一定的弹性，可以更好地化解分离带来的紧张气氛。因此，一个分离方案要想获得认同，他必须为中间类型的银行留下发展空间，使存放其中的存款具有一定的安全性，并获得较高回报。这样的银行应该主要关注商业机构贷款，而不是家庭贷款，并在资本市场拥有比狭义银行更大的灵活性。

（2）识别银行不能承担和管理的风险。分离方案要对资产组合选择、金融创新应用和资本市场参与进行限制。因此，受保护最多的存款银行机构（公共银行）只能有限地参与资本市场，并且必须以对冲贷款账面风险为目的，而不能从事产权交易或证券承销业务。对于接受短期存款而不接受活期存款，主要专注于商业贷款的中间银行，这些限制就宽松得多。而对于卡西诺银行来说，由于其不吸收存款，不必限制其在资本市场和证券化市场上的活动。

就经济功能而言，头寸限制与杠杆率上限和监管资本要求并无不同。国际监管者可以通过严格的调查研究确定固定的头寸限制上限。但为何这种调查的可行性不如确定恰当的资本要求比率，原因尚不是很清楚。

（3）银行系统不仅要操持自身的健康和安全，而且要通过向房地产和商业公司提供平稳的贷款，促进经济的增长。这一功能主要通过设立两种金融机构来实现，它们分别从事房地产金融业务和商业金融业务，具有不同的资金来源、风险特征和存款担保水平，从而降低关联性和道德风险。

但是，这里所说的分离方案只是重建银行监管防线的第一步。如果美国和其他 20 国集团国家，以及欧洲联盟中的非 20 国集团国家不能达成共识，这一领域内的任何政策建议的价值都非常有限。由于监管套利的存在，对全球性的银行业来说，基于一国的制度作用不大。因此，现有方案的真正价值在于，它提供了一个清晰的框架，有利于建立多元化、多层次的银行监管制度。

（三）分离公共银行业与卡西诺银行业的三元银行方案

三元银行分离方案把银行业分为三大板块（如表 5.5、表 5.6 和表 5.7 所示），即公共银行业、中间银行业和卡西诺银行业。公共银行业中的银行主要从事存贷款等传统银行业务，涉及最为广泛的人群，具有一定的公共性质，受到的保护最多，资本要求最低。卡西诺银行业中的银行主要从事证券业务，风险最高，具有一定的"赌博"性质，没有存款保险，虽然也可以从中央银行或私人部门获得流动性保险，但需要支付市场费率。中间银行业的业务范围介于公共银行业与卡西诺银行业之间。其中的银行可以获得一定的存款保险，以及来自最后贷款人的流动性保护。

表 5.5 公共银行

牌照类型	一类银行：储蓄和贷款机构
存款保险	90% 以上，覆盖所有中小存款者
流动性保险	最后贷款人安排
资本要求	• 低 • 《巴塞尔协议 III》 • 无额外流动性要求 • 无全球税
资金来源	• 存款 • 股东权益 • 发行债券 • 批发市场资金（不超过总存款的 30% 或股东权益的 300%） • 证券化（不超过总资产 30%~40%）

续表

牌照类型	一类银行：储蓄和贷款机构
允许业务	• 吸收存款 • 消费者贷款 • 抵押贷款 • SMEs 贷款 • 国债和外汇业务 • 同业贷款（以贷存比 30% 为限）
禁止业务	• 超过比率（如总资产 30% ~ 40%）的资产证券化限制 • 超出资产负债表管理范畴的外汇业务 • 超出比率（如贷存比 30%）的同业贷款限制 • 高风险暴露的其他业务

表 5.6 中间银行

牌照类型	二类银行
存款保险	对存款人发行的短期债务的 50%
流动性保险	最后贷款人安排
资本要求	• 《巴塞尔协议Ⅲ》 • 无额外杠杆率要求 • 无全球税（levy）
资金来源	• 定期存款账户、存款证和结构存款 • 向公众存款人发行短期票据和长期债券，以及批发资本市场资金 • 股东权益 • 批发银行市场资金（不超过股东权益与长期债务之和的 100%） • 证券化（以总资产的 60% 为限核心资本）
允许业务	• 向公众发行存款和票据，以及长期债券 • 抵押贷款 • 公司贷款 • 租赁业务 • 国债和外汇业务 • 资产管理业务 • 经纪业务 • 有限的证券包销和股权持有
禁止业务	• 超过比率（如股东权益的 300%）的证券包销和产权交易 • 超过比率（如总资产的 60%）资产证券化 • 活期存款 • 高风险暴露的其他业务

表 5.7　　　　　　　　　　　　　　　卡西诺银行

牌照类型	三类银行
存款保险	无
流动性保险	以市场费率提供的中央银行或私人流动性保险
资本要求	《巴塞尔协议Ⅲ》
资金来源	● 面向公众或者批发市场的股权或者债券发行 ● 无限制的批发市场资金 ● 无限制的证券化
允许业务	● 包销业务 ● 经纪业务 ● 衍生产品交易
禁止业务	● 所有存款业务 ● 面向公众的短期债务发行

该方案在确定银行的业务范围方面具有很大的弹性，为金融系统提供了强有力的风险多样化机制；设置了过量风险吸收机制，降低了道德风险；银行比较强大，足以为经济发展提供足够的金融支持。

（四）三元银行分离方案的优势

如果不进行详细的分析，要确定上述分离方案的收益是否超过它所带来的成本是很困难的。这些成本包括银行的组织和业务重构费用，以及头寸限制引发的效率损失等。不过，分离所带来的主要好处还是显而易见的。

（1）这一分离方案缩小了银行规模，降低了其系统重要性。分离方案中的一类银行和二类银行只能承担较少的债务，并在资产证券化方面接受严格的监管，从而有效防止杠杆率过高。此外，业务范围和头寸限制降低了关联性，从而降低了三类银行破产对一类银行和二类银行的影响，增强了银行系统的稳定性。此外，这一分离方案催生了一个在资产和负债方面都足够多样化的银行系统，有效抑制了同质化的不稳定效应。

（2）这一分离方案允许各种类型的风险自由流入银行系统，并且每一种风险都由最适合的银行进行管理。这是管理风险的最好办法。更重要的是，信贷风险回归资产负债表，并由中级商业银行管理者进行最好的管理。在该分立方案下，还可以重建商业银行系统的银行 - 客户关系，形成最好的客户监督和信贷控制系统。有远见的学者已经指出，为改善银行系统的功能，必须回归关系导向而不是交易导向的系统。显然，实现这种回归的唯一办法，就是缩小巨型银行的规模。

（3）更稳定的金融体系所带来的经济上的好处是显而易见的。分离缩小了银行规模，而且，随着银行信贷风险管理的改善，银行对经济的金融支持会更加有效。理论和实证研究已经证明，金融支持是经济增长的重要原因，而基于银行的金融支持与基于市场的金融支持之间，并无高低之分。因此，与银行向金融需求者有效地提供金融中介服务的能力相比，银行规模实在不是那么重要。

（4）上述分离方案可以极大地促进金融部门的竞争和消费者福利。拆分大型复杂金融机构，降低了进入市场的门槛，增加了竞争。这反过来又削弱了国内金融部门游说集团对政府的影响，有利于外国银行进入，进一步增强了银行系统的稳定性。此外，该分离方案还产生了专业化程度比较高的银行，能够为客户提供更好的金融服务，并减少了利益冲突。而利益冲突是全能银行的主要问题，损害了银行业的声誉。更好的金融服务有利于提高银行的声誉，增加了银行的特许权价值。更进一步地，规模更小、专业化程度更高的银行会得到更好的管理，因为过分的奖励激励在银行经营中的作用趋于下降，利润和对高层管理人员的奖金都将回归正常状态。这又为银行高层管理人员的薪酬问题提供了比直接监管更好的解决方案。

（5）上述分离方案以加强市场纪律为目标，承认它的相对重要性。这减少了政府存款担保中的"搭便车"现象。而且，该方案对存放于二类银行中的存款只提供50%的保险，促使公众增强对二类银行的监督。此外，二类和三类银行的交易对手也认识到这些银行不再具有大而不倒的性质，出于自身资产安全的考虑，它们也会增强对这些银行的监督。

（6）上述分离方案将极大地增强个体银行的稳定性。因为吸收存款的一类银行将在严格的监管框架和存款保险计划下运行，而二类银行不能吸收活期存款，降低了银行挤兑的概率。此外，资产证券化有可能削弱银行资产负债表的稳健性，对这类活动的限制提高了债权人的信心，有利于银行机构参与银行同业拆借市场。

（7）在20国集团范围内，上述方案可能是政治上可行的唯一的银行业分离方案。因为三元银行方案为欧洲的银行留下了足够的发展空间，使它们能够重新调整其业务范围和资金来源，不必关掉整个业务单元。而且，大多欧洲和美国的银行都倾向于申请二类银行牌照，这意味着它们为了吸引存款者，必须比现在更有效地进行业务经营，为存款者提供更高的回报。显然，这同时提高了银行业和存款者的福利水平。

（8）对监管这一新型银行系统的监管者来说，这一方案是中性的，因而对20国集团国家现存监管结构的影响最小。

第四节 本 章 小 结

本章构建了基于系统重要性的银行资本监管政策体系，并在此基础上分析了宏观审慎监管与微观审慎监管的内在联系，同时详细阐述了系统重要性银行机构资本监管中的几个重要问题。结果显示：

（1）银行监管资本比率、系统重要性和系统高风险三者之间有内在联系，必须实施完整的资本监管政策，才能同时保证个体银行和整个银行系统的稳定和健康。

（2）宏观审慎监管与微观审慎监管既相互区别，又相互联系，两者既要分工明确，也要相互配合，才能达到最佳效果。

（3）加强对系统重要性银行的资本监管是维护银行系统稳定和健康的关键。

| 第六章 |

结　语

2007~2009 年的国际金融危机使人们认识到，现行的银行资本监管制度存在严重缺陷，必须作出重大改革，才能避免类似的危机再次发生。本书主要关注银行监管资本比率、系统重要性和系统风险这三者之间的关系，认为商业银行的系统重要性对银行体系的系统风险，以及银行资本监管的有效性，都有重要影响。

第一节　主 要 结 论

（1）商业银行等金融机构的系统重要性主要源于其规模、可替代性、关联性、复杂性和全球活跃性等因素。一般而言，个体银行因素、行业因素、宏观经济因素和国际经济因素等都会影响到商业银行的系统重要性。但在既定的宏观经济环境和国际环境下，影响商业银行系统重要性的主要因素是其个体特征。

（2）基于指标的系统重要性度量方法可以近似替代基于模型的的系统重要性度量方法。商业银行系统重要性的定量评估方法包括指标法和模型法。从理论上说，模型法更为准确一些。但是，这些模型对监管者构成了严重的挑战，因为它们对数据要求颇高，而且难以与一般公众进行交流。此外，模型法还需要较为详细的系统层面的信息，很多个体银行无法直接使用它们来进行系统重要性的评估和管理。因此，需要构建一些既简单易行，又具有较好准确性的指标，以供监管者和银行管理者在日常监管和管理工作中使用。源自资产负债表的规模、关联性、可替代性和复杂性等指标正好符合这一要求，完全可以满足监管者和银行管理者在系统重要性的日常管理中的要求。

（3）系统重要性对系统风险有重大影响。显然，系统结构是与系统的稳定性，即系统风险是密切相关的。在银行系统中，各个银行机构系统重要性的相对大小，即系统重要性的分布状况，或者说基于系统重要性的结构，对银行系统的风险有重大影响。在系统重要性高度集中的银行系统中，个体银行规模巨大，整个银行网络的关联性较高，其系统风险也较高。

（4）系统重要性银行机构与非系统重要性银行机构之间存在不同的行为模式，对系统风险的影响也不同。依据商业银行系统重要性的大小，可以将它们分为四大类，分别是个体系统重要性银行、群组系统重要性银行、非系统重要性银行和微型银行。前两类属于广义系统重要性银行的范畴，后两类属于广义非系统重要性银行机构的范畴。由于信息不对称，系统重要性越高的银行，其道德风险越是严重，严重影响银行资本监管的有效性，不利于银行系统的稳定和健康。

（5）建立和健全全球统一的银行资本监管制度是经济金融全球化的必然要求和结果。自20世纪80年代以来，特别是20世纪90年代以来，随着计划经济向市场经济的成功转型，以及世界贸易组织（WTO）的建立，经济金融全球化迅猛发展，巨型复杂跨国银行不断涌现，甚至出现了全球性的多元化金融机构。这些具有全球系统重要性的金融机构力量和活动范围都远非一般国家可比，依靠单个国家对银行等金融机构进行监管已经不再具有可行性。在这种情况下，作为国际银行业资本监管统一标准的巴塞尔协议应运而生，并不断得到充实和提高，而且在绝大部分国家和地区中得到有效遵守和实施。

（6）本书建立的基于系统重要性的银行资本监管政策体系显示，银行监管资本比率、系统重要性和系统风险这三者之间存在必然联系，必须构建基于系统重要性的，将微观审慎监管和宏观审慎监管有机结合起来的银行资本监管框架，才能同时实现个体银行机构和整个银行系统的稳定和健康。

就银行资本监管政策体系来说，各种具体监督检查方法是操作工具，银行监管资本比率是政策工具，系统重要性是中介目标，系统风险的下降，即银行的稳定与健康是政策目标。监管者通过有效地控制和使用各种操作工具，直接作用于银行监管资本比率，然后，银行监管资本比率的变化又引起个体银行系统重要性的变化，从而改变银行系统的系统重要性结构，最终降低系统风险，促进银行系统的稳定和健康。

此外，微观审慎监管主要关注个体银行的稳定和健康，宏观审慎监管主要关注整个银行系统的稳定和健康。但个体银行的稳定和健康并不总是与整个银行系统的稳定和健康相一致，有时，为达到个体银行的稳定和健康，实际上损害了整个银行系统的稳定和健康。因此，微观审慎监管和宏观审慎监管既要分工明确，又要相互配合，以维护整个银行系统稳定和健康的优先地位。

第二节　不足之处

由于笔者才疏学浅，研究对象极其复杂，并且本书只是笔者探讨基于系统重要性的商业银行资本监管这一问题的阶段性成果，其中的不足之处是明显的。

（1）风险成本内部化方法的局限性。本书的主要思想是风险成本内部化，商业银行的系统重要性越高，其风险成本内部化的要求也越高。然而，在商业银行规模越来越大的情况下，即使不涉及其他银行机构，系统重要性银行本身的问题也已足以引发"大而不倒"问题。这在一定程度上削弱了风险成本内部化方法的有效性。本书提出的缩小银行规模，降低其复杂性的银行业分离方案，虽然能有效应对这一问题，但在全球银行业竞争日益激烈的现实条件下，这些方案能在多大程度上为各国政府接受，尚未可知。

（2）局部均衡。本书未详细考察银行系统与实体经济之间的关系，属于局部均衡分析。这使得本书具有局部均衡分析方法的共性问题。当实体经济发生较大变化时，本书某些方法和结论的可靠性有可能下降。

（3）数据的可得性问题。由于数据不足，本书在对中国商业银行系统重要性对资本监管有效性的影响进行实证研究时，只考虑了17家全国性商业银行在全国水平上的系统重要性，未考虑其在区域水平上，以及全球水平上的情况，也未涉及其他类型的商业银行。

第三节　未来的研究方向

针对本书的不足，今后应在以下几个方面进行更进一步的研究：

（1）进一步深入研究系统重要性银行机构的可破产性问题。只有维持系统重要性银行机构的可破产性，才能有效缓解它们的道德风险，降低它们的风险承担水平，进而降低整个银行系统的风险，维护银行系统的稳定和健康。这包括对这些银行机构的边界进行界定，并区分不同的层次，实施区别对待政策。

（2）进一步考察银行系统与金融系统其他部分，以及银行系统与实体经济的关系，将银行系统、实体经济纳入统一的分析框架，进行一般均衡分析。

（3）将系统重要性的单一层次研究扩展至包括区域性、全国性和国际性银行系统在内的多层次研究。

（4）最后一点，也许是最重要的一点，需要研究银行系统总体风险水平的合理区间。风险成本内部化固然可以防止整个系统的崩溃，但是，这需要耗费大量的资本。从整个社会福利最大化的角度来说，这是否值得？人们到底应该将多少资本用于风险成本内部化？关于这一点，由于涉及面太广，在可以预见的将来，人们恐怕难以形成共识。这也说明，在这方面，理论工作者任重而道远。

参考文献

［1］巴尔塔基.面板数据计量经济分析［M］.白仲林，译.北京：机械工业出版社，2010.

［2］巴曙松，高江健.基于指标法评估中国系统重要性银行［J］.财经问题研究，2012（9）：48－56.

［3］范小云，廉永辉.资本充足率缺口下的银行资本和风险资产调整研究［J］.世界经济，2016（4）.

［4］高铁梅.计量经济分析方法与建模［M］.第2版.北京：清华大学出版社，2009.

［5］管斌.系统重要性金融机构监管问题研究［J］.武汉金融，2012（6）：24－28.

［6］郭卫东.中国上市银行的系统重要性评估——基于指标法的实证分析［J］.当代经济科学，2013（2）：28－35，125.

［7］胡海峰，郭卫东.全球系统重要性金融机构评定及其对中国的启示［J］.经济学动态，2012（12）：71－75.

［8］黄达.金融学［M］.北京：中国人民大学出版社，2003.

［9］江曙霞，任婕茹.资本充足率监管压力下资本与风险的调整——基于美国商业银行数据的实证分析［J］.厦门大学学报（哲学社会科学版），2009（4）.

［10］李志辉.中国银行业风险控制和资本充足性管制研究［M］.北京：中国金融出版社，2007.

［11］刘媛. 金融领域的原则性监管方式［J］. 法学家，2010（3）.

［12］祁敬宇. 金融监管学［M］. 西安：西安交通大学出版社，2007.

［13］汪冰. 政府"管制"与"监管"之辨［J］. 商业时代，2006（32）：47－51.

［14］王培辉，袁薇，金融机构系统重要性评估方法比较与应用研究［J］. 武汉金融，2017（8）：40－45.

［15］王巍. 系统重要性金融机构的识别、监管及在我国的应用［J］. 财经问题研究，2013（2）：60－65.

［16］王淯，王聿孜. 更新后的全球系统重要性银行评估框架［J］. 金融发展评论，2013（10）：84－86.

［17］王兆星. 中国金融体系安全稳定发展的若干问题［J］. 中国金融，2009（23）：8－11.

［18］吴俊霖. 资本监管压力、货币政策与银行风险承担［J］. 金融监管研究，2017（11）：51－70.

［19］徐明东，陈学彬. 货币环境、资本充足率与商业银行风险承担［J］. 金融研究，2012（7）：489＋50－62.

［20］杨新兰. 资本监管下银行资本与风险调整的实证研究［J］. 国际金融研究，2015（7）：67－74.

［21］易丹辉. 数据分析与 EViews 应用［M］. 北京：中国人民大学出版社，2008.

［22］张强，吴敏. 中国系统重要性银行评估：来自 2006－2010 年中国上市银行的证据［J］. 上海金融，2011（11）：39－42＋8.

［23］张晓峒. 应用数量经济学［M］. 北京：机械工业出版社，2009.

［24］中国银行业监督管理委员会. 中国银行业监管法规汇编（上）［G］. 第 2 版. 北京：法律出版社，2011.

［25］中国银行业监督管理委员会. 中国银行业监管法规汇编（中）［G］. 第 2 版. 北京：法律出版社，2011.

［26］Abrams B A, Settle R F. Pressure-group Influence and Institutional Change：Branch-banking Legislation During the Great Depression［J］. Public Choice，1993，77（4）：687－705.

［27］ Acharya V V, Pedersen L H, Philippon T, et al. Measuring Systemic Risk ［R］. FRB of Cleveland Working Paper No. 10 – 02, 2010.

［28］ Acharya V V, Pedersen L, Philippon T, et al. Taxing Systemic Risk ［M］. New York: New York University Press, 2011.

［29］ Acharya V V, Richardson M. Causes of the Financial Crisis ［J］. Critical Review, 2009, 21 (2 – 3): 195 – 210.

［30］ Acharya V V, Yorulmazer T. Information Contagion and Bank Herding ［J］. Journal of Money, Credit and Banking, 2008, 40 (1): 215 – 231.

［31］ Acharya V V, Yorulmazer T. Too Many to Fail—An Analysis of Time-inconsistency in Bank Closure Policies ［J］. Journal of Financial Intermediation, 2007, 16 (1): 1 – 31.

［32］ Acharya V V. A Theory of Systemic Risk and Design of Prudential Bank Regulation ［J］. Journal of Financial Stability, 2009, 5 (3): 224 – 255.

［33］ Acharya V, Engle R, Richardson M. Capital Shortfall: A New Approach to Ranking and Regulating Systemic Risks ［J］. American Economic Review, 2012, 102 (3): 59 – 64.

［34］ Agénor P R, Pereira da Silva L A. Reforming International Standards for Bank Capital Requirements: A Perspective from the Developing World ［M］//International Banking in the New Era: Post-crisis Challenges and Opportunities. Emerald Group Publishing Limited, 2010.

［35］ Albertazzi U, Gambacorta L. Bank Profitability and the Business Cycle ［J］. Journal of Financial Stability, 2009, 5 (4): 393 – 409.

［36］ Allen F, Gale D. Competition and Financial Stability ［J］. Journal of Money, Credit and Banking, 2004: 453 – 480.

［37］ Allen F, Gale D. Financial Contagion ［J］. Journal of Political Economy, 2000, 108 (1): 1 – 33.

［38］ Allen W A, Moessner R. Central Bank Co-operation and International Liquidity in the Financial Crisis of 2008 – 9 ［R］. Bank for International Settlements, Monetary and Economic Department, 2010.

［39］ Allen W A, Wood G. Defining and Achieving Financial Stability ［J］.

Journal of Financial Stability, 2006, 2 (2): 152 – 172.

[40] Allison G T, Zelikow P. Essence of Decision: Explaining the Cuban Missile Crisis [M]. Boston: Little, Brown, 1971.

[41] Almazan A. A Model of Competition in Banking: Bank Capital versus Expertise [J]. Journal of Financial Intermediation, 2002, 11: 87 – 121.

[42] Ashcraft A B. Do Tougher Bank Capital Requirements Matter? New Evidence from the Eighties [J]. SSRN Electronic Journal, 2001.

[43] Bank for International Settlements. Addressing Financial System Procyclicality: A Possible Framework [C]. Note for the FSF Working Group on Market and Institutional Resilience, September, 2008.

[44] Bank for International Settlements. Annual Report [R]. 2009.

[45] Bank for International Settlements. Core Principles for Effective Banking Supervision [R]. 1997.

[46] Bank of England. The Role of Macroprudential Policy [R]. Bank of England Discussion Paper, November, 2009.

[47] Banulescu G D, Dumitrescu E I. Which Are the SIFIs? A Component Expected Shortfall Approach to Systemic Risk [J]. Journal of Banking & Finance, 2015, 50: 575 – 588.

[48] Barrios V E, Blanco J M. The Effectiveness of Bank Capital Adequacy Regulation: A Theoretical and Empirical Approach [J]. Journal of Banking & Finance, 2003, 27 (10): 1935 – 1958.

[49] Basle Committee on Banking Supervision. A Framework for Dealing with Domestic Systemically Important Banks [R]. Basel Committee on Banking Supervision, 2012.

[50] Basle Committee on Banking Supervision. Basel III: International Framework for Liquidity Risk Measurement, Standards and Monitoring [R]. Bank for International Settlements, 2010.

[51] Basle Committee on Banking Supervision. Global Systemically Important Banks: Assessment Methodology and the Additional Loss Absorbency Requirement [R]. Bank for International Settlements, 2011.

［52］ Beatty A L, Gron A. Capital, Portfolio, and Growth: Bank Behavior under Risk-based Capital Guidelines ［J］. Journal of Financial Services Research, 2001, 20 (1): 5 – 31.

［53］ Bendor J B. Parallel Systems: Redundancy in Government ［M］. Berkeley: University of California Press, 1985.

［54］ Bendor J, Kumar S. The Perfect is the Enemy of the Best: Adaptive versus Optimal Organizational Reliability ［J］. Journal of Theoretical Politics, 2005, 17 (1): 5 – 39.

［55］ Benigno G, Chen H, Otrok C, et al. Revisiting Overborrowing and Its Policy Implications ［R］. 2010.

［56］ Bernanke B. Reducing Systemic Risk ［C］. Speech, Federal Reserve Bank of Kansas City Jackson Hole Conference, August 22, 2008.

［57］ Besanko D, Kanatas G. The Regulation of Bank Capital: Do Capital Standards Promote Bank Safety? ［J］. Journal of Financial Intermediation, 1996, 5 (2): 160 – 183.

［58］ Bianchi J. Overborrowing and Systemic Externalities in the Business Cycle ［R］. Federal Reserve Bank of Atlanta, Working Paper Series, 2009 (24).

［59］ Blanchard O, Dell Ariccia G, Mauro P. Rethinking Macroeconomic Policy ［J］. Revista de Economía Institucional, 2010, 12 (22): 61 – 82.

［60］ Blum J. Do Capital Adequacy Requirements Reduce Risks in Banking? ［J］. Journal of Banking & Finance, 1999, 23 (5): 755 – 771.

［61］ Boot A W A, Marinc M. Competition and Entry in Banking: Implications for Stability and Capital Regulation ［R］. Tinbergen Institute Discussion Paper TI 2006 – 015/2, January 22, 2006.

［62］ Boot W A, Greenbaum S I. Bank Regulation, Reputation and Rents: Theory and Policy Implications ［M］. Cambridge MA: Cambridge University Press, 1993.

［63］ Borio C E V, Shim I. What can (Macro –) Prudential Policy Do to Support Monetary Policy? ［R］. BIS Working Paper, No. 242, 2007.

［64］ Borio C, Drehmann M. Towards an Operational Framework for Financial

Stability: 'Fuzzy' Measurement and Its Consequences [R]. BIS Working Papers, No. 284, 2009.

[65] Borio C, Furfine C, Lowe P. Procyclicality of the Financial System and Financial Stability: Issues and Policy Options [J]. BIS Papers, 2001, 1 (March): 1 –57.

[66] Borio C. Implementing the Macroprudential Approach to Financial Regulation and Supervision [J]. Financial Stability Review, 2009 (13): 31 –41.

[67] Borio C. Towards a Macroprudential Framework for Financial Supervision and Regulation? [J]. CESifo Economic Studies, 2003, 49 (2): 181 –215.

[68] Born B, Ehrmann M, Fratzscher M. Macroprudential Policy and Central Bank Communication [R]. Center for Economic Policy Research Paper No. DP8094, 2010.

[69] Boyd J H, De Nicolo G. The Theory of Bank Risk Taking and Competition Revisited [J]. The Journal of Finance, 2005, 60 (3): 1329 –1343.

[70] Boyd J H, Gertler M. US Commercial Banking: Trends, Cycles, and Policy [J]. NBER Macroeconomics Annual, 1993, 8: 319 –368.

[71] Boyer P, Ponce J. Central Banks, Regulatory Capture and Banking Supervision Reforms [R]. Documentos De Trabajo, 2010.

[72] Brouwer H. Challenges in the Design of Macroprudential Tools [C]. Introductory Speech at the Workshop on "Concrete Macroprudential Tools" Hosted by DNB, the IMF and the Duisenberg School of Finance, Amsterdam, January 13, 2010.

[73] Brownlees C T, Engle R. Volatility, Correlation and Tails for Systemic Risk Measurement [R]. Available at SSRN, 2012.

[74] Brunnermeier M K, Gorton G, Krishnamurthy A. Risk Topography [R]. Princeton University, 2010.

[75] Brunnermeier M K. Deciphering the Liquidity and Credit Crunch 2007 – 2008 [J]. Journal of Economic Perspectives, 2009, 23 (1): 77 –100.

[76] Brunnermeier M, Crockett A, Goodhart C A E, et al. The Fundamental Principles of Financial Regulation [R]. Center for Monetary and Banking Stud-

ies, 2009.

[77] Buiter W. Regulating the New Financial Sector [EB/OL]. (2009 – 02 – 01). http://blogs. ft. com/maverecon/2009/02/regulating – the – new – financial – sector/.

[78] Calem P, Rob R. The Impact of Capital-based Regulation on Bank Risk-taking [J]. Journal of Financial Intermediation, 1999, 8 (4): 317 – 352.

[79] Calomiris C W, Kahn C M. The Role of Demandable Debt in Structuring Optimal Banking Arrangements [J]. The American Economic Review, 1991: 497 – 513.

[80] Calomiris C W. Prudential Bank Regulation: What's Broke and How to Fix It [R]. 2009.

[81] Calomiris C. Banking Crises and the Rules of the Game [R]. National Bureau of Economic Research, 2009.

[82] Capital Markets Department Staff. Global Financial Stability Report [R]. International Monetary Fund, October, 2009.

[83] Capital Markets Department Staff. World Economic Outlook [R]. International Monetary Fund, October, 2009.

[84] Carpenter D P. Protection without Capture: Product Approval by a Politically Responsive, Learning Regulator [J]. American Political Science Review, 2004, 98 (4): 613 – 631.

[85] Carpenter D, Ting M M. Regulatory Errors with Endogenous Agendas [J]. American Journal of Political Science, 2007, 51 (4): 835 – 852.

[86] Caruana J. Macroprudential Policy: Working towards a New Consensus [R]. Bank for International Settlements, Basel, Switzerland, 2010.

[87] Caruana J. Monetary Policy, Financial Stability and Asset Prices [R]. Banco de España & Occasional Papers Homepage, 2005.

[88] Claudio B. The Macro-prudential Approach to Regulation and Supervision [R]. Bank for International Settlement, 2009.

[89] Clement P. The Term 'Macroprudential': Origins and Evolution [R]. BIS Quarterly Review, 2010.

[90] Coase R H. The Problem of Social Cost [M]//Classic Papers in Natural Resource Economics. Palgrave Macmillan, London, 1960: 87 – 137.

[91] Cooper R, ROSS T. Bank Runs: Deposit Insurance and Capital Requirements [J]. International Economic Review, 2002, 43 (1): 55 – 72.

[92] Crockett A. Marrying the Micro-and Macro-prudential Dimensions of Financial Stability [R]. BIS Speeches, 2000.

[93] Čihák M, Schaeck K. How Well Do Aggregate Prudential Ratios Identify Banking System Problems? [J]. Journal of Financial Stability, 2010, 6 (3): 130 – 144.

[94] Daniel J P, VanHoose D D. International Monetary and Financial Economics [M]. Ohio: South – Western College Publishing, 2005.

[95] Danielsson J. Blame the Models [J]. Journal of Financial Stability, 2008, 4 (4): 321 – 328.

[96] Davis A K. Banking Regulation Today: A Banker's View [J]. Law & Contemp. Probs. , 1966, 31: 639.

[97] Davis E P, Karim D. Macroprudential Regulation – The Missing Policy Pillar [C]. Euroframe Conference on Economic Policy Issues in the European Monetary Union, June 12, 2009

[98] De la Torre A, Ize A. Containing Systemic Risk: Paradigm-based Perspectives on Regulatory Reform [R]. The World Bank, 2011.

[99] De Soto H. Toxic Assets Were Hidden Assets [N]. Wall Street Journal, 2009 – 03 – 25.

[100] Decamps J P, Rochet J C, Roger B. The Three Pillars of Basel II: Optimizing the Mix [J]. Journal of Financial Intermediation, 2004, 13 (2): 132 – 155.

[101] Diamond D W, Dybvig P H. Bank Runs, Deposit Insurance, and Liquidity [J]. Journal of Political Economy, 1983, 91 (3): 401 – 419.

[102] Diamond D W, Rajan R G. Liquidity Risk, Liquidity Creation, and Financial Fragility: A Theory of Banking [J]. Journal of Political Economy, 2001, 109 (2): 287 – 327.

[103] Diamond D W. Financial Intermediation and Delegated Monitoring [J]. The Review of Economic Studies, 1984, 51 (3): 393 –414.

[104] Diamond D W. Monitoring and Reputation: The Choice between Bank Loans and Directly Placed Debt [J]. Journal of Political Economy, 1991, 99 (4): 689 –721.

[105] Dixit A K, Dixit R K, Pindyck R S, et al. Investment under Uncertainty [M]. Princeton NJ: Princeton University Press, 1994.

[106] Dothan U, Williams J. Banks, Bankruptcy, and Public Regulation [J]. Journal of Banking & Finance, 1980, 4 (1): 65 –87.

[107] Dowd K. Models of Banking Instability: A Partial Review of the Literature [J]. Journal of Economic Surveys, 1992, 6 (2): 107 –132.

[108] Drehmann M, Tarashev N. Systemic Importance: Some Simple Indicators [R]. BIS Quarterly Review, 2011.

[109] Duffie D. A Contractual Approach to Restructuring Financial Institutions [M]. Palo Alto: Stanford University Press, 2010.

[110] Duffie D. How Big Banks Fail and What to Do about It [M]. Princeton NJ: Princeton University Press, 2010.

[111] Eisenbeis R A. The Financial Crisis: Miss-diagnosis and Reactionary Responses [J]. Atlantic Economic Journal, 2010, 38 (3): 283 –294.

[112] Estrella A. Bank Capital and Risk: Is Voluntary Disclosure Enough? [J]. Journal of Financial Services Research, 2004, 26 (2): 145 –160.

[113] Fernandez S, Pages J, Saurina J. Credit Growth, Problem Loans and Credit Risk Provisioning in Spain [R]. Banco de España, Servicio de Estudios, 2000.

[114] Ferrari S. Measuring the Systemic Importance Of Financial Institutions Using Market Information [J]. Financial Stability Review, 2010, 8 (1): 127 –141.

[115] Fillat J L, Montoriol – Garriga J. Addressing the Pro-cyclicality of Capital Requirements with a Dynamic Loan Loss Provision System [R]. Federal Reserve Bank of Boston, Boston MA, 2010.

[116] Financial Stability Board. Global Systemically Important Banks – Updated Assessment Methodology and the Higher Loss Absorbency Requirement [R]. Revised Version, July, 2013.

[117] Financial Stability Board. Macroprudential Policy Tools and Frameworks [R]. 2011.

[118] Flannery M J, Rangan K P. What Caused the Bank Capital Build-up of the 1990s? [R]. FDIC Center for Financial Research Working Paper, 2004.

[119] Flannery M J. Capital Regulation and Insured Banks Choice of Individual Loan Default Risks [J]. Journal of Monetary Economics, 1989, 24 (2): 235 – 258.

[120] Flannery M J. No Pain, No Gain? Effecting Market Discipline via Reverse Convertible Debentures [M]//Capital Adequacy beyond Basel: Banking, Securities, and Insurance, 2005: 171 – 196.

[121] French K, Baily M, Campbell J, et al. The Squam Lake Report: Fixing the Financial System [J]. Journal of Applied Corporate Finance, 2010, 22 (3): 8 – 21.

[122] Furfine C H. Interbank Exposures: Quantifying the Risk of Contagion [J]. Journal of Money, Credit and Banking, 2003, 35 (1): 111 – 128.

[123] Furfine C. Bank Portfolio Allocation: The Impact of Capital Requirements, Regulatory Monitoring, and Economic Conditions [J]. Journal of Financial Services Research, 2001, 20 (1): 33 – 56.

[124] Furlong F T, Keeley M C. Capital Regulation and Bank Risk-taking: A Note [J]. Journal of Banking & Finance, 1989, 13 (6): 883 – 891.

[125] Gai P, Kapadia S. Contagion in Financial Networks [R]. Bank of England, 2008.

[126] Galati G, Moessner R. Macroprudential Policy – A Literature Review [R]. Bank for International Settlements, 2011.

[127] Gauthier C, Lehar A, Souissi M. Macroprudential Capital Requirements and Systemic Risk [R]. Bank of Canada, 2010.

[128] Gennotte G, Pyle D. Capital Controls and Bank Risk [J]. Journal of

Banking & Finance, 1991, 15 (4 –5): 805 – 824.

[129] Goetz M. Bank Organization, Market Structure and Risk Taking: Theory and Evidence from US Commercial Banks [R]. Federal Reserve Bank of Boston Working Paper, May, 2010.

[130] Goodhart C A E. Some New Directions for Financial Stability? [R]. Bank for International Settlements, 2004.

[131] Hakenes H, Schnabel I. Banks without Parachutes: Competitive Effects of Government Bail-out Policies [J]. Journal of Financial Stability, 2010, 6 (3): 156 –168.

[132] Hannoun H. Towards a Global Financial Stability Framework [C]// Speech at the 45th SEACEN Governors' Conference, Siem Reap Province, Cambodia, 2010.

[133] Hansen L P. Large Sample Properties of Generalized Method of Moments Estimators [J]. Econometrica, 1982: 1029 – 1054.

[134] Hanson S G, Kashyap A K, Stein J C. A Macroprudential Approach to Financial Regulation [J]. Journal of Economic Perspectives, 2011, 25 (1): 3 –28.

[135] Hardy D C L. Regulatory Capture in Banking [R]. International Monetary Fund Working Paper WP/06/34, 2006.

[136] Hart O, Zingales L. A New Capital Regulation for Large Financial Institutions [R]. 2009.

[137] Heimann C F L. Acceptable Risks: Politics, Policy, and Risky Technologies [M]. Ann Arbor: University of Michigan Press, 1997.

[138] Hellmann T F, Murdock K C, Stiglitz J E. Liberalization, Moral Hazard in Banking, and Prudential Regulation: Are Capital Requirements Enough? [J]. American Economic Review, 2000, 90 (1): 147 – 165.

[139] Hellwig M. Systemic Aspects of Risk Management in Banking and Finance [J]. Swiss Journal of Economics and Statistics, 1995, 131: 723 –738.

[140] Hendricks D, Hirtle B. Bank Capital Requirements for Market Risk: The Internal Models Approach [R]. Economic Policy Review, 1997.

[141] Heyde C C, Kou S G, Peng X H. What is a Good Risk Measure: Bridging the Gaps between Data, Coherent Risk Measures, and Insurance Risk Measures [R]. Columbia University, 2006.

[142] Hindriks J, Myles G D. Intermediate Public Economics [M]. Cambridge MA: MIT Press, 2006.

[143] Hirtle B, Schuermann T, Stiroh K. Macroprudential Supervision of Financial Institutions: Lessons from the SCAP [R]. Federal Reserve Bank of New York Staff Report No. 409, November, 2009.

[144] Horvitz P M. Reorganization of the Financial Regulatory Agencies [J]. Journal of Bank Research, 1983, 13: 245 – 263.

[145] Huertas T F. Too Big to Fail, Too Complex to Contemplate: What to Do about Systemically Important Firms [R]. Financial Markets Group, London School of Economics, September, 2009.

[146] IHS. EViews 10 User's Guide II [R]. 2017.

[147] IMF, BIS, FSB. Guidance to Assess the Systemic Importance of Financial Institutions, Markets and Instruments: Initial Considerations [R]. Report to G20 Finance Ministers and Governors, 2009.

[148] Jackson P, Furfine C, Groeneveld H, et al. Capital Requirements and Bank Behaviour: The Impact of the Basle Accord [R]. Basel Committee on Banking Supervision Working Paper No. 1, April, 1999.

[149] Jacques K, Nigro P. Risk-based Capital, Portfolio Risk, and Bank Capital: A Simultaneous Equations Approach [J]. Journal of Economics and Business, 1997, 49 (6): 533 – 547.

[150] Jeitschko T D, Jeung S D. Incentives for Risk-taking in Banking – A Unified Approach [J]. Journal of Banking & Finance, 2005, 29 (3): 759 – 777.

[151] Jensen M C. Agency Costs of Free Cash Flow, Corporate Finance, and Takeovers [J]. The American Economic Review, 1986, 76 (2): 323 – 329.

[152] Jesus S, Gabriel J. Credit Cycles, Credit Risk, and Prudential Regulation [J]. International Journal of Central Banking, 2006, 2 (2): 65 – 98.

［153］ Jia C. The Effect of Ownership on the Prudential Behavior of Banks – The Case of China ［J］. Journal of Banking & Finance, 2009, 33 (1): 77 – 87.

［154］ Joshi B, Goretti M, Ramakrishnan M U, et al. Capital Inflows and Balance of Payments Pressures: Tailoring Policy Responses in Emerging Market Economies ［R］. International Monetary Fund, 2008.

［155］ Kahane Y. Capital Adequacy and the Regulation of Financial Interme-diaries ［J］. Journal of Banking & Finance, 1977, 1 (2): 207 – 218.

［156］ Kahou M E, Lehar A. Macroprudential Policy: A Review ［J］. Jour-nal of Financial Stability, 2017, 29: 92 – 105.

［157］ Kamien M I, Schwartz N L. Timing of Innovations under Rivalry ［J］. Econometrica, 1972, 40 (1): 43 – 60.

［158］ Kane E J. Redefining and Containing Systemic Risk ［J］. Atlantic Eco-nomic Journal, 2010, 38 (3): 251 – 264.

［159］ Kashyap A K, Berner R, Goodhart C A E. The Macroprudential Tool-kit ［R］. Chicago Booth Initiative on Global Markets Working Paper No. 60, De-cember, 2010.

［160］ Kashyap A K, Stein J C. Cyclical Implications of the Basel II Capital Standards ［J］. Economic Perspectives – Federal Reserve Bank of Chicago, 2004, 28 (1): 18 – 33.

［161］ Kashyap A, Rajan R, Stein J. Rethinking Capital Regulation ［R］. 2008.

［162］ Keeley M C, Furlong F T. A Reexamination of Mean-variance Analysis of Bank Capital Regulation ［J］. Journal of Banking & Finance, 1990, 14 (1): 69 – 84.

［163］ Kim D, Santomero A M. Risk in Banking and Capital Regulation ［J］. The Journal of Finance, 1988, 43 (5): 1219 – 1233.

［164］ Kochubey T, Kowalczyk D. The Relationship between Capital, Liq-uidity and Risk in Commercial Banks ［C］. The Ninth Young Economists' Semi-nar, 2014.

［165］ Koehn M, Santomero A M. Regulation of Bank Capital and Portfolio

Risk [J]. The Journal of Finance, 1980, 35 (5): 1235 - 1244.

[166] Kohn D L. Policy Challenges for the Federal Reserve [C]. Speech at the Kellogg Distinguished Lecture Series, Kellogg School of Management, Northwestern University, Evanston, Illinois, November 16, 2009.

[167] Kopecky K J, VanHoose D. Capital Regulation, Heterogeneous Monitoring Costs, and Aggregate Loan Quality [J]. Journal of Banking & Finance, 2006, 30 (8): 2235 - 2255.

[168] Korinek A. Regulating Capital Flows to Emerging Markets: An Externality View [R]. 2010.

[169] Laffont J J, Tirole J. The Politics of Government Decision-making: A Theory of Regulatory Capture [J]. The Quarterly Journal of Economics, 1991, 106 (4): 1089 - 1127.

[170] Landau J. Bubbles and Macroprudential Supervisor [C]. Remarks at the Joint Conference on "The Future of Financial Regulation"; Banque de France and Toulouse School of Economics (TSE), Paris, January 28th, 2009.

[171] Landau M. Redundancy, Rationality, and the Problem of Duplication and Overlap [J]. Public Administration Review, 1969, 29 (4): 346 - 358.

[172] Lelyveld I, Liedorp F. Interbank Contagion in the Dutch Banking Sector: A Sensitivity Analysis [J]. International Journal of Central Banking, 2006, 2 (2): 99 - 133.

[173] Levine R. The Governance of Financial Regulation: Reform Lessons from the Recent Crisis [R]. Bank for International Settlements, 2010.

[174] Libertucci M, Quagliariello M. Rules vs Discretion in Macroprudential Policies [EB/OL]. (2010 - 02 - 24). http://www. voxeu. org/index. php? q = node/4670.

[175] Lin S L, Hwang D Y, Wang K L, et al. Banking Capital and Risk-taking Adjustment under Capital Regulation: The Role of Financial Freedom, Concentration and Governance Control [J]. International Journal of Management, Economics and Social Sciences, 2013 (2): 99 - 128.

[176] Lo A W. The Feasibility of Systemic Risk Measurement [R]. The

House Financial Services Committee on Systemic Risk Regulation, October, 2009.

[177] Long M, Vittas D. Financial Regulation: Changing the Rules of the Game [R]. The World Bank, 1991.

[178] Lown C S, Wood J H. The Determination of Commercial Bank Reserve Requirements [J]. Review of Financial Economics, 2003, 12 (1): 83 –98.

[179] Mailath G J, Mester L J. A Positive Analysis of Bank Closure [J]. Journal of Financial Intermediation, 1994, 3 (3): 272 –299.

[180] Martin A, Skeie D R, Von Thadden E L. Repo Runs [EB/OL]. (2010 –02 –03). http: //vonthadden. vwl. uni – mannheim. de/reporuns. pdf.

[181] Mas – Colell A, Whinston M D, Green J R. Microeconomic Theory [M]. New York: Oxford University Press, 1995.

[182] Masciandaro D, Quintyn M. Helping Hand or Grabbing Hand? Politicians, Supervision Regime, Financial Structure and Market View [J]. The North American Journal of Economics and Finance, 2008, 19 (2): 153 –173.

[183] McCauley R. Macroprudential Policy in Emerging Markets [C]. The Central Bank of Nigeria's 50th Anniversary International Conference on "Central Banking, Financial System Stability and Growth", 2009.

[184] McKeen – Edwards H. Regulating Risk in International Finance: The Influence of Transnational Networks on Governance [R]. 2010.

[185] Milne A. Bank Capital Regulation as an Incentive Mechanism: Implications for Portfolio Choice [J]. Journal of Banking & Finance, 2002, 26 (1): 1 –23.

[186] Milne A. Using 'Cap and Trade' to Contain Systemic Financial Risk [R]. University of London, 2010.

[187] Mishkin F S. How Big a Problem Is Too Big to Fail? A Review of Gary Stern and Ron Feldman's Too Big to Fail: The Hazards of Bank Bailouts [J]. Journal of Economic Literature, 2006, 44 (4): 988 – 1004.

[188] Mishkin F. Over the Cliff: From the Subprime to the Global Financial Crisis [R]. National Bureau of Economic Research, 2010.

[189] Mistrulli P E. Assessing Financial Contagion in the Interbank Market:

Maximum Entropy versus Observed Interbank Lending Patterns [J]. Journal of Banking & Finance, 2010, 35 (5): 1114 – 1127.

[190] Mohanty D. The Global Financial Crisis: Genesis, Impact and Lessons [R]. RBI Bulletin, February, 2010.

[191] Mohanty M, Scatigna M. Has Globalisation Reduced Monetary Policy Independence? [J]. BIS Papers, 2005, 23: 17 – 58.

[192] Moscarini G, Smith L. The Optimal Level of Experimentation [J]. Econometrica, 2001, 69 (6): 1629 – 1644.

[193] Nadauld T, Sherlund S M. The Role of the Securitization Process in the Expansion of Subprime Credit [R]. Finance and Economics Discussion Series, 2009.

[194] Nier E, Yang J, Yorulmazer T, et al. Network Models and Financial Stability [R]. Bank of England Working Paper No. 346, 2008.

[195] Nijathaworn B. Rethinking Procyclicality – What Is It Now and What Can Be Done? [C]. At the BIS/FSI – EMEAP High Level Meeting on "Lessons Learned from the Financial Crisis – An International and Asian Perspective", Tokyo, 2009.

[196] Ostry J D, Ghosh A R, Habermeier K, et al. Capital Inflows: The Role of Controls [J]. Revista de Economia Institucional, 2010, 12 (23): 135 – 164.

[197] Padoa – Schioppa T. Central Banks and Financial Stability: Exploring the Land in The Transmission of the European Financial System [R]. European Central Bank, Frankfurt, 2003.

[198] Pazarbasioglu C, Johnsen G, Hilbers M P L C, et al. Assessing and Managing Rapid Credit Growth and the Role of Supervisory and Prudential Policies [R]. IMF Working Papers, No 05/151, July, 2005.

[199] Pennacchi G. A Structural Model of Contingent Bank Capital [R]. FRB of Cleveland Working Paper No. 10 – 04. , 2010.

[200] Perotti E, Cemfi J S, Jenkinson N, et al. Liquidity Risk Charges as a Macroprudential Tool [R]. University of Amsterdam, Octobe, 2009.

［201］ Perotti E, Suarez J. Liquidity Insurance for Systemic Crises ［J］. CEPR Policy Insight, 2009, 31: 1 - 3.

［202］ Persaud A. Macro-prudential Regulation ［R］. The World Bank, 2009.

［203］ Posner R A. Taxation by Regulation ［J］. Bell Journal of Economics and Management Science, 1971: 22 - 50.

［204］ Posner R A. Theories of Economic Regulation ［J］. Bell Journal of Economics and Management Science, 1974, 5: 335 - 358.

［205］ Quirk P J. Food and Drug Administration ［M］. New York: Basic Books, 1980.

［206］ Rabin M. Psychology and Economics ［J］. Journal of Economic Literature, 1998, 36 (1): 11 - 46.

［207］ Reinganum J F. A Dynamic Game of R And D: Patent Protection and Competitive Behavior ［J］. Econometrica, 1982, 50 (3): 671 - 688.

［208］ Repullo R, Saurina J, Trucharte C. Mitigating the Procyclicality of Basel II ［R］. CEPR Discussion Papers, 2009.

［209］ Repullo R, Suarez J. Loan Pricing under Basel Capital Requirements ［J］. Journal of Financial Intermediation, 2004, 13 (4): 496 - 521.

［210］ Repullo R. Capital Requirements, Market Power, and Risk-taking in Banking ［J］. Journal of Financial Intermediation, 2004, 13 (2): 156 - 182.

［211］ Robinson K. For Mainland Chinese Banks, Overseas Acquisitions Require More Than Money ［R］. The International Herald Tribune, August 6, 2007.

［212］ Rochet J C. Capital Requirements and the Behaviour of Commercial Banks ［J］. European Economic Review, 1992, 36 (5): 1137 - 1170.

［213］ Rochet J C. Systemic Risk: Changing the Regulatory Perspective ［J］. International Journal of Central Banking, 2010, 6 (4): 259 - 276.

［214］ Rosen H, Gayer T. Public Finance ［M］. New York: McGraw - Hill, 2010.

［215］ Sannikov Y, Brunnermeier M K. A Macroeconomic Model with a Financial Sector ［C］. Society for Economic Dynamics, 2009.

［216］ Santos J A C. Bank Capital and Equity Investment Regulations ［J］.

Journal of Banking & Finance, 1999, 23 (7): 1095 - 1120.

[217] Saurina J, Trucharte C. An Assessment of Basel II Procyclicality in Mortgage Portfolios [J]. Journal of Financial Services Research, 2007, 32 (1 - 2): 81 - 101.

[218] Saurina J. Dynamic Provisioning [R]. The World Bank, 2009.

[219] Saurina J. Loan Loss Provisions in Spain: A Working Macroprudential Tool [J]. Revista de Estabilidad Financiera, 2009, 17: 11 - 26.

[220] Schinasi M G J. Safeguarding Financial Stability: Theory and Practice [R]. International Monetary Fund, 2004.

[221] Segoviano M A, Goodhart C A E. Banking Stability Measures [R]. International Monetary Fund, 2009.

[222] Shapley L S. A Value for N - person Games [J]. Contributions to the Theory of Games, 1953, 2 (28): 307 - 317.

[223] Shin H S. Financial Intermediation and the Post-crisis Financial System [R]. BIS Working Papers No. 304, March, 2010.

[224] Shin H S. Reflections on Northern Rock: The Bank Run That Heralded the Global Financial Crisis [J]. Journal of Economic Perspectives, 2009, 23 (1): 101 - 19.

[225] Shirakawa M. Macroprudence and the Central Bank [C]. Speech by Mr Masaaki Shirakawa, Governor of the Bank of Japan, at the Seminar of the Securities Analysts Association of Japan, Tokyo, 2009.

[226] Shrieves R E, Dahl D. The Relationship between Risk and Capital in Commercial Banks [J]. Journal of Banking & Finance, 1992, 16 (2): 439 - 457.

[227] Sibert A. A Systemic Risk Warning System [EB/OL]. (2010 - 01 - 16). http: //www. voxeu. org/index. php? q = node/4495.

[228] Sko ř epa M, Seidler J. An Additional Capital Requirement Based on the Domestic Systemic Importance of a Bank [R]. Czech National Bank Financial Stability Report, 2013.

[229] Smaghi B L. Macro-prudential Supervision [C]. Speech at the CEPR/

ESI 13th Annual Conference, 2009.

[230] Souza A. Ending "Too Big to Fail" [R]. Goldman Sachs Global Markets Institute, December, 2009.

[231] Staum J. Systemic Risk Components and Deposit Insurance Premia [J]. Quantitative Finance, 2012, 12 (4): 651 – 662.

[232] Stein J C. Information Production and Capital Allocation: Decentralized versus Hierarchical Firms [J]. The Journal of Finance, 2002, 57 (5): 1891 – 1921.

[233] Stein J C. Monetary Policy as Financial Stability Regulation [R]. Working Paper, Harvard University, 2010.

[234] Stern G. Better Late Than Never: Addressing Too – Big – to – Fail [J]. Brookings Institution, Washington, DC, March 31, 2009.

[235] Stigler G J. The Theory of Economic Regulation [J]. Bell Journal of Economics and Management Science, 1971: 3 – 21.

[236] Tarashev N A, Borio C E V, Tsatsaronis K. The Systemic Importance of Financial Institutions [R]. BIS Quarterly Review, 2009.

[237] Tarashev N, Borio C, Tsatsaronis K. Attributing Systemic Risk to Individual Institutions [R]. SSRN eLibrary, 2010.

[238] Thomson J B. On Systemically Important Financial Institutions and Progressive Systemic Mitigation [R]. Federal Reserve Bank of Cleveland, Policy Discussion Papers No. 27, 2009.

[239] Thornton D L. The Effectiveness of Unconventional Monetary Policy: The Term Auction Facility [R]. Working Paper 2010 – 044A, Federal Reserve Bank of St. Louis, October, 2010.

[240] Ting M M. A Strategic Theory of Bureaucratic Redundancy [J]. American Journal of Political Science, 2003, 47 (2): 274 – 292.

[241] Tumpel – Gugerell G. The Road Less Travelled: Exploring the Nexus of Macroprudential and Monetary Policy [C]. Speech at the Conference "Learning from the Financial Crisis: Financial Stability, Macroeconomic Policy and International Institutions", Rome, 2009.

[242] Turner A. A Regulatory Response to the Global Banking Crisis [C]. Financial Services Authority, London, 2009.

[243] Turner P. Currency Mismatches and Liquidity Risk: Diagnosis and Reform [C]. EBRD High Level Workshop on Local Currency Lending and Capital Market Development in Emerging Europe and Central Asia, London, 2009.

[244] Turner P. Macroprudential Policies and the Cycle [M]//The Financial Stability Board: An Effective Fourth Pillar of Global Economic Governance? . The Centre for International Governance Innovation, 2010.

[245] Upper C. Using Counterfactual Simulations to Assess the Danger of Contagion in Interbank Markets [R]. BIS Working Paper No. 234, August, 2007.

[246] Valukas A R. Report of Anton R. Valukas, Examiner, to the United States Bankruptcy Court Southern District of New York In re Lehman Brothers Holdings Inc [R]. 2010.

[247] Van Roy P. The Impact of the 1988 Basel Accord on Banks' Capital Ratios and Credit Risk-taking: An International Study [R]. Manuscript, European Centre for Advanced Research, 2005.

[248] VanHoose D. Market Discipline and Supervisory Discretion in Banking: Reinforcing or Conflicting Pillars of Basel II? [J]. Journal of Applied Finance, 2007, 17 (2): 105.

[249] VanHoose D. Regulation of Bank Management Compensation [R]. Financial Market Regulation, 2011.

[250] Viscusi W K, Harrington Jr J E, Vernon J M. Economics of Regulation and Antitrust [M]. Cambridge MA: MIT Press, 2005.

[251] Wagner H. The Causes of the Recent Financial Crisis and the Role of Central Banks in Avoiding the Next One [J]. International Economics and Economic Policy, 2010, 7 (1): 63 - 82.

[252] Wagner W. In the Quest of Systemic Externalities: A Review of the Literature [J]. CESifo Economic Studies, 2009, 56 (1): 96 - 111.

[253] Wicker E. The Banking Panics of Great Depression [M]. Cambridge UK: Cambridge University Press, 1996.

[254] Wyplosz C. The Future of Financial Regulation [R]. The ICMB - CEPR Geneva Report, January, 2009.

[255] Yuan W. Corporate Banking in China: History, Opportunities and Challenges [R]. Report Published by Celent, 2006.

[256] Zhou C. Are Banks Too Big to Fail? Measuring Systemic Importance of Financial Institutions [J]. International Journal of Central Banking, 2010, 6 (4): 205 - 250.

[257] Zhou C. Why the Micro-prudential Regulation Fails? The Impact on Systemic Risk by Imposing a Capital Requirement [R]. DNB Working Papers, 2010.